语言、经验与哲学

埃德蒙德·胡塞尔研究文集

[比] 鲁道夫·贝耐特（Rudolf Bernet）著
刘哲 选编
黄笛、温雪、蔡文菁 译

北京大学出版社
PEKING UNIVERSITY PRESS

图书在版编目（CIP）数据

语言、经验与哲学：埃德蒙德·胡塞尔研究文集 /（比）鲁道夫·贝耐特著；温雪，黄笛，蔡文菁译. —北京：北京大学出版社，2023.10
（北京大学外国哲学研究丛书. 第二辑）
ISBN 978-7-301-34429-3

Ⅰ.①语…　Ⅱ.①鲁… ②温… ③黄… ④蔡…　Ⅲ.①胡塞尔（Husserl，Edmund 1859–1938）–现象学–研究　Ⅳ.① B516.52 ② B81-06

中国国家版本馆 CIP 数据核字（2023）第 174706 号

书　　名	语言、经验与哲学：埃德蒙德·胡塞尔研究文集 YUYAN、JINGYAN YU ZHEXUE：AIDEMENGDE · HUSAIER YANJIU WENJI
著作责任者	[比] 鲁道夫·贝耐特（Rudolf Bernet）著　刘　哲　选编 黄　笛　温　雪　蔡文菁　译
责任编辑	张晋旗　田　炜
标准书号	ISBN 978-7-301-34429-3
出版发行	北京大学出版社
地　　址	北京市海淀区成府路 205 号　100871
网　　址	http://www.pup.cn　　新浪微博 @ 北京大学出版社
电子邮箱	编辑部 wsz@pup.cn　　总编室 zpup@pup.cn
电　　话	邮购部 010-62752015　　发行部 010-62750672 编辑部 010-62750577
印 刷 者	北京中科印刷有限公司
经 销 者	新华书店
	650 毫米 ×965 毫米　16 开本　23 印张　247 千字 2023 年 10 月第 1 版　2023 年 10 月第 1 次印刷
定　　价	85.00 元

目　录

导　言

鲁道夫·贝耐特访谈

1. 最初是什么把您被吸引到现象学上来的？

当我 1964 年在鲁汶大学开始学习哲学的时候，我几乎是自然而然地“被吸引到现象学上来了”。当时那是一个主要哲学流派，在鲁汶也有最令人振奋的老师。特别吸引我的是现象学对人类生存的具体分析，这种分析使用的语言更多让人想到文学而非传统哲学概念。来鲁汶之前，我在瑞士读书。那时老师们使用的就是这些传统哲学概念，他们只是使用这些概念，却没有对它们的含义发问。我最初考虑学习的是艺术史。因此，毫不奇怪，当我来到鲁汶时，我立刻对梅洛－庞蒂和海德格尔着了迷。

现象学对我的吸引力还在于它切入哲学史的新颖路径。来鲁汶的第一年，我就读到了胡塞尔对伽利略的讨论，海德格尔对康德、亚里士多德和前苏格拉底哲学家的诠释，以及梅洛－庞蒂讨论马克思主义的文本。那好像是我第一次读懂了哲学论证、能够一步一步地追随文本中的论证。那感觉很神奇，于是我决定尽我所能继续读哲学；尽管我的父母怀着良好意图希望我学一点儿更严肃的东西。

说到个人研究，我最开始想做对莱布尼茨的现象学诠释。以梅洛－庞蒂为背景，我开始研究莱布尼茨的单子论中有关感知和空间的学说。胡塞尔的一个学生曼克（Dietrich Mahnke）的一本专著最早让我意识到对莱布尼茨做现象学解读的可能。大我几岁的朋友，在胡塞尔档案馆工作的耿宁（Iso Kern）建议我先对胡塞尔加深了解。在我早年对胡塞尔的研究中，耿宁、伯梅（Rudolf Boehm）以及芬克（Eugen Fink）的著作是我主要的指路明灯。我成为一个胡塞尔学者几乎是一种巧合，但至今仍令我深深受益，他对我影响之大超过了任何其他哲学家。我至今仍被他思想的灵活性和创造性以及其概念的严格性所吸引。然而，借助海德格尔、列维纳斯和德里达的帮助，我很快就开始质疑胡塞尔现象学中的形而上学预设。

在海德堡学习了一年后，1968 年我在鲁汶得到了第一份工作，是为塔米尼奥（Jacques Taminiaux）做助教。塔米尼奥是给我启发最大的一位现象学老师。两年后我得到了一份全职工作，在胡塞尔档案馆当研究助理和编辑。档案馆当时的主任是布雷达（Van Breda）神父。完成博士论文（1976）后，我就在鲁汶任教，1983 年成为副教授，1988 年当上了正教授，2011 年退休。现象学是我的思考和生活的一部分，其嵌入之深，以至于更恰当的提问方式应当是：是什么——至少部分地——把你从现象学中拉了出来？人们或许会以为是精神分析，但其实并不是。让我部分脱离现象学的，是我对那些其意义本质上不依赖人类经验的现象不断增加的兴趣。德勒兹的影响很重要，他的作品将我引向尼采、柏格森和斯宾诺莎。

2. 你对现象学领域的主要贡献是什么？

这个我说了不算。而且，按照我的个人体验，我的哲学探索并没有预先绘制的蓝图，也没有最后的结果，我不愿意为它画一幅最终图像。当然，我的著作清单以及我作为胡塞尔档案馆的教师、编辑和主任所完成的工作可以算作贡献。但我很清楚，我对更新哲学思考所做的贡献极其有限。我应该怎么描述“我对现象学领域所做的贡献”呢？我应该谈论那些客观成果（完成的“工作”或著作）及其接受情况，还是我理智生活中经验到的快乐和不幸呢？对于解释一个人对现象学的贡献这一主题，可以有一种内在生命的现象学，也可以有一种诠释学的现象学。

在我的**哲学**发展中，我越来越不满足于对主体和客体的意向性关联做单纯静态的现象学分析，越来越重视心灵和身体过程以及自然力量的动态作用。这也是为什么我的兴趣会转移到时间性问题，后来又转移到驱力、受动性和欲求等问题上。我在这一领域的工作主要是对历史上既有理论的探索：从亚里士多德，经由莱布尼茨、叔本华和尼采，到胡塞尔和弗洛伊德。这些历史性和系统性的研究塑造了我关于意识和主体性的现象学观点。我尝试尽可能地扩大这些概念，以便容纳精神分析和精神病学所处理的心灵与身体进程以及现象。因为不愿意完全放弃关于意识和人类主体性的现象学，我在概念融贯性允许的范围内尽可能扩大其含义。我在现象学美学和人类学领域的工作也有同样的特点。无论从性情上还是从信念上，我都尽可能避免教条、避免论战性的排他。

除了研究其他人敞开的现象，我自己有没有发现什么新的具有现象学意义的现象呢？或许我对个人创伤经验中主体在毁灭和自我肯定这两极之间摇摆的描述，以及对其的概念化可以算作我的一个发现。在更晚近的有关思乡和怀旧感的工作、关于受苦和神经谵妄（也在艺术表现）的工作中，我尝试把对心灵过程的分析和对身体表达行为的描述结合起来。至于我最近关于斯宾诺莎的工作是否开启了什么新的现象学视野，则尚未可知。

我对现象学的**学术**贡献得益于极其幸运的机构环境和个人遭遇。我对胡塞尔和海德格尔，对梅洛－庞蒂和萨特，对列维纳斯和德里达，对伽达默尔和卡西尔的理解极大受益于我的同事和学生。我对胡塞尔的时间意识手稿的编辑工作和我作为《胡塞尔全集》和《现象学文库》主编的工作，只是鲁汶胡塞尔档案馆在其 75 年的历史中对现象学所做贡献的一小部分。

3. 现象学相对于其他学科的独特角色是什么？

现象学是一个哲学“学科”吗？哲学又是什么“学科”呢？一门科学学科有实在的物质对象。现象学哲学是一种对作为纯粹可能性之现象展开思考的方式或风格。关于意向性意识的（先验的或本质的）现象学与关于生命、人的生存、身体行为、语言表达、社会行动以及科学研究和艺术创造的现象学的共同之处，在于它们切入现象、描述现象和对现象进行概念化的独特进路。

离开（某种）**现象学还原**就没有现象学。消极地说，现象学还原是对自然生活的所有信念和确定性的悬搁，对其偏见和预设的质询。它是态度的改变而非对世界的排除或摧毁。现象学还原的否定式操作使得积极构建性工作成为可能，让事情自身如其自身真正所是地显现，也就是使作为现象学意义的现象显现。熟悉的事物显现于新的光亮之中：在其存在的真实方式中，在使得先前不可见的现象变得可见的新的视角中。正如胡塞尔所说，自然事物成了“索引”，并将我们引向探索事物如何在经验中自身给予。质询自然生活的预设并开启另一种观看世界方式的可能性，这也彻底改变了建立于自然态度上的所有科学“学科”的含义。通过探索事物朝向经验主体显现的方式，现象学还原的角色既是批判性的又是揭示性的。

当把转瞬即逝的现象学意义的现象还原到其本质和必然的特征上时，现象学还原就对所有科学（包括现象学）而言具有了特别意义。这就是本质还原获得的成就。本质现象学与其说是关于抽象的形式本质的科学，不如说是关于斯宾诺莎所谓“共同观念”的科学，即众多具体现象所具有的本质的共同之处。由此，我们可以发展出具体的，或者胡塞尔所谓“质料的”现象学本体论。胡塞尔的主要兴趣在于有关心灵的质料本体论以及心灵经验的现象学模式。毫无疑问，这种“纯粹现象学心理学”对于一切和人类心灵过程打交道的科学来说都十分重要，这些科学包括经验心理学、认知心理学、精神病学、宗教科学、美学等。胡塞尔有关人类心理－身体行为的质料本体论的研究方案在其后几代现象学家的工作中得到了继承和发展，尤其在现象学社会学或者说文化生活现象学领域。天真的质料本体论常常不加反思地接受对自然生活和科学的客观主义与自然主义偏见，经由现象学转型的质料本体论则要彻底告别一切对象导向的科学。通过把对人类经验主体的考察引入一切科学研究之中，本质现象学既可以对科学的人文化作出贡献，同时又可以避免心理主义或相对主义世界观的危险。

不过，对胡塞尔而言，只有通过**先验还原**，现象学才实现了它重塑自然生活和所有科学的全部潜能。按照他对于先验还原的观点，一切事物的存在意义都要被重新导回到并源于自我论的、先验－构造意识。后来的现象学家发展了不同版本的先验现象学：没有自我、没有意识，甚至没有主体性构造的先验现象学。他们认为先验构造的理论主体视角太过狭窄以致无法阐明所有存在者之存在（如实在或非实在、可能或不可能、必然或偶然等）的不同模式。有关现象学第一哲学的新方向出现了；比如列维纳斯甚至宣称伦理学作为第一哲学。

然而，在各种形式中，“现象学的独特角色”始终是要成为一门真正的哲学“学科”。自从胡塞尔《通往纯粹现象学与现象学哲学的观念》以来，这一直是现象学的抱负——尽管对哲学思考模式而言，自然生活与自然科学几乎无用武之地。哲学家思考的事情关乎一切人类行动的基础，关乎其“可能性条件”。现象学为传统哲学思考模式添加的，是其根据现象学意义的（而非自然意义的）现象的真来审查传统哲学概念解释力的工作。对现象学家来说，哲学思考能否抵达稳固，甚至绝对的根基，这取决于现象，而非人类意愿的彻底性。

4. 现象学中最重要的进展是什么？

我的第一个答案，毫无疑问，是一种全新的哲学思考方式。一个人把什么当作新的，这取决于他把什么当作既有的方式。现象学是实证论与思辨唯心论之外的另一条道路。但它与实证论和经验论共同把经验（或者说“现象本身”）作为一切哲学论断有效性的最终标准。它同时又与思辨唯心论有着共同的抱负：即对现象进行思考而非单纯的描述。

至于说现象学的哪些**领域**取得的进展最多，这个更难说。很可能不是语言哲学，在这个领域中现象学看起来还远没有穷尽其潜能。同样也不是科学哲学或自然哲学。在**哲学美学**中，现象学（有时与诠释学或解构主义一起）做得要好一些。作为纯粹现象的科学，现象学与绘画有着特殊的亲缘性。作为研究被视作纯粹可能性的现象的科学，现象学也与创造性的艺术想象，特别是文学，多有共同之处。作为研究内时间意识的科学，现象学对音乐经验、对不同种类的记忆、对与历史和叙事相关的现象具有理解优势。作为研究同感（empathy）和价值的科学，现象学在社会科学、文化研究、伦理学、政治学和宗教哲学等领域都具有重要理论地位。在所有这些领域中，现象学家——从胡塞尔开始——都在哲学圈子之外发挥了重要影响。

所有这些都始终根植于现象学的**心灵哲学**，这是现象学的核心任务。现象学最广为人知的贡献是对感知、想象、记忆以及时间意识的重新解释。伦理学和社会科学也在现象学对**同感**、**价值感**、**意愿**和**行动**的现象学分析中受益良多。在文化研究、政治学和宗教史中，对**主体间性**和历史传播、对主体心灵过程的沉积和符号性建制的创造、对危机情境和更新的可能性的现象学分析都催生了新的研究重点。

说到现象学**内部**最重要的**进展**，人们会最先提到的很可能是有关物与空间**感知**的理论。在现象学中，感知身体与身体运动的经验和组织逐渐得到了应有的重视。最初关于感知的表征理论逐渐让位给对主体**具身性**与身体能动性（enactment）的研究。这使得现象学随后得以转向对各种非感知的**符号性身体行为**的研究。对表达性身体行为的全新分析也使得对各种形式的主体间性以及无法还原为同感心理进程的社会生活有了更好的解释。

对于许多现象学家（包括我自己）来说，“意识”和“主体性”概念含义的拓展也应被视为现象学中的重要进展。现象学家仔细研究了诸如记忆、想象、同感等不同于对象化感知的意向性呈现模式。他们在研究意向性意识之外，还补充研究了各种类型的内在感觉和情感。几乎所有现象学家都对前反思意识的地位、意识的程度以及感受的强度问题格外敏感。这使得现象学家得以重新表述人类主体性的含义、区分自我（ego）与自己（self），并且强调人类生活在世间处境与社会机构中的嵌入性。

然而，离开对多侧面的主体**被动性**现象的发现和研究，这些进展都是不可能的。对于任何关注意识和主体性生成的现象学来说（无论是在知识、伦理、美学还是宗教的语境中），被动性都是一个关键概念。现象学为被动性赋予了全新的含义，因此也为主动性和被动性中的主动性赋予了全新的含义。当主体性不再等同于自发性和自我决定，人的自由和责任的本性也获得新的含义。由此，新的概念在现象学中产生了，如持续的外来呼唤（insistent external call）和自由的主体回应或回应性责任。

5. 现象学中最重要的开放性问题有哪些？取得进展的前景如何？

在我看来最重要的开放性问题是现象学与形而上学和本体论的关系。这一问题一直是开放的，至少部分原因在于现象学家们仍然固守胡塞尔和海德格尔的分歧。即使不同意海德格尔把传统形而上学描述为“在场的本体－神－逻辑学”，我们仍可以同意他的观点，即离开形而上学就没有知识论（甚至根本没有哲学）。我们可以不满意后期海德格尔对存在沉思的形式主义，但仍然得承认哲学家对存在的类比义、同义或歧义的选择至关重要；对人类生命和动物生命、对自己和其他人、对认知和情感、对一和多的关联和差异的分析都依赖这种形式选择。与此密切相关的是哲学家在超越性哲学和内在性哲学之间做出的选择。在现象学的历史中，我们可以发现所有可能的选择。这是因为现象学家的多样性还是现象本身的多样性？现象可以规定形而上学的选择吗，抑或现象显现和具有意义的方式依赖在先的形而上学选择？现象学家需要更多思考第一哲学，这不是要放弃对具体现象的分析，而是要通过这种分析来思考第一哲学。

通过对不同种类现象的描述性分析来思考存在或位于一切经验之下的根本结构，这会让现象学家意识到更进一步的范畴与概念问题。海德格尔对传统在场形而上学、实体形而上学和主体性形而上学的解构太过一般化，太过非此即彼，以至于无法帮助现象学家思考传统范畴对（新的）现象的适用性。比如说，当我们权衡用实体、功能或过程这些范畴来阐释属于特定生物种类现象之优劣时，我们需要更广阔的形而上学背景及其用法中真正的灵活性。

在对范畴进行更深入的思考时，现象学家也应该重新考虑哪些范畴从原则上应被禁用于对**人类生存**的分析。是实体吗？是本质？是必然性还是因果性？人类生存中的一切都是他律、实际性、偶然的可能性、动机和选择吗？在所有用于人类生存的现象学分析的概念中，有一个概念凸显了出来：**自由**。现象学存在主义者们全都充满激情地为一种通过向着未来的积极筹划来塑造个人生活意义的自由辩护。他们的诉求之所以取得成功，因为它看起来是机械决定论之外唯一可设想的道路。但当代科学和当代社会生活提出了新的挑战，这就要求我们对人类自由本性做出全新哲学思考。

现象学也需要澄清其所使用的“生命”概念及其与各种形式的形而上学**活力论**的关联。现象学家，包括胡塞尔和海德格尔，过于随意地使用了与生命相关的概念。其他一些现象学家则陷入了一种天真的活力论。对于现象学而言，传统生命哲学的最大危险并不在于其所企图的非理性主义，而在于其对秩序和进步、对第一因和最终目的之信仰。现象学家不应忘记生命的发展充满了消极性的内容：断裂、分离、不幸和灾难的事件。他们也需要更进一步思考，在形而上学活力论的唯灵论与唯物论形式之间的传统争论中自己处于什么位置。

有的人抱怨说，当代现象学变得太过学院派。他们的意思大概是：太过沉迷于其自身的历史发展，对当代生活世界的新发展太不敏感。在他们看来，现象学家应该在当代关于民族主义和移民、关于领土和全球化、关于新媒体、关于民主的衰落和关于种族与性别等争论中发出更多声音。但现象学家需要守住现象学的阵地。当代现象学的主要任务是在对新现象无偏见的描述中去修正和重塑传统的概念和理论，而这些新现象是在当代世界已发生变化的情境中出现的。

我的全部愿望是，现象学家应该**在对现象的新颖描述和概念的严格性之间达成一种平衡**。现象学从科学、艺术和宗教中寻求灵感，它无法与科学、艺术和宗教在其自己的领地上竞争。它必须与当代哲学中那些概念性更强的学派竞争。以一种恰当的非形式化概念思考来认可我们现象经验的丰富性和多样性，这一直是胡塞尔现象学计划的核心关切。正是这一关切将他引向对概念形成的研究，而这种形成是发生在前述谓以及（首要是）被动经验基础上的。现象学需要像胡塞尔一样的新创造性思想家，既不在经验面前放弃判断，也不在单纯的概念论证面前放弃对经验的忠实描述。

然而，现象学面临的最大挑战一如既往的是如何在概念上阐明那些其意义本质上并不依赖于人类经验的现象。对这些现象来说，胡塞尔对自在存在的现象学拒绝以及他的现象学唯心论完全是有问题的。但他对大地这一基本现象意义的分析则获得了新的价值。

一、导论
埃德蒙德·胡塞尔

埃德蒙德·胡塞尔，1859年4月8日出生于摩拉维亚（Moravie）的普罗斯尼兹（Prossnitz）。从维也纳和奥洛穆茨（Olmütz）的中学毕业后，他先后就读于莱比锡大学、柏林大学和维也纳大学，学习天文学、数学和物理学。在完成有关变分计算理论（théorie du calcul des variations）的博士论文答辩后，他转向哲学并成为布伦塔诺（Franz Brentano）和斯通普夫（Carl Stumpf）的学生。正是在后者的指导下，胡塞尔在哈雷（Halle）完成了其教职资格论文《论数的概念》（Sur le concept de nombre）（1887）。在以编外讲师的身份于哈雷度过15年物质窘迫的生活后，他先是于1901至1916年在哥廷根大学担任哲学教授一职，之后去弗莱堡大学任教直至1928年退休。

在其哥廷根大学的年轻同事和学生中，人们尤其关注赖纳克（Adolf Reinach）、柯瓦雷（Alexandre Koyré）和施泰因（Edith Stein）。他们中的一些人追随胡塞尔去了弗莱堡，在那里很快又有新的学生加入其中，比如海德格尔（Martin Heidegger）、芬克（Eugen Fink）、卡尔纳普（Rudolf Carnap）、帕托什卡（Jan Patočka）、列维纳斯（Emmanuel Levinas）以及其他有前途的年轻现象学家。胡塞尔不停地写作和出版，直至 1938 年 4 月 27 日去世。他给继承者留下了大约 4 万张未出版的速记手稿；这些手稿从 1950 年起由鲁汶胡塞尔档案馆负责出版，之后不久，科隆和弗莱堡档案馆协助进行出版。批判版《胡塞尔全集》著作出版的宏伟计划将不少于 70 卷。

胡塞尔思想形成的历史背景涉及以下几个重要方面：一种新的心理学的发展［黑尔姆霍尔兹（Hermann Helmholtz）、詹姆斯（William James）、布伦塔诺、斯通普夫］，有关数学基础的研究［高斯（Carl Friedrich Gauss）、黎曼（Bernhard Riemann）、康托尔（Georg Cantor）、克罗内克（Leopold Kronecker）、魏尔斯特拉斯（Carl Weierstrass）］，逻辑和认识论的更新［博尔扎诺（Bernhard Bolzano）、密尔（John Stuart Mill）、弗雷格（Gottlob Frege）、迈农（Alexius Meinong）］以及一种语言理论的诞生［皮尔士（Charles Sanders Peirce）、马尔蒂（Anton Marty）］。在古典作者之中，胡塞尔首先对英国的经验论者（洛克、贝克莱，尤其是休谟）感兴趣，随后转向康德、费希特、笛卡尔和莱布尼茨的著作。同代人中最受胡塞尔重视的是布伦塔诺及其学派、新康德主义者纳托普（Paul Natorp）与李凯尔特（Heinrich Rickert）、狄尔泰（Wilhelm Dilthey）以及弗雷格。

在这样的背景下，同时考虑到胡塞尔知性教育中数学（魏尔斯特拉斯）先于哲学（布伦塔诺），我们就不会对以下事实感到奇怪：其早期有关算术和逻辑的工作，在采用现象学的视角之前，是在心理学（甚至心理主义者）的视角之下。虽然意识的地位不止一次发生变化，但其“现象学”所分析的“现象”始终是被意识经验到的被给予（données vécues par la conscience）。同样，在意向性意识的这些现象中显现之物始终是一种“对象性”(objectité)，无论是逻辑对象还是感知对象，是时间性对象还是理念对象。在所有这些对象中，现象学家只考虑当其被意识意向性地“指向”时所显现的内容。简言之，胡塞尔的现象学表现为有关不同类型的意识行为与不同种类的意向对象之间意向关联的科学。

1. 现象学的对象和方法：胡塞尔的思想发展

但是，有关这种意向关联的现象学研究有什么用？胡塞尔的现象学追求什么目标？虽然他将漫长而细致的分析贡献给“价值论”(axiologique)行为，这些行为与一些对象的（伦理的、审美的……）“价值”相关联，虽然我们在他那里找到了一种真正有关意愿与行动（action）的现象学，但我们可以说其首要目标在于解释有关意向对象实存的断言或“设定”的“有效性”(validité)。对这样一种有关认识的现象学理论而言，所有指向对象实存或“为真－存在”的主张都只有通过对象在意向性意识经验中“被给予”或“被构造”的方式才能得到辩护。这些经验中的一些行为比另一些行为更适于保证其意向对象的实存：这些行为是那些不仅指向其对象而且还直观地把握其对象的意识行为。因此，胡塞尔的现象学科学尤其致力于研究直观意识行为（感性或知性）以及缺乏直观的意识行为通过“直观充实的综合”获得其对象直观被给予的方式。显然这往往涉及包含多个阶段的过程，并且我们可以根据所指向的意向对象被直观“充实”的多少来谈论真的“程度”。“相合”(adéquat)充实的情况，即被指向的对象按力求达到的那样直观且精确地被给予的情况只是例外，而非标准。

由此，现象学的对象被界定为意识行为与其对象之间的意向关联，现象学的目标被界定为对我们有关对象及世界实存的信念进行辩护。而我们还需要说明现象学如何成为这种真认识的科学。第一个需要解决的问题在于：如果意识是不断显现与消失的各种形式心理经验的整体，关于意识的科学是如何能够成立的呢？对胡塞尔来说，只有从其不变的或“本质”结构的视角来描述这些意识行为，意识的科学才是可能的。从此，现象学区别于经验心理学并作为有关意识行为的“本质”科学（science eidétique，即研究本质），它要成为一门“纯粹心理学”。在胡塞尔眼中，与当时“心理主义”经验论的第一次决裂构成了一次真正的“突破”。

现象学科学发展进程中的第二次决定性“突破”在于“现象学还原”的引入。正如意识经验的“本质”还原，这种新的还原首先来自方法论的考量。实际上，如果这门科学想要说明对实在真认识的可能性，如果它为此致力于意识与实在对象直观关联方式的研究，那么，其对意识的分析必须摆脱涉及经验实在的一切偏见。换句话说，如果我们想要阐明有关此实在实存的主张如何只能通过直观的意向性意识（或“明见性”）而得到辩护，那么，直观的意向性意识就不能再被当成一种经验实在，否则会陷入循环论证。因此，意向性意识必须“清除”所有经验性统握，它不能再被理解为属于经验个人或构成实在世界的一部分。这就是为什么胡塞尔经常把现象学还原介绍为一种方法，使我们有关世界实存的信念被排除、被“置于括号中”。但是，应当更确切地说：如果这种信念被“悬置”，如果意识被清除掉所有世间性统握，这正是为了以一种批判的方式，即排除独断论式的预判来阐释世界的实在以及对世界的真认识。

通过被净化的直观意识来为实际存在（或仅仅可能）对象的真认识进行的这种“辩护”构成了“先验”现象学的目标。其确定的任务是描述纯粹意识与其意向对象之间的“关联”。更确切地说，它阐明意向行为作为一个统一和连贯的整体如何逐步构造（constituer）或构建（construire）出世界中对象实际－实在－存在的意义。

胡塞尔在其思想发展的不同阶段同样也在以不同方式重新思考对象，尤其是理念对象的主体性根源。根据理念对象的本原是在仍受心理主义沾染的现象学框架中，还是在静态现象学或者通往历史哲学的发生现象学的框架中的不同处理，“本原”概念的意义也在逐步修正。同样，“理念对象”的地位也从最初的误解（还原为经验意识）发展为一种逻辑主义或柏拉图式的理解（断言其相对于所有意识经验的独立性），而最终为了达到一种先验－构造分析，所有构造对象（不仅包括逻辑对象，而且还包括文化对象或感知对象）都被视为不同种类的理念对象。

2. 心理主义的“幽灵”

当重新更细致地考虑胡塞尔思想的历史发展，我们可以说，在第一阶段对算术和逻辑的理念对象进行现象学分析中，胡塞尔表现出在心理主义和逻辑主义之间非常犹豫的特点。胡塞尔早期著作中的心理主义（正如弗雷格曾批评的那样），旨在从选择性感知行为与统一性合取行为这些心理起源出发来解释数的概念。《算术哲学》(1891）曾辩护的这种立场很快被胡塞尔放弃，取而代之的是《逻辑研究》第一卷（《纯粹逻辑学导引》，1900）中截然对立的柏拉图式逻辑主义立场。根据这种立场，逻辑对象完全独立于人的思想而存在。这两种观念之间的对立恰好表明胡塞尔在调和有关算术和逻辑对象主体性本原的分析计划与承认其客观和理念特征时所遭遇的困难。只有到了《逻辑研究》第二卷（1901）胡塞尔才成功地克服了这种困难。

3. 静态先验现象学

胡塞尔思想发展的第二个阶段本质上以先验现象学还原的引入和有关感知的静态现象学分析为标志。这种新的现象学想法在《通往纯粹现象学与现象学哲学的观念》(1913）中得到实现。从方法论的观点看，这本著作以先验唯心论的引入而著称；这种先验唯心论使所有对象的实存依赖于构造意识的实存。但其最有意义的进展在于将现象学的领域扩展至由构造意识所指向并被给予构造意识的对象上。只有借助这种把对象作为纯粹现象（或“意向相关项”）的解释，现象学才能描述意向经验（或“意向行为”）与其意向相关对象之间的关联而不超越现象学还原为其划定的界限。从此，除意识行为之外，现象学的“纯粹现象”还包括了其意向对象。这样，实在世界本身变成一种现象，即某种在经验过程中逐渐被给予和被构造的事物。因为先验现象学尤其关注对世界真认识的可能性，我们就可以更好地理解为什么其如此重视对感知的分析。在先验的，也即构造的意义上，这种感知不仅是对世界中事物的发现，而且还是在其直观给予的基础上对其意义和实在性的辩护。

除了对古老的世界实存之“谜”以及与之相关的真认识的现象学澄清所做出的决定性贡献，在胡塞尔这里，有关感知的先验分析同样导向一种先验主体有限性的原创观念以及对新意向经验形式（想象、回忆、同感）及其时间结构的现象学分析。毫无疑问，正是对这些不同形式的意向性意识、其时间结构以及所蕴含先验主体之不同存在模式（自我、单子、个人、主体间与生成性共同体）的细致分析构成了胡塞尔现象学对当代哲学最丰富和最持久的贡献。

与对意识经验的“内”感知相反，对空间事物的“外”感知以必然“不相合的”直观指向为特征。在指向事物整体的同时，每一次感知实际上都必须满足于仅仅部分地给予，或者按胡塞尔自己的话来说，满足于事物的单纯“侧显”。的确，在感知过程中，新的侧显一个接一个地呈现给主体，但其中任何一个（以及它们的总和）都永远无法实现事物所有方面整全的和最终的被给予。因此，对空间事物的感知过程以一种无法克服的有限性为特征，这种有限性表现为不确定的进程，即感知过程的无限性。

如果说感知和“本质直观”这种双重意义上的直观是先验认识的基本模式，胡塞尔却对直观意识的派生形式投入最多关注，分析如“回忆”（Wiedererinnerung）“想象”（Phantasie）和“同感”（Einfühlung）这些行为。胡塞尔称其为“当下化”（présentification, Vergegenwärtigung）的意识行为，也就是说，意向行为的对象虽然直观地被给予，却并不直接地当下在场。

这种当下化的意识行为中最简单也最清楚的例子是回忆。回忆的意向对象是过去的对象，或者更确切地说，是过去经验的对象。这个对象在当下的回忆行为中被直观地给予我，但并非作为当下在场，而是被视为属于过去。因此，在回忆中，意向性意识成功地使过去在当下呈现而又不使其与当下的对象相混淆，也就是说使其完全保留过去的特征。根据胡塞尔的观点，回忆与感知的本质区别在于前者是对从前感知的“再生”经验。这就是为什么回忆与直观式想象行为相近。想象是一种“准－感知”，也即对不在场场景“仿佛”实际在场的感知。不再像回忆那样是先前感知的再生，想象是虚构感知的生产性再生。

借助同感，当下意识对征服不在场的现象学又完成了补充性的一步。回忆和想象的意向对象虽然不在场，但同时依然与我的意识保持着本质关联；而与我在同感行为中“共现”的他人意识却并非如此。然而，他人的意识并不因此就无法把握，因为他人的意识可以通过他人身体的“表达性”层面被给予我。他人富于表现力的身体在允许我理解其经验的同时也使我明白，正如胡塞尔急忙补充的那样，这种经验对我而言（并非对他人而言）依然是无法进入的。

有关指向逃避当下在场某物的当下意识，我们不再进入那些包含惊人创新性的分析细节；但我们必须至少牢记两件事情：第一，确切地说，我们不能将胡塞尔先验意识的现象学称为“在场形而上学”（métaphysique de la présence）（像德里达追随海德格尔所做的那样）；第二，在其最彻底的表达中，胡塞尔现象学是有关意识时间性的现象学。实际上，正是其时间性的本质使意向性意识获得与不在场（无论涉及过去与未来，想象的世界还是其他主体无法进入的经验）相遇的能力。意识远非自我重合（coïncider）而总是已经远离其在当下的出现（émergence）点。在任由流逝的同时，意识却具有“延留”其过去并随后在回忆行为中回到过去的能力。一只手臂延留其过去的经验，另一只手臂伸向（“前摄”）尚未到来的未来经验，在短暂当下中的意识总是其不断超越的过往意识的继承者，并同时向新的经验敞开。由此，我们更好地理解了有关意识时间性本质的思考如何成为重建现象学基础的根源。这导致胡塞尔放弃意向行为与意向相关项之间非时间性关联的静态分析，而更倾向于一种新的发生现象学。

4. 先验发生现象学

随着先验发生现象学，我们到达胡塞尔思想发展的第三个阶段。在其生前出版的著作中，人们倾向于把这个阶段与《笛卡尔式的沉思》（1931，§37-39）相关联。我们可以说，发生现象学关注先验意识行为及其意向对象的“发生”，因此它关心先于并使得静态现象学所研究的意向关联得以可能的经验形式。所有意向行为都有发生性，这意味着其自身包含着先于并影响其把握事物及世界方式的其他行为的遗产。同样，事物与世界的显现方式表明之前构造其意义的工作。所以，此后的现象学不仅探寻被给予的现象，而且还有那些“在先被给予”意识的内容。胡塞尔尤其坚持认为意识行为的发生是被动性或“被动综合”的事件。这种被动综合在所有行动之前以及在所有来自主体的“设定”之前就已经建立起不同意识经验之间的联系；这种被动综合尤其是在“联想”形式下实现的：一个经验（通过相似或邻近）将自身与另一个经验相联结，并“唤醒”或邀请主体明确转向这种被动接受的统一体。

借助被动综合的研究，发生现象学向一系列全新的现象敞开。这首先涉及主体行动的唤醒现象（睡眠与苏醒、诞生、产生兴趣、通往一种新生活风格的转变……）。其次是对主体行动之所得进行保存的现象（先验生活习惯、主体能力以及个体生活风格的形成）。这样，有关被动综合的考量导致对先验主体性（以及主体间性）概念的重塑。由于每种行为都被嵌入与其他（过去的、未来的、实际的和可能的）行为构成的联想链条中，并且主体被不可分割地牵连进无限的行为整体中，因此先验主体性远非（如康德和早期胡塞尔主张的那样）作为单纯同一性的极，而是承载着经验内容并通过个体化来具体化。用胡塞尔的话说，先验主体变成“单子”或“个人”。既然这样的先验单子在其主体经验过程中总是已经与其他单子的生命相联结，发生现象学意义的主体性就始终已经是“主体间性”，即先验生命的共同体。这种先验共同体随后通过不同形式的伦理－社会－政治建制而在世界中客观化；胡塞尔的社会哲学对此仔细地进行编目分类。

但发生现象学不仅关注主体行动的发生、个人先验生活的产生和发展、越来越庞大的先验共同体的形成，它也关注意向性意识对象的发生。正如主体经验那样，意向对象也从来不是孤立显现，相反，它们是相互间关联，在同一个世界中相互指引。这一点从静态现象学开始就被确立，当时已经指出每个意向对象如何构成“意向性界域”的一部分，而该意向性界域同时牵连其他对象。发生现象学的新颖之处在于：这种世界（正如这个世界中所有对象那样）的界域性给予是从其发生上来进行考察的。这表明一个对象的给予不仅导向其他（过去的、未来的、隐含地“共同－被指向”的、显明的以及不可见的或隐藏的）对象的给予，而且总是已经预设了世界的“在先被给予”（Vorgegebenheit）。这个世界向我们显现出一种意义，这种意义要么是我们自己构造的，要么是从前人的构造活动中继承来的。由此，我们能够更好理解，发生现象学如何通过阐明牵连多个代际和不同“故乡”（Heimwelten）的不同形式的先验共同体从而转变成为一种历史现象学，并关注整个人类的理性演变。

我们至少还应该再提及发生现象学研究的另一个广阔领域，涉及判断和逻辑范畴的发生，这要从“前述谓的”经验出发，例如从对感性对象“类型”的感知出发。这种“逻辑生成论”突出了形式化思想对感性经验以及“生活世界”的依赖。这在胡塞尔的重要著作《形式逻辑和先验逻辑》（1929）以及由兰德格雷贝（Ludwig Landgrebe）精心编辑的遗稿《经验与判断》（1939）中获得了典型展开。

5. 历史先验现象学

胡塞尔思想最后阶段的主要著作是《欧洲科学的危机与先验现象学》（1936—1937），此时他越来越关注历史现象学。在同时既影响客观科学内在基础也影响其对“生活需求”满足的危机背景下，胡塞尔得出结论：对科学思想及其派生内容的历史进行现象学考察具有必要性。这种对历史的“回溯追问”（Rückfrage）一定会将我们引向对“本原明见性”的“再激活”，而科学思想正始于那里。因此，这依然总是涉及从本原的先验直观出发奠定科学理念对象有效性的现象学基础。但这种先验根源现在被理解为一种历史事实

(fait)，而且更确切地说，被理解为一种“先验历史事实”。这至少意味着三件事情：(1) 这种先验直观的本原只有通过探寻具有历史本性的意向性才能达到；(2) 这种直观性根源与一种特殊的“生活世界”历史语境紧密相关；(3) 现象学被导向追问对全人类而言一种本原性明见性及其普遍意涵之历史“传递”的意义与可能。

先验现象学的所有这些新任务的共同之处在于：尤其关注在历史性根源与其理性目的之间、在具有普遍科学明见性的理念意义与其在一种特殊语言的记录之间、在先验的必然性与经验事件的实际性之间不同形式的原初纠缠。这意味着这种新的历史现象学要通过强调一种“先验的实际性”而导向彻底重新思考其自身的本质特征。因为意义的历史传递永远都无法避免意义的丢失，正是对意义“危机”现象的思考构成了胡塞尔现象学对历史哲学最具原创性的贡献。

这种先验历史性的新观念彰显出贯穿胡塞尔全部著作的经验论与先验唯心论之间的张力。一方面，他以惯常的细致关心先验直观在书写语言中的“沉积”与“具身化”，并且最为关注先验主体“自我－客观化”或“世界化”的形式。另一方面，他从未放弃这样一种观点，即事实的历史预设了一种先验现象学要守护的“理性普遍目的论”之先天性。

二、胡塞尔符号理论之再思考

《逻辑研究》第一研究（以下简称《第一研究》）的标题为“表达与含义”，其中提出的理论是胡塞尔符号理论最为人所知的形式。德里达《声音与现象》的出版重新激起人们对胡塞尔这一早期文本的兴趣。在其既细致又轻率的诠释中，德里达格外着力于发掘胡塞尔现象学符号理论的隐蔽前提和可疑后果。[1] 对德里达而言，《第一研究》对符号的规定可以被视作一个样本，由此我们可以检验贯穿整个胡塞尔现象学的哲学抱负、方法和预先决定。[2] 然而，德里达的解释看起来相当武断，除非我们能够证明：(1)《第一研究》提供了胡塞尔最典型和最系统化的符号理论；(2) 符号必须被理解为使现象得以显现的现象性条件而不是一类特殊现象。

以上两个问题勾勒了本文的理论目标。一方面，我想要指出在《第一研究》出版几年之后，胡塞尔就批评和彻底修正了他在该文本中给出的符号理论。另一方面，本文还将表明符号学说的这一重

1 〔法〕雅克·德里达：《声音与现象》，杜小真译，北京：商务印书馆，2010。

2 Cf. R. Bernet, “Differenz und Anwesenheit. Derridas und Husserls Phänomenologie der Sprache, der Zeit, der Geschichte, der wissenschaftlichen Rationalitat,” *Studien zur neueren französischen Philosophie. Phänomenologische Forschungen,* vol. 18 (1986), pp. 51-112.

大进展很大程度上要归因于他在其他地方的进展，包括对主体间的同感、语言意义的理念性、意愿、欲求、趋向等的现象学理解，以及甚至包括对现象学还原及其与想象行为关系的理解。因此，符号可以说是现象学研究的一个非独立对象；它将很多其他现象包含于自身之中，因而可以被视作一个格外具有揭示意义的现象，而非仅仅是一类特殊现象。这种对其他现象的现象学分析之依赖以及对现象学基础的揭示作用是符号与时间性的共同之处。[1] 考虑到德里达对《第一研究》的批评性诠释，我们不仅要考察胡塞尔的新符号理论是否能够回应德里达针对其旧理论提出的批评，还要考察胡塞尔对其符号理论的修正是否源于他对现象学方法和现象学分析首要对象之理解的任何根本性改变。

1913 年，《观念一》出版后不久，胡塞尔的新符号理论就开始发展，1914 年获得更加充分的展开。这段时间胡塞尔的工作重心是修订《逻辑研究》。其成果之一是 1913 年《逻辑研究》第一部分和第二部分上半部第二版的出版。对第二部分下半部（即《第六研究》）的修订很快就超出了原本的修订计划，变成了对原文的重写和四个新的独立文本的创作。这四个文本的标题如下：(1)“表达与符号”；(2)“空变更”(Leermodifikation)；(3)“可能性与可能性意识”；(4)“明证性与真”。

这四个文本与同时期未出版的补充性材料将于近期作为胡塞尔全集第二十卷（题为《逻辑研究：第六研究修订草稿，选自 1911—

1 Cf. R. Bernet, “Einleitung,” in E. Husserl, *Texte zur Phänomenologie des inneren Zeitbewusstseins (1893-1917),* R. Bernet, editor (Hamburg, 1985), esp. pp. XIV-XVI.

1917年的遗稿文本》）出版；该卷由贝卢希（Felix Belussi）编辑。[1]文本一（“表达与符号”）由对《第六研究》第一章最初几节的修改发展而来。该文本给出了一个新的符号理论，且常常包含对《第一研究》理论的直接批评。第二十卷的许多其他补充性文本也发展了这个新符号理论；这些补充性文本的讨论更加透彻，但也更加碎片化。本文对胡塞尔新符号理论的展示主要基于这些补充性文本，以及在一定程度上基于文本一“表达与符号”。我将它们并称为“1914年文本”。

我对这些“1914年文本”的展示不是穷尽性的，而且我的讨论常常是由外在于胡塞尔本人理论兴趣的问题所引导的。本文的目的是要唤起读者对这些重要文本的兴趣，而并非为这些目前为止尚未出版的文本提供近距离的评述和诠释。我将把“1914年文本”和1901年出版的《第一研究》连同德里达对后者的讨论放在一起，在相互参照中展开讨论，这进一步限制了我的讨论范围。比如，我几乎完全忽略了以下事实：对胡塞尔而言，符号从属于对对象和事态的意向性意指这一更大语境，更确切地说从属于信念模态以及意向性意指的直观充实程度这一语境。换言之，我的兴趣聚焦在感性符号与其意义的关系这一问题上，而非有意义符号的真值问题。

然而，对作为（感性）能指和（精神性）所指之间关系的有意义符号加以分析，这本身已然意义重大，远非一篇文章所能胜任。

1 【译者注：该卷最终分为两个分卷，分别于2002年和2005年出版。正式出版时最终的编辑者是 Ullrich Melle。】

胡塞尔从多个视角探讨了这个问题：他考察了真正的符号和单纯的记号（indication）之间的关系、语言的和非语言的真正符号之间的关系、语言符号的交流性使用和非交流性使用之间的关系；他描述了对感性符号的统握（apprehension）如何经由一种被动的趋向和在先被给予的对语言系统的熟悉而被引向对其含义的统握；他还考察了感性符号现象或符号殊型（sign-token）的显现问题、其真实和虚拟在场、其与理念性符号模式或符号类型（sign-type）一起被给予的方式。我对所有这些问题的贡献主要在于反复并不知疲倦地质问胡塞尔探讨这些现象的出发点和立场。

1. 什么是符号?

令人十分惊异的是，胡塞尔的《第一研究》并没有直接探讨符号的本性这一问题。相反，胡塞尔的讨论开始于对两种类型符号的区分：表达和记号（indications, Anzeichen）。在《声音与现象》中，德里达将胡塞尔未能直接探讨符号之本质连同其以两类符号区分作为理论出发点的做法都视作形而上学预设的后果。对德里达而言，符号不过是其他符号的“痕迹”，是不在眼前的存在者的替代物，因此它必然无法为一种在场形而上学所容纳。而胡塞尔对两类符号的区分和对表达的崇拜正合于其将符号视作意义的内在性在场和所指的外在性在场之忠实反映的策略。德里达的解释框架牵涉甚广，但在我看来它确实捕捉到了隐藏在《第一研究》理解符号本性（而且主要是语言符号）的方式中的一些形而上学预设。在本文中，我将讨论上述解构性诠释是否适用于“1914 年文本”。然而，我的主要任务始终是详细解释胡塞尔对符号理论的改进，并避免把一切简单化为在场或不在场的问题。

如果我们仔细对待胡塞尔的文本而不只是一门心思地寻找所谓的形而上学二元对立，我们会发现，不只“1914 年文本”，在《第一研究》中胡塞尔就已经区分了三种类型的符号：（1）自然符号，如“脊椎动物的化石指示着史前动物的存在”；（2）非语言性的人造符号，如“标志”（旗帜、火焰）和“记忆符号”（在手巾上打的节）；（3）语言性的人造符号，即“表达”。非语言性人造符号（2）和语言性人造符号（3）的共同特点在于其意指（bezeichnen）功能。自然符号（1）无意指功能，因此不能算作“真正的符号”。《逻辑研究》认定只有“特意创造”的符号才有意指功能，这一观点在胡塞尔 1914 年对意指功能的进一步研究中仍起着引导作用。1901 年和 1914 年的文本都将自然符号（1）称作“记号”，将语言性人造符号（3）称作“表达”。前后两期文本对记号和表达作用方式问题的看法也基本一致，尽管 1914 年的文本对这一问题的解释更为明晰。

唯一的根本区别涉及的是非语言性人造符号（2），如信号、标志、记忆符号等。《逻辑研究》将它们与自然符号统称为“记号”，并认为这两种符号与其意指对象的关联方式是一样的。相反，“1914 年文本”则将这类非语言人造符号（2）视为同语言符号（3）一样的“真正符号”，并认为两者都“意指”其对象（尽管具体的意指方式有所区别），也即都“指向”（Hinweisen）其意义所指。两期文本的这一差别主要在于，《逻辑研究》出于认识论和形而上学的偏见认定只有语言符号（3）才是真正的符号。而到了 1914 年，胡塞尔不仅将非语言性人造符号视作真正的符号，而且还将其视作包括语言符号在内的所有真正符号的典范案例。尽管有此根本差异，两期文本对于记号和真正符号的功能性特点及其差异的基本看法是一致的。下面的分析便由此入手。

《第一研究》对记号与其指示对象的关系给出了以下精确刻画："某人现实地知晓一些对象或事态的存在，这些对象或事态在下列意义上为此人指示了另一些对象或事态的存在：他把对一些事物存在的信念（尽管根本不是明见性的）体验为对另一些事物存在的信念或推测之动机。"（§2）就记号而言，符号与其指示对象以自然方式联系在一起，其关联要么是物理的（如烟指示火的存在），要么是心理的［借用纳博科夫（Nabokov）的例子：经由习惯性联想，对某个人脸的感知总是让我想起母牛的乳房］。《逻辑研究》主要强调的是从对一个（被认作记号的）经验事物的感知引向对另一个经验事物或事态实存信念的动机要素。依照这一说法，信念的动机引发并不基于明证性，也就是说，并不基于任何认知证据、任何逻辑推论或必然联系（§3）。在最常见的情形里，从记号到其所指示的对象之间的动机乃是基于物理因果性（因为看到烟所以相信着火了）或物理同一性（因为看到脊椎动物化石所以相信史前动物的存在）。

在"1914 年文本"中，胡塞尔主要强调的是记号将我们**直接**从符号引向其被指示者而不经过意义意向。看到 A 时我们直接看到或注意到 B。自然符号（1）是此类记号的最典型案例。如果"自然"在此指的是这种不经过特意的意义意向而建立的直接指示关系，那么所有记号都可以称作自然符号。在这个意义上，面孔的"表情"也可以被称作自然符号（即记号）；甚至人为制造的符号当其意义消失后也可以成为自然符号。当代语言学家通常不愿意将自然符号称作符号，因为对符号而言，能指和所指具有必然的强相互依存关系；而在自然符号中，能指本身是一个独立对象，可以不依赖其所指而被把握（如烟可以不依赖火而被把握）。自然符号不能被视作真正的符号，因为能指与所指之间的关系在物理意义上太过紧密（自然的相互依赖）而在意指意义上太过疏离（意指的相互独立）。因为类似的原因，胡塞尔在1901和1914年都拒绝将自然符号（记号）当作本真符号，因为其意指并不具有意义意指的形式。

那么，什么是所有真正符号特有的“有意义的意指”（meaningful signifying）呢？从否定方面说，这首先意味着真正符号的意指关系不依赖任何自然的、物理的，或心理的关联。如胡塞尔在1914年的一篇文本中所说，其意指没有任何实事性的基础，或者我们也可以说，没有任何实存物的基础。相反，就记号而言，符号与其意指对象之间的关系具有这样的实存物基础，其意指是以实存物的方式被奠基的。

从肯定方面说，真正符号的意指基于慎思决定，基于意愿。真正符号的意指功能所依赖的意愿包含两个决定。其一是有意意指某物的决定，这一意指可以采取思维、回忆或想象的形式。真正的符号通过胡塞尔称之为意义意向或“意指意向”（significative intention）的意向性行为来意指其对象。其二是有意地使一个感性对象成为有意义的符号。真正符号通过个人主观意愿，或共享的信念，或符码意指其意义。胡塞尔说，真正的符号通过“表义意向”（signitive intention）意指或“指向”（hinweisen, hinzeigen）其意义，通过“意指意向”意指其意向性对象。真正的符号产生于两种决定的结合，它以“表义”方式指向其意义而以“意指性”方式意指其意向性对象。这种双重意向、这种间接意指是所有真正符号的共同特征。除了语言符号，“1914 年文本”还列举出很多其他类型的真正符号：(1) **记忆符号**（比如胡塞尔提到的一个例子：用手帕打的结来提醒自己成为更好的人）；(2) **标志**（比如用围巾来帮助人们相互承认是同一支足球队的支持者）；(3) **信号**（比如在湖边用旋转的黄色灯光来告诉我风暴即将来临以及我应当驾船返回港口)。

所有这些真正符号的共同特点在于：它们对某事态的意向性意指都是经由并且仅仅借助意义来实现的。而这一意义，作为真正符号的意义，反过来也是经由符号而意向性地进行意指。胡塞尔将意义视为真正符号的决定性组分，并因此常常将符号视作意义的意向性意指赖以完成的媒介和工具。比如，手帕帮助我铭记自我完善的决定。然而，因为符号仅仅经由其意义而有所意指，我们也可以将意义视为符号意向性地意指其所意指的媒介。更确切地来说，我们必须说：(1) 在所有符号中，符号经由意义意指，含义经由符号意指。(2) 在上述两种情形中“经由……意指”的含义不同：当我们说符号经由意义意指，意思是意义给符号提供了意指对象，而当我们说意义通过符号意指，意思是符号为意义提供了可被辨识的感性在场。在胡塞尔看来，这意味着符号的感性在场指向意义（表义意向）而意义意向性地意指所指对象（意指意向)。我不再进一步探讨胡塞尔对意向性意指及其意义真值的现象学分析。[1] 下文将限于从两个相互关联的方面研究感性符号与其意义的关系：(1) 使感性对象成为符号的意义赋予；(2) 对符号及其指向意义的经验。“1914 年文本”在这两方面都有新的发展并且内容上也有所丰富。以下分析主要基于这些文本。

对一个以感性方式被给予的对象赋予含义，或换言之，创造或使用有意义的符号，这是**意愿决定**的结果。胡塞尔在《逻辑研究》中讨论语言符号或“表达”时已经强调过这一点。在《声音与现象》对《第一研究》的诠释中，德里达着重指出了造成有意义表达的意义意向的意愿性。他因此建议将意义意向理解为“言说之意愿”(vouloir-dire)。由于胡塞尔（在“1914 年文本”中）扩展了真正符号的集合，使其将记忆符号、标志和信号囊括在内，我们可以说记忆符号源于回忆的意愿，标志源于使某物作为如此之物被再度识别的意愿，信号源于让人注意某物并让人们照此行动的意愿。这一意愿既是某一符号产生的理由也是该符号以其特定方式指向其意义的理由。真正的符号及其意指功能的任意性或约定性都植根在这种创造性意愿中。

在 1914 年所写的《第六研究》第一章修订稿中，胡塞尔甚至把这种意愿类比于运动感的“我能”。言语行为或书写行为只不过

1　我在两篇早先的文章中处理了这两个问题。Cf. R. Bernet, “Bedeutung und intentionales Bewusstsein. Husserls Begriff des Bedeutungsphanomens,” *Studien zur Sprachphänomenologie. Phänomenologische Forschungen,* vol. 8 (1979), pp. 31-64; and R. Bernet, “Logik und Phänomenologie in Husserls Lehre von der Wahrheit,” *Tijdschrift voor Filosofie,* vol. 43 (1981), pp. 35-89。以上两篇已收录于本论文集；见第 3 篇论文《意义与意向性意识：胡塞尔的意义现象概念》以及第 4 篇论文《胡塞尔真理学说中的逻辑学与现象学》。

是意愿性身体活动的另一种方式，一种出自内在决定而完成于外在世界的行动。因此，对胡塞尔而言，将语言符号称作意义的表达性身体不只是一个隐喻。胡塞尔在此处表达的思想后来通过梅洛－庞蒂的工作为我们所熟知，但胡塞尔似乎没有完全放弃精神性意义和物理性符号之间的形而上学二元对立。但表达性意愿的功能正在于“沟通”二者：它既赋予符号以意义又使得符号指向其意义。对胡塞尔而言，特意创造或使用有意义的符号就等同于使符号指向其意义。他说，使一个感性对象有所意指的意愿必然对应着从符号转向其意义的义务（Sollen）。这种意愿通常是属于某人或某共同体的意愿。从感性符号向其意义的指向伴随有服从请求或要求（Zumutung）的意识。而我们后面会看到，特别对语言符号而言，这种意愿可以变为非个人性的、匿名的，随之而来的义务也会变为“无意识的”，以一种“盲目的习惯性倾向”方式服从。

对有意义符号的经验，与产生有意义符号的表达性意愿一样，既有感性的一面也有精神性的一面，并且两者紧密关联。此感性的一面在《第一研究》和“1914 年文本”中都被称为从感性显现到意义的指向（Hinzeigen，Hinweisen）。1901 年的文本和 1914 年的文本在以下这一点上也是一致的：受这种指向的支配，当一感性对象成为符号时，它就不再作为独立自主的对象被经验。胡塞尔的符号概念几乎与意指（Bezeichnen）功能相重合，因此他通常更愿意把此处的感性对象称作“符号显现”（Zeichenerscheinung）而非符号。这种感性符号现象的独特性在于：它是为了其所指向的意义而非为了自身的缘故吸引人的兴趣。对感性符号现象的经验是通向意义的一种“媒介”、一种“工具”。当《第一研究》提出词语“激起”

(erregt) 赋义行为 (§10)，胡塞尔的意图与这一表述的洛克式含义截然相反。赋义行为完全不是由词语的物质性出现造成的，而是一独立的精神存在物，并在“词语表象”(Wortvorstellung) 的经验中仅仅找到其感性的“支撑”。

对意义意向和感性符号关系的这种理解让胡塞尔逐渐消除符号的物质性。对于感性符号是构成真正直观呈现行为的对象这一问题，《第一研究》已经有所犹豫。一方面，看起来确实如此，因为胡塞尔说，意义意向奠基于另一个行为之上，而感性符号正是在这后一个行为中被经验到的 (§23)。另一方面，我们也能找到如下表述：“词语仍然直观地在场……但我们不再意向它，它不再真正构成我们‘心灵行为’的对象。”(§10) 这后一种看法在“1914 年文本”中得到了前后一致的发展。这些文本坚称，符号只是媒介，符号之被经验不是通过终止于其中的对象性呈现，而是通过“中介意向”(Intention als Mittel)。重要的不是感性符号的物理实存，而是其作为媒介的功能。在下文中，我们还会遇到胡塞尔消除感性符号物质性倾向的另一个例证；他认为在某些情形中对词语的**纯粹想象**便足以完成言语行为或具有语言结构的思想。胡塞尔对符号物质性的消除导致他未能认识到，意义可以通过不同的能指在“能指链条”或语境中以“水平方式”彼此意指来获得确定。这种对符号物质性的消除以及由之而来的对意义生产之语境形式的忽视乃是源自胡塞尔很强的**逻辑**和**心理学**兴趣，这使他实际上把符号还原为意指功能并进一步将这一功能还原为一种间接的意向性意识行为。与之相反，海德格尔在《存在与时间》第 17 节中对符号的本体论解释没有忽视语境性现象，即便它并未对语言符号作专门思考而只勾勒了一个理论轮廓。

胡塞尔强调，对感性符号的边缘性或过渡性意识与其对意义的“指向”紧密关联。1913 年，这种指向也被称作符号的“表义性”（Bedeutsamkeit；此词不应与 Bedeutung 混淆）。基本说来，这就是使符号有所意指的东西。胡塞尔再次强调，从感性符号到意义的这种指向不是独立的意向性行为，而只是一种单纯倾向或“过渡意向”（Übergangsintention）。作为过渡意向，这种指向具有双重非独立性：一方面它依赖感性符号现象，另一方面它依赖意义意向的施行。通过其指向，符号现象引向意义，但并不使该意义以对象形式呈现。因此，这一指向不是真正的意向性行为，甚至不是对界域的非主题化意向性意识。但我们应该如何分析这一指向，这一“结合形式”，这一“意向层”？胡塞尔说，这种对含义的指向是我们在经验符号现象时经历的一种“张力”。这种张力造成转向意义的“倾向”；而当感性符号的意义被达致时该张力便得到“释放”。

因此，对感性符号的经验与一种对“要求”（Zumutung）的经验联系在一起。在这一点上，胡塞尔与当代法国语言学家托多洛夫（Tzvetan Todorov）的观点非常相近。托多洛夫将我们对能指指向所指的体验描述为能够唤起一种倾向的“缺乏”（manque）经验。[1] 众所周知，对拉康来说，有意义对象的缺乏和对有意义对象的追寻不仅刻画了我们对语言能指的经验，而且刻画了无意识欲求的工作方式和内在结构。胡塞尔与托多洛夫和拉康的不同之处在于，他声称这种对缺乏和要求的体验根源于主体性意愿。感性符号是被特意赋

1　T. Todorov, “Signe,” in D. Ducrot and T. Todorov, *Dictionnaire encyclopédique des sciences du langage* (Paris, 1972), pp. 131-138.

予意义的，而这是通过对感性符号的经验要求意义补充的方式被体验到的。用胡塞尔的术语来说，以感性符号表达意义的“意愿”对应着一种义务，即该感性符号“应当”（Sollen）指向其意义。换言之，符号的指向来源于一种与“言说意愿”相伴随的意义意向。就语言符号而言，从这种用感性符号表达思想的在先意愿决定来导出符号“表义性”的方式显然是成问题的。不过，我们将会看到，胡塞尔的立场还是比这要更微妙。就语言符号而言，他在我们接收并满足词语感性经验所包含要求的不同方式之间做出了区分。

在“1914 年文本”中，胡塞尔对真正符号经验中包含的各种元素的分析常常以记忆符号作为典型例子。这一点丝毫不令人惊讶，因为记忆符号的确很好地展示出真正的符号（如手帕系的结）如何由意愿（记住如此这般）创造出来，也能很好地展示出，经验到这个符号如何会让我们再次识别出这个特殊意愿。同其他真正的符号一样，在记忆符号中，“意指意向”（意向性地意指某对象或某事态）和“表义意向”（指向符号现象的含义）交织在一起；也同其他真正的符号一样，在记忆符号中，特意产生的任意符号是使得该意义意向得以表达和理解的媒介。令人惊讶的反倒是《第一研究》把记忆符号、信号以及其他类似符号视为记号而非真正的符号。

诚然，如胡塞尔在 1914 年所指出的，在其意义力量消失以后，真正的符号就只被当作单纯的记号使用。我们都很熟悉交通信号灯经由反复使用变成了直接意指的记号；我们也都曾被商品标签所欺骗，这些标签并不提供任何关于具体商品的信息而只是直接意指一个消费者天堂。但这并非胡塞尔将记忆符号、信号、标志等称为记号的缘由。胡塞尔这一归类的缘由在于《逻辑研究》将所有非（语言）表达都视作记号。在语言表达中，感性符号与其意义的联系远比在记忆符号之类中来得紧密。按照《逻辑研究》的看法，语言符号的结构与其意义之关系，同语法形式与思维形式或范畴之关系，二者严格平行。这种平行几乎等于融合；《第一研究》声称一种意义只能在一种语言符号（或符号组合）中得到充分表达："它是一种充分表达其意义的方式，且是唯一方式。"（§11）手帕系的结可永远无法梦想能如此完美地服务其意义，因而也无法让自己绝对无可替代！

2. 语言符号

"1914年文本"特别关注非语言性的真正符号和语言性的真正符号之间的差异与区分。胡塞尔有时使用一对特别的术语指涉这一区分：（非语言性的）"signum"和（语言性的）"verbum"。相反，《逻辑研究》则忽略了这种区分以及语言符号的特殊性，因为它径直将真正的，即有意义的符号等同为语言表达。按照《第一研究》，"表达"源于首先通过言说方式来感性地表述和沟通关于某物的思想之意愿（§5）。这种具有语言表达性的感性符号不只通过意义来意指，而且还与其意义形成紧密的统一体。胡塞尔说，在这一情形中，符号与其意义是"现象意义的同一体"（§5）。我可以补充说，它们在形式上乃至逻辑上也是如此。"**现象的**统一性"意味着意义与感性语词被同时给予且在经验中构成一个必然而非偶然的统一体。当然，胡塞尔也注意到了某些例外情况：我们可能只拥有语词而仍在搜寻其意义。这类情形并不能反驳他的如下命题：语词和意义的一体呈现是一切有意义言说的最小条件。对有意义符号的这一理解预设了意义的内在呈现和其通过语词的外在再呈现之间的严格对应。

当我们把考察对象从单个词语移置到言说或文本这些更大单位时，这种一一对应是否在语言中存在就变得很成问题。在德里达看来，这种一一对应是“在场形而上学”的典型表现，因为它始于一种内在实在与外在实在的形而上学对立并且将这一区分理解为不同的呈现方式。事实上，胡塞尔并没有止步于现象的统一性，而是进一步认为词语和意义之间存在形式或逻辑的统一。这种论点在胡塞尔以下主张中发挥作用：意义的基本逻辑形式（如述谓语句的主语）在语言符号的基础语法形式中有其映像，而且语法层次上的所有组合与变换必然在思想或意义的逻辑形式中有其对应物（甚至基础）。如果语言符号可以被进一步分析为基础分词并且无法在意义一侧找到对应物，那么意义与语言符号的这样一种严格同型的对应关系便可以被认为是错误的。比如，音位就没有与之对应的意义元素；但这并不意味着音位是无意义的；而胡塞尔根据自己的论点就不得不得出结论认为音位无意义。

如果将意义和词语的这种平行或同型对应关系联系到一个更根本的论点——思维的逻辑形式（或范畴）和实存对象的本体论形式也被认为是平行的——那么我们就可以看出，这种平行或同型对应关系建立在形而上学基础上。实在对象的形式 - 本体论结构来源于意向性意指它们的思维之形式 - 逻辑范畴。在语言中，这种意向性意指是通过语言符号来完成的，而这些语言符号必须忠实地再现使它们得以意指实在对象的意义之逻辑形式。在这种“理想语言”

中，语言符号和它所意指的实在对象之间的同型对应关系依赖逻辑形式的优先性，因为本体论形式和语言形式都是这一逻辑形式的映现。[1]

通过区分“signum”和“verbum”，或区分非语言性的真正符号和语言性的真正符号，“1914 年文本”更加关注语言表达和其他种类的真正符号的不同之处。但对语言符号的这种进一步规定并没有对在《逻辑研究》中已然发挥作用的“理想语言”观念带来多大改变。在这些较晚的文本中，胡塞尔的强调重点落在对以下洞见的发展上：所有语言符号都是“以范畴方式被塑形的”。一方面，这一洞见可以被视作《逻辑研究》中有关表达性符号与其意义同型对应关系论点的进一步澄清。另一方面，这一洞见也可以在胡塞尔对真正符号之本质的新分析框架中展开。在探究真正语言符号的第一条进路中，胡塞尔对表达性符号和被表达对象的形式对应关系进行了再研究，特别是针对感知判断。对语言符号与被意指对象两者范畴结构的新分析伴随着对充实之综合的新描述。这并不令人特别惊讶，因为胡塞尔认为语言性意指只有在直观充实中才能获得完全“实现”。在本文中我们无法进一步讨论这一问题，[2] 因为我们已明确地把意向性意指与其可能的直观充实问题排除在本文范围之外。

而我们容易做的是发展第二条进路，即展示语言符号与其他形

1　这一对应系统是胡塞尔理解语言的基础，相关深入分析参考 R. Bernet, «Logik und Phänomenologie in Husserls Lehre von der Wahrheit,» pp. 72-89，或本文集收录的第 4 篇论文《胡塞尔真理学说中的逻辑学与现象学》。

2　这些问题在 R. Parpan 未发表的博士论文中得到了细致探讨。Cf. R. Parpan, *Zeichen und Bedeutung. Eine Untersuchung zu Edmund Husserls Theorie der Sprachzeichens*. Unpublished doctoral dissertation (Heidelberg, 1984). 笔者从 R. Parpan 的工作中受益很多。

式的真正符号相比所具有的独特之处。在一切真正符号中，我们对感性所予符号的经验都包含两个彼此不可分离的要素：对符号现象的意识和对其指向意向性意义的意识。**语言性**真正符号的特殊性在两个要素中都有所表现：（1）**感性符号现象**就已经带有范畴塑形的痕迹。这种范畴结构体现在以下事实之中：我们对一个词语的注意总是由其他词语引起的。比如，标点在我看来就是这种符号现象特有的范畴形式。（2）语言性符号现象的指向同样而且更加明显地包含范畴形式。比如，一个语言性符号现象既指向“它的”意义又超出该意义而指向其他有待表达的意义。语言符号现象所特有的指向具有一种联想的和散漫的（discursive）形式，而且相比其他类型符号更明显地带有在一切意义呈现中都包含的对缺乏之意识（awareness of a lack）的印记，因而也就带有一种欲求继续书写、阅读、聆听、言说等的印记。

胡塞尔说其他真正符号的指向是直接的，而语言性符号现象的指向具有范畴结构。如果指向是一种“过渡意向”，那么其范畴塑形既依赖感性符号现象的范畴形式也依赖其精神性意义的范畴形式。语言性指向或意指必须以范畴方式塑形，因为语言性意义意向以一种特定的或限定性方式意指其对象。语言陈述从不直接指涉其意向性所指；它们总是将对象呈现**为**如此这般。但很显然，胡塞尔是通过逻辑而非语言结构来理解语言表达对象的范畴结构。正是意义意向以逻辑方式形构了意向性所指，因而也正是意义意向使关于该对象的范畴化语言表达成为可能。语言性符号现象的范畴化指向来自被范畴塑形的“言说之意愿”以及我们想要言说内容的逻辑结构。

《逻辑研究》和“1914 年文本”对语言符号处理的另一不同之处在于后者明确区分了“主动”和“被动”的意指，比如写作和阅读。颇出人意料的是，这些文本也强调被动意指并非只是主动意指的后果，而是在语言符号构造中的一个必然要素。“主动意指”兼具以下二义：有意义的语言符号的原初创造或创立，以及为表达和沟通想法、愿望等而有意产生或使用该符号。《逻辑研究》中谈论的“表达”就源于这种主动意指。在 1914 年，胡塞尔仍然坚持认为，在这种情形下，意义或至少是产生有意义的符号的“实践意向”要先于语言表达。意义的这种时间与逻辑在先性有以下两种具体形式：或者可以是仍在寻找其恰切表达的思维，或者也可以是一个模糊的意义意向只有在随后的语言表达中才获得其完全分明的内在结构。

现在让我们转向“被动意指”。我们仅仅在一定程度上可以将之视为主动意指的后果。比如，在语言交流或沟通中，若某事必须先被说出或写出然后才能被理解，那么情况就是如此。在理解或被动意指中，听者或读者的注意力首先触及的是感性符号，这是其把握意义所依凭的媒介。在人与人的沟通中，从感性符号到其意义的指向或转向是 “实践要求”的结果：言说者想要被理解，因而要求聆听者以如此这般方式接受感性经验到的符号并将其视为如此这般意义的载体。然而，在“1914 年文本”中，胡塞尔强调，尽管主动意指在实际交流中具有这种优先性，但在更根本的层面上人们也可以认为被动意指（或如胡塞尔有时所谓的“广义上的阅读”）具有优先性。的确，所有意指的“源头”最终在于有意义符号的主动创立；但同样正确的是，如果没有对符号意义的被动理解，符号之构建就是未完成的。我认为，在这条评论中，胡塞尔承认，真正的意指必须允许再度识别和主体间的沟通。只有其含义可以被理解、再度识别和沟通的感性符号才是真正的，即有意义的符号。有意义的符号必须在其主动意指和被动意指中保持相同，而有意义符号的这种相同性或同一性首先只有当（主动）创立为（被动）理解所跟随时才得以构建。这必然要求被动意指的某种优先性，因为任何言说或写作形式的主动意指都预设我们已经理解了所使用的有意义的符号。语言的实际性先于一切语言行为并使后者得以可能。因此，胡塞尔主张，言说意向预设意指的再生性意识，而这种再生性意识往回指向意指的本原意识，而这种本原意识是对符号的**被动**理解而非主动意指或言说。

这一主张出自胡塞尔的笔下确实值得注意。无论在《逻辑研究》还是在关于胡塞尔语言哲学的研究文献中，都没有什么能让我们期待在其作品中发现类似于诠释学转向的东西。但我并不认为在此引介的学说应被视为与《逻辑研究》中的分析相矛盾的一种新语言现象学的纲要。在我看来，毋宁说，胡塞尔在此第一次探讨了使得《逻辑研究》中所说的主体性言说意愿及其在语言中的表达或实现成为可能的背景。胡塞尔并没有放弃把语言行为视为意愿行为以及甚至具有实践目的或“要求”的行为。他要说的是，这样一种有意的语言行动来自处于底层的对语言的被动亲熟。胡塞尔也没有放弃把语言行为看做来自主体的行为。相反，他提出，陈述的主体始终已是共享着同样语言符号的社会共同体的一部分。最后，胡塞尔甚至没有放弃认为语言必然具有起源。但他仔细区分了创造语言符号和根据原本意义使用语言符号以产生陈述。为了有意义地言说，我们必须理解我们所说的，必须正确使用一门在先被给予的语言，而不是任意创造一门新的私人语言。言说总是为了自己的缘故重复其他人的语词。对胡塞尔来说，言说者总是一个主体，主体言说并在言说中让语言通过自己言说乃至替自己言说，由此实现自己追寻的目标。

因此，在一定程度上，胡塞尔看起来有可能接受海德格尔关于语言自身言说（Die Sprache spricht）的看法。毕竟，胡塞尔说过，那要求聆听者转向其意义的不是说话的人而是感性语言符号自身。不过，语言符号的这一要求仍然是针对个人或至少是针对能够理解它的主体而发的。胡塞尔还坚持认为符号的这种匿名要求不应被视作语言符号意指的最根本方式。这种匿名情形并不能揭示语言的真实本性，相反，它衍生自更基本的情形；在这更基本情形中，感性符号现象通过主动意指由言说或书写主体指向其意义。在此情形中，理解——或从感性符号到其意义的转向——带有这样一种意识：我们如此并且必须如此做以便迎合在感性符号中表达出的说话者意愿。

这出现在如下这种语言沟通形式中：其中一个人在对另一个人说话时要求对方注意他所说的。但更常见的却是另一种语言交流情形：我们理解了一个陈述，也就是说，从感性符号转向其意义，但并未被该陈述的发出者明确要求如此去做。在此，从感性符号到其意义的转向便呈现出一种“盲目倾向”的形式，而这看起来是以我们熟悉有意义的语言符号系统的正确用法为基础的。但按照胡塞尔的看法，这种盲目倾向伴随有并来自对（一定程度上的）个人要求的潜在意识。胡塞尔说这首先为以下事实所支持：上述倾向并不仅仅单纯被符号牵引而去，因为它也包含着对并不源自感性符号自身的义务的潜在意识。胡塞尔对感性符号要求的潜在个人特征还提出了另一个论证：只要我们理解一个口头的或书面的陈述，这种理解总是带有对其发出者潜在的并可能完全无规定性的意指。

如果把胡塞尔的第一个论证理解为对语言符号是有意义符号的强调，我认为这一论证无可指摘。确实，语言符号的意指性与意向性意指并不涉及联想式的临近性或相似性。一个无须对其含义有任何理解便直接引向其所指的符号不是真正的符号，而是记号。第一个，特别是第二个论证的真正问题在于，是否理解感性词语、句子或文本的有意义意指就必须对其发出者有潜在意识。当然，我并不怀疑没有说话者就没有被说出的词语，没有作者就没有文本。但我认为，即使对说话者或作者的兴趣是潜在的，这涉及的也是被言说的语词或文本的因果起源，而并不涉及对其意义的理解。胡塞尔的立场预设除了源于个人要求并没有其他形式的主动意指。

相反，我认为在多数情况下主动意指——以及绝大多数对它的理解——是非个人性的。我们日常的听说读写常常只不过是顺从语言规则、文体，或词语惯常搭配的要求。在这些情形里，语言是以有意义的方式被使用的，但我们是被语言言说而非我们在言说语言。有人或许反驳说，胡塞尔所想的不是日常聊天而是科学论说；在科学领域，一个人对其所说和所理解的负有个人责任。但如果“科学”意味着“客观科学”，那么，也正如胡塞尔告诉我们的，科学是非个人性的。在科学中不是某个人而是没有人在言说，不是科学家而是科学在言说。在客观科学中，陈述之为真并不依赖言说者所享有的个人信誉，而完全根据它所意指的客观事态而定。只有先验现象学的语言，或如普鲁弗（Thomas Prufer）和索科洛夫斯基

(Robert Sokolowski) 所说的“先验语”(transcendentalese),才是一门既具科学性又源自主体性责任的语言形式,因而也是同时具有主动和被动意指的主体性模式。

当然,多数言语行为是非个人性的这一洞见也并不排除**个人性**言语行为的存在。同样,很多种沟通是非个人性的这一洞见并不排除**个人性**沟通的存在。**个人性沟通**依赖个人性言语行为的交流,更确切地说,依赖主动个人性意指和被动个人性意指的交流。在这一点上,“1914 年文本”也在《逻辑研究》的基础上做出了显著改进。《第一研究》将个人性沟通视为语言表达的正常功能(§ 7)。这种语言沟通不仅仅是言说者对聆听者展示出对语言符号的正确使用,也不仅仅是聆听者对言说者展示出他们共享同一套语言规则。在语言沟通中,言说者所意图的也不仅仅是对聆听者行为造成一种改变或带来一种新的事态。他努力通过所说让自己被聆听者理解并且期待双方就他所说是否正确达成一致或不一致。语言沟通预设了让自己被理解的意志和理解他人所说的开放心态。感性语言符号不是以完全一样的方式给予言说者和聆听者的(胡塞尔说在聆听者那里把握符号要先于把握意义,而在言说者这里把握符号则发生在把握意义之后),但它必须当下现时地以物质性方式呈现给双方。正是通过物理性符号语言沟通才成为可能,而言说者的主动意指和聆听者的被动意指也才得以共享相同意义。

至此,《第一研究》和“1914 年文本”对个人性语言沟通的描述是一致的。它们的分歧在于对以下问题的分析:物理性语言符号的感性经验是如何让聆听者理解言说者所说的内容的?根据《第一研究》,言说者要通过符号来传达他心中所想,而聆听者则通过符号来接收如此被传达的内容（§ 7）。这一分析的困难在于，胡塞尔认为，在这种传达中，语言符号并非以真正符号而是以记号的方式发生作用。但显然，言说者的语词既不会让谈话对象直接注意到其所指，也不会以因果推论的方式使其相信在言说者头脑中发生了某种心灵过程。同样明显的是，如果这种过程发生了，它也不能算作聆听者理解言说者的话。我们在此并不试图证明这个明显怪异的理论是错误的。相反，我们更需要去理解为什么胡塞尔曾会一度认真对待这种理论。我认为，因为按照《逻辑研究》，语言符号如果不以物理形式在场就无法进行意指，而且其意义并不来自可直接通达的言说意愿；这样的语言符号必然是记号而非表达。在口头交流中情况正是如此，为了通达言说者的心灵状态，符号的物理在场是必须的。对聆听者来说，感知物理性语言符号和把握其由之而生的意义意向，这两者并不“在现象意义上同一”。这意味着根据《第一研究》，对聆听者而言它们的结合以记号而非表达的形式显现。

《逻辑研究》对个人性语言沟通的这个奇怪分析乃事出无奈，胡塞尔在此时仍缺乏给出更好分析所需的理论工具。“1914 年文本”更加忠于现象，因为胡塞尔在此运用了更好的理论工具。这些新工具包括：(1) 对记号和真正的符号更加清晰的区分；(2) 对我们如何意识到其他主体心灵状态的新现象学说明。按照“1914 年文本”，在《逻辑研究》的意义上不构成“表达”的符号仍可以是真正的符号而且甚至是真正的语言符号。被动意指与主动意指一样重要，在语言沟通中甚至享有某种优先性：为了有意义地与某人谈话，我们必须熟悉使用的语言，必须是共享同一方言习语群体中的一员，而且还必须考虑自己怎样被理解。在被动意指中，感性符号先于意义被给予，而对于在人际沟通语境中发生的被动意指而言，符号必须以物理方式，也就是说在感知行为中被给予。在这种情形中，被感知的感性符号现象指向意义意向，而该意义意向之被理解不仅涉及其理念性意义也涉及其在他人生命中的根源。

第二种形式的理解，对他人心灵状态的意识，在“1914 年文本”中被称作“同感式理解”（einfühlendes verstehen）。物理符号允许聆听者接收说者对其意义意向的传达，但该接收是一种同感形式而非指示（indicating）或对信念的自然触发。为了交流，物理性符号必须实存，但该物理性符号并不因此一定直接引发对其所意指之物的实存信念；它不一定成为指示性符号。具有物理性实存的真正符号仍然是真正的符号，也就是说是有意义的符号。在主体间交流中，对意义的理解与对他人意义意向的同感或“当下化的共现”结合在一起。在此，胡塞尔用到了他最早在 1910—1911 年课程中发展出来的对我们如何理解他人心灵进程的新分析（参见 *Husserliana* XIII, No. 6）。人与人之间对意义的语言交流，或者更准确地说，理解他人的意义意向成为“同感当下化”的一个特例。

关于语言交流的这种新阐释依赖以下新洞见：即使语言符号的物理性实存是必须的，它仍应被视作真正有所意指。但这并不意味着**感性符号的物理性实存**对其真正有所意指来说总是必需的。真正的意指并不是现实存在对象的属性，而是一种从感性符号或能指指向所指的“功能性特征”。根据“1914 年文本”，这种功能性特征在如下双重心灵进程中得到实现：真正符号的现时意指既要求对感性符号现象的现实意识，也要求对该符号指向意义以及有意义地被意向对象的现时意识。这样一种现时意指即使在感性符号并不真实存在，即未以感知对象的方式被给予时（以及在被意指的意向性对象并不实存时）也可能发生。为了使意指现时发生，无论是在感知中还是在想象中，感性符号被直观给予就足够了。然而，如果不仅感性符号而且使之意指的意义意向都是想象产物，那就不再存在现时意指了。

这一差别在以下例子中得到了清晰展示：我可以不出声地使用语言跟自己说话或默默思考。当我这么做时，我使用了词语，但没有发出任何声音或写下任何字母。胡塞尔说，在这种情形中意指现时地发生了，但沉默的说话者用以意指的语言符号并不具有物理性实存。由于这些符号必须以某种方式在场，它们就被认为以想象方式在场。这意味着我通过并不真实存在的语言符号言说或思考。我使用想象的词语，或者说通过想象创造出其感性表象的语音模式和字母。这与下列情形大不相同：我并未真正对自己说话而只是想象我对自己或其他人说话。在这一情形中，我使用的也是想象的词语，但我只是在想象中而非在现时意指中使用它们。自言自语指的是使用现时想象出来的词语现时地对自己说话，而非想象自己跟自己说话。

《第一研究》对自言自语的分析十分令人困惑，这恰恰因为它忽视了上述区分并将自言自语呈现为这样一种意指形式，在其中“一个人仅仅设想自己在言说和交流”（§8）。我们对这一分析感到不满的第二个原因当然是它将自言自语视为一种优越的或“纯粹”的语言表达形式。显然，这是因为《逻辑研究》认为语言交流包含对语言性的真正符号的指示性使用。胡塞尔说我们只有在自言自语的情形中才有纯粹表达性符号，其中语言符号以想象方式而不是以物质性实存方式被给予。在1914年对语言符号以及沟通交流的新分析中，不再有任何理由赋予想象符号一种相对于真实存在符号的优先性，或者赋予自言自语一种相对于语言交流的优先性。相反，自言自语和其他所有形式的主动意指一样，预设了我们归属于某个通过共同分享的语言而相互交流的社会群体。基于对语言符号、交流沟通和自言自语的这一新分析，我们不再能像德里达在对《逻辑研究》的批判性诠释中所做的那样去有意义地证明，在自言自语中和在正式演说中表达性和指示性符号始终彼此“交织”。不过，胡塞尔的确没有足够重视语言符号的物质性在场（比如，在某个语境文本中）及其不依赖个人意愿而生成意义的能力。

根据胡塞尔的分析，想象的感性符号和真实存在的感性符号同样适合成为有意义的现时意指的依托。意指作为在心灵状态中实现的功能，符号有可能作为想象的产物——这难道不意味着胡塞尔的新语言符号理论落入了赤裸裸的心理主义窠臼？对此，很明显答案是否定的。不难看出，正如胡塞尔对意义理念性的分析摧毁了逻辑心理主义，他对感性语言符号的“非实在性”乃至“理念性”的强调克服了语言或符号心理主义。《第一研究》已然强调了感性表达的理念性，但却没有澄清同一个东西如何既是感性被给予的同时又是理念性的（§11）。意义的理念性和感性语言符号的理念性都指向它们在不同情景中被不同个体再度识认的能力。“理念性”是认识论范畴而非形而上学范畴；它指的是在不同情景中被识认的同一性，而非与实在存在相分离的存在模态。如果感性符号总是以同样方式发挥作用并且被承认或认定以同样方式发挥作用，它们就是“理念性的”或“非实在性的”。为了在不同情景、对不同个人指向同样的意义，感性符号必须是“理念性的”或“非实在的”。然而，同一感性符号，同时和在同一方面，既具有理念同一性又具有事实个体性，既是非实在的又是经验实存的，这一点如何理解确实是一个问题。这就是为什么当代语言学要把作为“类型”（type）的符号和作为“殊型”的符号相区分。如果不同的经验符号或“殊型”被识认为相同，也就是说，被识认为是相同理念符号或“类型”的个例，那么它们就被识认为指向同样意义。

“1914 年文本”比《逻辑研究》更细致地处理了感性符号理念性问题，清楚区分了意义的逻辑理念性和感性语言符号独特的语言理念性。另外，“1914 年文本”也区分了语言符号理念性的不同层次。感性样式（pattern）的不变性是第一层形式的理念性；音位的同一性不受物理声响的音高和强度变化的影响，这便是这种理念性的最好例证。当一个词无论是以口头还是书面形式被给予而都被认作是同一个词时，我们就达到了另一层形式的理念性。不过，有关语言符号理念性最困难的问题是作为经验“殊型”的感性符号和作为理念“类型”的感性符号之间的关系。“1914 年文本”对这一问题也有新解释。与《逻辑研究》相反，“类型”与“殊型”的关系不再被理解为本质与其个体化个例之间的关系。胡塞尔在此的论证指出，正如我们无须抽象普遍化以把握理念性意义，[1] 我们为了达到感性类型也无须使杂多感性殊型经历本质变更过程。感性词语的理念“类型”并不独立于在经验中被给予的个体性“殊型”而自在

1　胡塞尔早在 1908 年就批评自己在《逻辑研究》中把意义同一性化归作为本质的种的逻辑形式的做法。Cf. R. Bernet, “Bedeutung und intentionales Bewusstsein,” pp.48-58. 见本文集收录的第 3 篇论文《意义与意向性意识：胡塞尔的意义现象概念》。

存在。因此，感性符号的理念性就显现是语言符号有意义意指的最小条件，而非以形而上学方式解释语言的结果。然而，形而上学预设确实决定着胡塞尔对感性语言符号和意向性意指意义两者范畴结构同型对应关系的解释。但这涉及的是理想语言而非语言符号的理念性。

胡塞尔解释符号现象的进路似乎一再受他对理想语言之预期及其所预设逻辑思维观念的引导。“1914 年文本”尽管包含了实质性进展，但仍分享乃至强化了《第一研究》中的某些隐藏预设。因此，尽管“1914 年文本”使德里达的一些论证失效了，他的主要批评却由此获得新的证据。符号继续作为自我在场的、意愿思维的延伸发挥作用。悖谬的是，胡塞尔对符号分析的精致化使我们越来越难以理解符号的贡献：如果感性符号的物质性被归为其现象学显现，如果感性符号的这种显现仅被理解为它指向意义的依托，如果对意义的这一指向依赖意义意向的结构，如果这一意义意向被理解为对象之意向性乃至范畴表象行为，那么符号就无法给意向性思维带来任何新的东西。它最多能帮助保存和传递思维，但无法像康德所说的象征那样去产生思维。它只是以自我为中心的思维所利用的工具。

当胡塞尔尝试捕捉语言的起源并尝试将这一起源定位在逻辑思维中时，他已然离弃了阐释语言的真正现象学进路。尽管胡塞尔对能指与所指之间表义关系的分析产生了许多有价值的持久证论结果，但他忽略了符号的众多显现方式而偏好符号逻辑功能及其心灵使用的构造。胡塞尔的符号学说既开启又关闭了对属于语言现象的逻各斯以及语言揭示其他现象之方式的现象学追问。

三、意义与意向性意识：胡塞尔的意义现象概念

长期以来，对胡塞尔现象学的系统性与历史性研究主要聚焦于他对感知的现象学分析。这种选择有诸多动机，而“现象”概念本身也不无贡献。然而，“意义现象”或“判断现象”[1]并不必然暗含理念性意义如同事物在观看中显现的那样在现象学意识中被给予。本文的任务便是对意识与理念性－同一的意义之间的关联做出现象学描述。这是贯穿胡塞尔全部哲学工作的中心论题。他的教师资格论文就已经提出概念与心理学起源关联的问题。而直到《欧洲科学的危机与先验现象学》（德文版《胡塞尔全集》第六卷），逻辑性的本质真理与明见性之关联问题、原初经验与语言澄清之关联问题，以及被书写固定下来的理念性意义或文化对象与其历史传承之关联问题仍然是胡塞尔的中心关切。

下面的考察将局限于语言表达的意义和客体化行为之间的关联。情感和意愿体验的语言表达问题，特别是意义（Sinn）概念扩展而应用于感性经验的问题（以及由此围绕经验与判断之间关联的整个问题群）不在本文讨论范围之内。可能出人意料的是，我也将

1　手稿 B III 12, 172a, 大概写于 1910。

避免讨论真理问题。实际上，真理问题在胡塞尔对意义意指问题的处理中只扮演次要角色，此外在胡塞尔哲学范围内对该问题的适当处理将指向被本文排除的经验与判断之关联问题。同我先前对真理问题的讨论一起，本文对胡塞尔判断理论的研究是为将来批评性考察胡塞尔有关经验与判断之关联的理论做准备。

在本文中，我将向胡塞尔现象学提出两个基础性问题。第一，如果意义与理解意识之施行（Vollzug）相关联，意义的理念性意味着什么？我们如何区分不同类型的意义的现象学所予方式？比如，形式－逻辑的意义本质与命题意义，其所予方式如何区分？普通语言以及理想语言的命题意义，又是如何以不同方式被给予？第二，如果我们将对意义的理解视作一种意向性体验，那么如何理解意义与其意指对象的关系？另外，这种意向性意指理论如何规定单称词项与述谓命题的意指？

（一）

胡塞尔《逻辑研究》第一卷的书名是《纯粹逻辑学导引》。之所以称之为“导引”，是因为胡塞尔在此仅仅满足于单纯勾勒纯粹逻辑学的任务。为此，胡塞尔更加深入地探讨了纯粹逻辑学的逻辑基础，并将其与心理学或认识论的基础严格区分开来。纯粹逻辑学是一门自主的独立科学，其研究对象包含纯粹逻辑概念与法则，而且这门科学的语句同样奠基于纯粹逻辑的概念与法则（最终奠基于纯粹逻辑公理）之上。这些纯粹逻辑的概念与法则或者涉及逻辑语句（Aussage）的形式本质或者涉及其对象的形式本质。因此，纯粹逻辑学分为两个彼此关联的学科：形式语义学和形式本体论。在本文语境中我们只关注形式语义学，它是一门纯粹逻辑的意义理论。该理论的第一任务在于区分独立和非独立的意义形式并且表述它们的组合规则。比如，把命题的独立意义同谓词的非独立意义加以区分，并且探究哪些形式的非独立意义以及以何种句法连接的形式属于何种语法上正确的命题形式。在先天的意义形态学或“纯粹语法学”基础上，形式语义的演绎逻辑学从有效性视角研究意义形式之间的组合。一个逻辑矛盾语句，比如“所有 A 都是 B，所有 B 都是 C，并且存在一个不是 C 的 A”，或许满足纯粹语法法则，但并不满足演绎逻辑法则。在胡塞尔看来，形式语义学的最高任务是发展一种关于可能理论形式的理论，一种研究众多科学论述可能形式的公理演绎体系。

本文将不讨论下列这些常被探讨的论题：胡塞尔的纯粹语法学是否受限于印欧语言的经验结构？胡塞尔关于完整的形式演绎公理系统的构想是否在数学上是否幼稚的？形式语义学是否可以独立于其对象性关联项，即形式本体论而获得表述？我在此感兴趣的只是以下问题：胡塞尔的形式语义学依赖怎样的意义概念，以及《逻辑研究》第一研究怎样理解形式语义法则应用于事实思考和言说的可能性？

形式语义学的任务是（尤其从独立与非独立角度）研究意义（或意义群）之组合所服从的法则。与“经验性”法则不同，这些逻辑法则既不通过对事实进行归纳式普遍化而得到，也不在其应用中与事实相关。逻辑法则并不像事实法则那样仅有假言有效性，而是拥有绝对必然有效性。[1]逻辑法则，如矛盾律，对任何人、在任何时候和任何条件下都有效，也就是说必然而非或然有效。逻辑法则的这种绝对和普遍必然性让其成为“理念性法则”或“本质法则”[2]。对胡塞尔而言（在这一点上他追随莱布尼茨），本质法则是那些可以从本质中分析性推导出来并且仅适用于本质的法则。就形式语义学法则而言，这些“本质”是**意义的形式本质**。形式语义学法则奠基于形式基础概念（如“述谓命题”“真”）含义之上[3]并且适用于所有意义——所有意义都是“意义一般”这一最高形式语义概念的本质个别化（“意义一般”是形式语义学的最高概念）。因此，以下这条法则——意义不能同时、在同一方面既真又假——是从“真”这个概念的单纯意义中（分析性的）导出的，并且对所有（理念上可能的）的意义性都必然、绝对地有效。

今天的读者倾向认为在胡塞尔从心理主义到“逻辑绝对主义”的转向背后有博尔扎诺知识学的影响。然而，胡塞尔自己反复强调，[4]决定性的影响并不来自博尔扎诺而是来自洛采（Hermann Lotze）对柏拉图理念学说的诠释。只有当我们充分考虑到这一影

1 《逻辑研究》第一卷，第 62、117 页等。【译者注：本文引用胡塞尔著作时标识的页码如无特殊说明均为《胡塞尔全集》相应卷册的页码，在中文译本中对应于页边码。参见〔德〕埃德蒙德·胡塞尔：《逻辑研究》，倪梁康译，北京：商务印书馆，2017 年。本文引用的胡塞尔原文中译均来自译者本人。】

2 《逻辑研究》第一卷，§§ 24、37、39。

3 《逻辑研究》第一卷，第 139、122 页。

4 参见 Edmund Husserl, <Rezension von> M. Palágyi: Der Streit der Psychologisten und Formalisten in der modernen Logik, in: *Zeitschrift für Psychologie und Physiologie der Sinnesorgane* 31 (1903) 287-294, p. 290; Edmund Husserl, Entwurf einer “Vorrede” zu den “Logischen Untersuchungen”, in: *Tijdschrift voor Filosofie* 1 (1939) 319-339, 128ff。

响，我们才能理解为什么胡塞尔会说“逻辑意义”，或形式性意义本质与语义学本质法则“构成了普遍对象的理念性封闭全体，对这些普遍对象来说被思考和被表达是偶然的”[1]。确切说来，洛采影响下的胡塞尔柏拉图主义体现在，他以**本体论方式**从“逻辑意义”的理念性“**存在**”推导出理念性的，也即超时间的与绝对必然的“**有效性**”：“每一自在真理始终是其所是，它保有其理念性存在。它并不在‘虚空中某处’，而是在非时间性理念王国中的有效性统一体。”[2]换言之，在《逻辑研究》第一卷中，经验事实和逻辑意义本质之间，以及假言事实法则和必然逻辑本质法则之间的分别最终依赖经验存在和理念存在之间的分别。

这种逻辑意义理念有效性的本体论奠基对逻辑意义，尤其是纯粹逻辑法则的**应用**问题关系重大。它导致胡塞尔面临如下难题：一方面，胡塞尔必须承认，与逻辑法则发生关联的是“做出判断的存在者而非石头”[3]；另一方面，他又必须坚称，对这些法则而言“被思考和被表达是偶然的”[4]。胡塞尔解决方案的要点在于将逻辑法则向具体思考行为的应用以及在具体思考行为中对这些法则的把握界定为一种**理念可能性**。这样，逻辑命题或法则的理念性的真就被理解为以绝对明见性把握这些逻辑真理的判断行为的“理念可能性”条件。[5]比方说，“A 为真”这一逻辑命题与以下命题（在理念上）

1 《逻辑研究》第二卷第一部分，第 105 页。

2 《逻辑研究》第一卷，第 130 页；参见《逻辑研究》第一卷，第 117、179 页，《逻辑研究》第二卷第一部分，第 101 页，特别是 Edmund Husserl, <Rezension von> M. Palâgyi，第 290 页。

3 《逻辑研究》第一卷，第 142 页。

4 《逻辑研究》第二卷第一部分，第 105 页。

5 《逻辑研究》第一卷，第 129、183—184 页。

等价："某人以明见性方式判断'A为真，是可能的"。但胡塞尔反复强调这里的"等价"并不意味着"同一"，因为，就其自身而言，纯粹逻辑命题并未对可能的明证性条件做出一丁点陈述。纯粹逻辑意义只是通过事后"改造"[1]才以"间接"方式获得与主体行为发生理念性的可能关联。纯粹逻辑并不涉及具体判断行为和思考行为的意义，而是涉及以公理化方式得到奠基的普遍本质，其中并不包括实在的判断行为而只包括"理念性个别物……真正的种"[2]。只有当纯粹逻辑意义不再通过逻辑学家的眼光而是带着知识论兴趣被考察时，纯粹逻辑意义的主观所予性问题才得以提出。《第六研究》第二篇发展的本质直观学说构成了对这个新知识论问题的回答。值得注意的是，尽管《逻辑研究》第一卷秉持极端的反心理主义和逻辑绝对主义基本倾向，但它已然预见到这一回答的一些核心要素："体验是实在的个别物，具有时间规定性，它们变化并消失。但真理是'永恒的'，或者毋宁说是理念，并且作为理念是超时间的。……然而，人们也认为真理有时'进入'我们'意识之中'，由此被我们'把握'和'体验'。但在此涉及这种理念性存在时，我们所说的'把握''体验''被意识到'，其意义完全不同于这些表述在涉及经验性，也即个别存在时所具有的意义。……具有关于真理的意识，正如我们具有关于种，例如关于红色'本质'的普遍意识一样。……现在真理同样也是理念，我们对它就像对任何其他理念那样通过以直观为基础的理念化行为来体验……而且通过比较散乱杂多的具体

1　《逻辑研究》第一卷，第183页。

2　《逻辑研究》第一卷，第173页；比较第178页。

个案获得对其同一性的明见性（也即明见的判断行为）。”[1]

让我们总结一下《逻辑研究》第一卷的学说。纯粹逻辑学的语义学形式探讨意义的形式本质。纯粹逻辑法则的根源及其应用对象是形式意义，这种意义独立于一切心理行为而普遍有效并且属于理念性存在领域。由此，这些逻辑意义无法通过（理念性）存在和有效性彼此区分，而只能通过其普遍性等级来区分。如果我们采取知识论立场追问如何把握这些纯粹意义并将其应用于具体思考和言说，那么答案是：正如所有其他本质（如红）那样，即通过基于比较的普遍化（或理念化）和种的个别化。然而我们必须严格区分纯粹逻辑意义（本身）与各个具体判断的意义（特别是日常语言中言语行为的意义），这一点至关重要。日常言说的特殊之处在于它通过特定内容关联于事实或经验事态（而非本质）。如果我们谈论一件偶然的、常常也是转瞬即逝的事情，这种语句的意义似乎很难被界定为必然的。即便有理由甚至赋予这些命题一种超时间意义，这种意义与个别言语行为的关联也有待澄清。因为稍加反思便会发现以下主张毫无意义，即认为这种日常语言意义就其本质而言也同纯粹逻辑意义一样与具体言说行为没有任何关系。下面我们要探讨这种新的意义结构及其与个别理解行为和断言行为的关联。

（二）

日常言语是一种通常服务于说话者之间交流目的的行动。粗略

1 《逻辑研究》第一卷，第 128—129 页；参见第 101、186 页及次页、74 页及次页非常类似的论述。

地讲，语言交流可以被视作主体间借助语言符号进行的信息交换。在言说者看来，如果聆听者理解了他要对其表达的内容，那么他的信息交换就是成功的。言说者的这种经验包含着：他可以从聆听者的（语言或前语言的）行为中感受到其所传达的信息被成功接收了。如果我们把交流的内容称为“意义”（Bedeutung），那么意义就是言说者所说的或聆听者所理解的。[1] 因此，成功的交流包含着言说者和聆听者共享同一的意义。即使我们不考虑主体间交流的情境，每一个别言语行为也包含着同一的或可同一化的意义。这样，我可以在一个（甚至使用不同的语词）新的言语行为中重复我现时言语行为的意义。而且我也可以在很长时间以后再次当下化曾经表达过的意义（至少当该意义以书写方式固定下来时）并重新表述该意义。比如当一个人在家里看过空空如也的冰箱后列出购物清单时，他期待到了商店后依照这个清单购买的是他在家里准备要购买的东西。这个例子也表明不同的执行行为中意义的同一性与意义的恒定性或超时间性绑在一起。这种意义的恒定性，指的是在不同时间点以及众多行为中该意义被重复识别的可能性；胡塞尔将意义的恒定性称为（日常语言）意义的“理念性”或（如果更少误解的话）“非实在性”。胡塞尔借此要表达的是，意义并不包含于单个具体理解行为的实在性之中，或者说，对意义的每次理解都包含着重新理解同一意义的可能性。不过，意义的非实在性并不只针对理解行为

1　这种对交流的描述不同于胡塞尔在《逻辑研究》第一研究第 7 节给出的描述。在那里，胡塞尔单方面着眼于言说者的（内在）意图，以至于聆听者所理解的实际上不是意义，而是言说者通过语言符号传达的各自意识内容。在我看来，胡塞尔的理论最多只能适用于以下情况：在交流失败的情形下，聆听者问言说者到底想说什么或者他“脑袋里”到底在想什么。

的实在性而获得规定；它也针对语言符号的实在性。意义并不本质地束缚于个体语言符号（如语音，书写符号或打印字母等），而且正如翻译的可能性所显示的那样，甚至也不束缚于特定的自然语言系统。（翻译日常语言要比翻译理想语言遇到更多问题，我们后面还会论及个中缘由）。

基于以上初步描述，我们可以说语句意义的理念性具有“差异中的同一”的结构。差异既是在时间中个体化理解行为的差异，也是语言符号的差异。我们是要从差异中导出同一，还是反过来把同一视为差异的前提，这对任何语言理论而言都是影响深远的理论决定。索绪尔以及跟随其后的大多数法国结构主义者显然认为差异具有优先性，并将意义径直理解为语言符号差异的结果。而胡塞尔走的则是相反路线，并把意义理解为在不同语言符号中获得表达的同一。在他的理论中，我们不仅无从谈论差异性对意义的创立作用，而且根据德里达令人信服的诠释，《第一研究》中“本质区分”的目标恰恰是消除一切差异以便获得（自身）同一意义的精神内在性。无论是不同语言符号的物质性，还是言说者的言说意愿与聆听者的理解之间的差异性，这些都不属于意义的本质。因为（日常）语言的本质，在其最纯粹的形式中，体现在“自言自语”中，这时“我们通常只需要想象的词语，而不需要现实的词语”[1]。胡塞尔指望通过对“孤独心灵生活”内在性的现象学反思来把握什么是理解意义。这最终要涉及恰当描述个别（意识）行为和其中所理解的理念意义之间的关联。

1　《逻辑研究》第二卷第一部分，第 36 页。

然而，到底什么是**理解**语言意义？胡塞尔回答得很坚决：“自言自语的思考者‘理解’自己的话，而这种理解根本是现时的意指。”[1]而“现时的意指”“根本”是对语言符号的客体化把握，[2]“这种独特的、与表达相关的、将表达照亮的、赋予表达以意义**并因此而赋予其对象性关系**的行为体验”[3]。因此，理解语言表达就是理解它意指**什么**，而这又等于说以意向性方式与其所以为（vermeinten）的对象相关联。这种为理解语言表达引入的自明规定很可能是胡塞尔意义理论中影响最为深远的预先决定。对胡塞尔的意义理论来说，这种决定正是其以下独特之处的根源：对意义和意向性意指行为对象之区分的追问，以及对以时间方式个体化的理解行为和理念性意义之间关联的现象学描述。

理解是一种意向性行为，而按照胡塞尔的一贯界定，意向性行为是同时既标明（bezeichnen）又规定（bestimmen）对象的体验。这种意指功能独立于意向对象的现实存在。[4]如果把这个界定应用于任一语句，这就意味着关于某对象的谈论必然同时（指示地）指向和在内容上（述谓地）规定该对象。与意指对象的内涵（intensionale）关联同时也是对该对象的意向（intentionale）规定。同时，胡塞尔认为，意指对象的存在规定性（现实的、想象的还是虚假的，等等）对于意向性意指的现象学规定而言是不相关的；这

1　《逻辑研究》第二卷第一部分，第 74 页。

2　同上。

3　《逻辑研究》第二卷第一部分，第 66 页，强调系笔者添加；参见第 97 页。

4　参见 K I 56, 42a (1894); A I 7, 25 (1896);《逻辑研究》第二卷第一部分，第 52、54、412 页及次页、373、387、425、434 页；F 1 27, 53b, 48, 64a, 61 (1905); F I 25, 33b f. (1906/1907); F I 10, 28a (1906/1907); B III 12, 173a（很可能写于 1910 年）。

是相对于弗雷格语义学一个值得注意的偏离。

意向性行为不仅标明和规定其意指对象，而且以不同的信念态度来进行标明和规定。以《逻辑研究》的术语来说，只有“题材”（Materie）和“质性”（Qualität）的统一才构成“客体化行为”的“意向性本质”。质性说明的是对对象的意向性意指的信念或设定特征。胡塞尔对不同题材形式（单束的和综合的）、质性（客体化行为和奠基其上的非客体化行为及其信念变更）以及直观充实的分析为不同言语行为建立了一门广泛的类型学：名词化和命题性语句，对象性语句和情感表达，感知判断和想象判断以及把所有这些行为转为提问或猜测等的信念变更。信念质性及其变更与言语行为主体有着直接关联。无论我们如何理解语言表达对其意指对象的指向，该对象被设定的模态必然指向说话者的主体态度。针对同一现象，以言语行动或言说者意图为导向的当代语言理论诉诸“言外之力”（illocutionary force）或“命题态度”。[但大多数当代语言理论并未在行为类型（如断言、命令等）与其信念变更（如考量、怀疑、否定等）之间做出清楚区分。[1]]

将言语行为或对表达意义的理解视为意向性行为，这带来了怎样的语言哲学后果呢？首先，言说被理解为**关于某物**的言说。人们所言说的对象是被意向性意指的对象。由此，该对象的直观所予蕴含着对言语行为的本质性区别。在本文中我们暂且忽略这一点，而主要关注第二个后果：语言符号的意义依赖一种解释性把握，以将这些符号与被标明的对象置于意向性指向关联中。用胡塞尔自己多

1　参考 Iso Kern, *Idee und Methode der Philosophie. Leitgedanken für eine Theorie der Vernunft*, Berlin-New York, 1975, s. 185。

少有点误导性的术语来说：意向性行为是一种“赋义行为”。赋予表达的意义并不是一个外在标记；相反表达与意义构成本源统一。在事后赋予语言符号以意义这种特殊情形中，胡塞尔考虑的是对之前所接受的毫无意义的声音组合获得灵光乍现的理解。我不想否认，这种关于赋义的意向性行为的学说乃是基于对语言符号功能十分有限的理解。德里达也曾合理地指出，把对意义的理解界定为一种意向性行为，这首先是以**说话者**为导向，因为说话者**意图**有所言说并为此使用约定俗成的语言符号。我们或许可以进一步发展这一想法，从而不止将意义意向视为表达意愿，而是直接视为**由意图引导的行为**。由此，对意义的理解就会是聆听者对言说者意图的承认或是从被理解的言语行为导出的新的行动。例如我们通过感知判断的沟通造成对方观看方式的改变。

如果对表达的理解只是对在言说中被意指对象的意向性意识，那么我们就无法再回避**意义和对象**的区分问题。如果对表达的理解在于意向性地指向被意指对象，那么被理解的表达意义岂不等同于意指对象？不是！胡塞尔在《第一研究》中说，意指对象只是语句**对之有所言说的**对象并因此有别于其意义，也就是有别于言说者**之所**说和聆听者**之所**理解的内容。意义与对象相区别的一个鲜明例子是名字。“耶拿的胜利者”和“滑铁卢的失败者”这两条表述陈述了不同内容；虽然这两种描述意义不同，但它们意指同一个对象，即拿破仑。两个表达由不同的意义意向赋义，但这两个意义意向共享意指同一个对象的意向性指向。对不同意义具有同一对象的这种可能性，胡塞尔的解释诉诸意义意向的意识结构而非对“耶拿的胜利者”和“滑铁卢的失败者”这两条表述具有（经验）等价性的认识（即知道在此涉及的是对同一现实对象的两种真的规定）。我们将名字这类的表达视为对对象的一种特定的有意义的标明。因此，根据胡塞尔，我们可以合理地说，“表达借助意义来标明（命名）它的对象，或者说意指行为就是意谓各个对象的特定方式——只是这种有意义的意谓方式以及意义本身可以在对象方面保持同一的情况下发生变化”[1]。我们后面还会再讨论这种分析是否也可以扩展到对述谓命题的理解中。

胡塞尔现象学进路的意义理论的根本特点在于，它对语言表达的理解以及其意指指向的分析都诉诸对**意向性意识**的功能性描述。我们所提出的理念性意义与在时间中定位的陈述之间的关联之核心问题，使得我们不得不提及**现象学反思**的问题。如果说意向性意识是胡塞尔意义理论的核心概念，那么我们就无法回避如何以现象学的方式通达这一意识的问题。这一问题之紧迫性在于，对唯我论式内省的批评在很多人看来足以让他们忽略胡塞尔的意义理论。把意向性意义现象翻译为语言表达使用规则的术语，这种对立的尝试虽然出自好意，但同样回避了对胡塞尔理论本身的探讨。在本文语境中，我们要把关于意向性意识之现象学描述的问题限制在语言表达的意义意向上并且不触及感性经验的意向性意义结构问题。正如胡塞尔在《第一研究》中就已经强调的那样，我们可以肯定的是意义意向不是在想象图像意义上的私人性意识内容。[2]相反，意义意向要在语言符号中得到表达并由此被置入主体间的经验世界中；而在语言表达中内在性与外在性彼此交错。即使我的意义意向比起其他言

1　《逻辑研究》第二卷第一部分，第 49 页。

2　《逻辑研究》第二卷第一部分，第 61 页及以下。

说者的意义意向更本原性地为我所通达，我对自己的意义意向也不具有一种既是主题性的同时又是直接性的知识。对我的意义意向的反思（如对意识一般的反思）是对意识的意识，这是一种当下化行为而不是直接的内省。[1]在现象学反思中，个体性的意义意向也被描述为本质个别性（eidetische Singularitäten）；这里涉及的是个体性行为的本质，此外该个体性的行为也是以普遍方式被界定的意向性功能统一体的载体。在我们的语境中，反对把现象学反思和心理学内省混同的最本质论证在于，意义意向必然指向理念 - 同一的意义。由此，我们再次回到我们的核心设问中。

（三）

我们已经指出，对表达的理解在于为该表达赋义的**意义意向**之施行。这一意义意向既标明又界定其意指对象。我们也已经指出，在每一表达中真正被理解的是**意义**，而意义是理念性（或非实在性）的，也就是说，是在众多语境中的同一，对言说者和聆听者同一并且可以作为同一者被重识或重复。但这些在时间中个体化的意义意向与理念 - 同一、非实在的意义之间彼此如何关联呢？如果说在意义意向的施行中表达的意义得到理解，那么把意义理解为意义意向的意向性对象，这看起来就是很自然的。但根据胡塞尔，表达的意义恰恰不是意义意向的意向性对象；相反，理解表达意味着“通过”其意义来意向性地指向该表达所言说的对象。由此，我们很自

1　参见 Iso Kern, *Idee und Methode der Philosophie*, 245ff。

然地**将意义把握为意义意向的某种特征**，把握为对对象进行言说的特定方式、对对象进行意指的特定方式。**因此**，当众多语句以同样方式或者说以同样规定性来关联同一对象时，它们就具有同一且统一的意义。考虑到这些描述，胡塞尔把同一意义理解为理念性行为结构，这种行为结构在同义表达的众多意义意向中得到个别化。换言之，意义的同一性就是“种的同一性……与理念－同一意义关联的众多个别性自然就是相应的意指行为的各个要素，就是各个意义意向。因此，意义与各个意指行为的关系……就如同作为种的‘红’与这里放着的、全都‘具有’同一种‘红’的纸条的关系一样”[1]。按照《第五研究》更加严格的术语，普遍意义的这种个别化并不涉及个体意义意向完全心理学意义的具体化（意义不是心理学意义的类概念），而只涉及其本质要素即其题材和质性，或其“意向性本质”。该意向性本质是**个体性**的行为要素，因此在其中个体化的理念性意义不是二阶的理念性。[2] 顺便提一下，在随后的论述中，胡塞尔越来越让步于如下倾向，把理念性意义单独视为行为题材的种。这种看法虽然能够系统性阐述断言、命令、愿望等可能具有的共同意义内容，但同时却遮蔽了一切意义的信念要素，而对这一要素所进行的彻底探究恰恰构成了现象学意义理论的主要贡献。

我们后面还会再追问是否**在现象上**可以合理地把意义视为同一的行为结构。在寻找另一种意向相关项含义的意义概念之前，我们

1 《逻辑研究》第二卷第一部分，第 100 页。

2 参见 LU II/l, 51,417, 421, 436, 506. 另外参见 K I 56, 50a (1898 年或之后)。对此参见 LU II/2, 95 以及 Ernst Tugendhat, *Der Wahrheitsbegriff bei Husserl und Heidegger*, Berlin 1967, pp. 43f., 58。

还要提出一个关乎一切现象学意义概念的问题。这一问题是：《逻辑研究》第二卷将日常语言意义之理念性（或非实在性）界定为**本质**（或种）的理念性是否合理？[1]这一学说显然将个别判断行为和非实在的（日常语言的）判断意义之间的关联等同于《导引》（即《逻辑研究》第一卷）所描述的纯粹逻辑意义本质和理念化行为或其种的个别化之间的关联。如同纯粹逻辑的意义本质在可能的本质直观之理念行为中得到个别化一样，语句的理念性意义是在众多陈述行为中获得“个别化”的本质。把语句意义的理念性与形式语义本质的理念性相等同，以及把语句意义在各个陈述行为中的个体化与纯粹逻辑本质的种的个别化相等同，这在《逻辑研究》中始终是胡塞尔坚持的看法。在此，我简要指出，胡塞尔如何一步步对《逻辑研究》的这一学说展开自我批评。早在《观念一》（德文版《胡塞尔全集》III/1）出版前，胡塞尔就已经获得了如下洞见：不是所有判断行为的意义都可以被视作本质。到 1920 年前后，他已经确信作为个体判断行为**理念性**意义的意义不是本质。

对于我们在上文以临时和模糊方式所称的“日常语言的意义”，胡塞尔直到大约 1908 年时才有了明确的理解。他称之为“经验性意义”（特别参见 A I 11, 32［可能写于 1908 年］）；诚然，这一称谓是可能引起误解的。虽然经验性意义是理念性的，即超时间的判断意义，但其意指对象并不是本质，而是事实（即经验性事态）。与此相对，与本质或本质真理相关的判断行为，比如像“2 < 3”这类语句，具有“先天意义”。经验性意义与先天意义的主要差别在于，

1 参见《逻辑研究》第二卷第一部分，第 100—101、103、106—107 页。

对经验性意义而言，作为现实设定的判断行为之意义和作为纯粹想象的判断行为之意义，两者真值并不相同。[1] 然而，毫无疑问，现实施行的判断“这个铅笔是红的”和具有同样字句的纯粹想象的判断具有共同内容。这一共同内容难道不是意义，而该意义难道不是那个在带有信念的判断和纯粹想象的判断中得到个别化的本质吗？胡塞尔的回答是，这样一种本质虽然可以被表达，但它并不等同于两个判断行为的意义：“经验性意义并不是（在共相［Eidos］意义上）理念，这种理念可以从现时意指或想象意指中抽取出来；而红是这种意义上的理念，它可以从事实的红色感知以及准红色感知，即红色想象中被抽取出来。”[2] 与此相反，对先天意义来说，无论“2 < 3”这个语句是现实被施行还是单纯被想象，其真值都是一样的。我们还必须要追问先天意义与本质所共有的这种特征是否意味着先天语句意义应当被视为本质。无论如何，可以肯定的是，就经验性意义而言，想象和现实语句意义之间的根本区别不允许我们将其视为本质。经验性意义与事实相关；虽然它是理念性的（即超时间性的），但其理念性并非本质含义的理念性。这样我们也就明白，为什么胡塞尔在《逻辑研究》中没有认清经验性意义的独特地位：作为事实（真理）的理念性意义，经验性意义既非理念性本质也非经验性事实，因而在《逻辑研究》的二元本体论框架中找不到位置。在 1918 年写给因伽登（Roman Ingarden）的信中，胡塞尔

1 参见 A I 11, 32b ff. und 47b（可能写于 1908 年）; A VI 12 III, 4b, 14b, 39a, 88b (1909); B III 12,176a（可能写于 l910 年）;A VI 8 1,113a f. (1911); A I 20, 9 (1918); L II 11, 28f. und 31 a (1918); A I 11, 5b und 32b (Rb, 可能写于 1918 年); B III 12, 87a（可能写于 1917 年）。

2 见 A I 11, 33a（可能写于 1908 年）；另外参见 32b（边注，可能写于 1918 年）。

明确提及我刚刚阐释过的文本。他写道："我正在重新检视我关于判断理论……错综复杂的论证，这些手稿处理的是……不同层级的客体性体验的'意义'（直观……；未经变更的［设定性和中立的］述谓行为的意义等）问题。就主要问题而言，早在《观念》出版前，我就已经获得了关键性洞见。我早已认为《导引》中的立场是错误的，或者说只适用于本质真理……。错误首先在于我在述谓判断命题与意义的命题体验中把'意义'以及'命题'理解为本质或在本质（**种**）意义上的'理念'。"[1]

在进而考察与经验性意义相对立的先天意义是否应被视为本质这一问题之前，我们还想回顾一下两种意义形式的区分。这涉及在个体**判断行为**意义内部做出的区分，因此与《导引》（即《逻辑研究》第一卷）中的自在意义（Bedeutung-an-sich）并不直接相关。相反，这里涉及的是两种不同言说类型之间的区分，即使这一视角在胡塞尔那里并不明显。正如我们在数学和逻辑学中所见，我们可以把对理念 - 同一对象的言说称作"理念语言"表达，而人们通常把与之不同的使用经验性意义的语言称为"日常"或"普通"语言。让我们暂且满足于以上对"理念"语言和"普通"语言之间的区分，继而直接考虑以下问题：胡塞尔对经验性意义的分析能为我们理解日常语言做出什么贡献？经验性意义对实在对象的意指总把对这一对象的可能经验作为中介。比方说，只有当我们的日常生活世界中确有那么一类我们可以坐上去的对象时，"椅子"这个词的意义才是可理解的。而如果涉及区分"椅子"和"圈椅"的不同意

1 Edmund Husserl, *Briefe an Roman Ingarden*, Den Haag, 1968, 9f.

义，我们又必须诉诸关于坐的舒适程度的经验。因此，对经验性意义或日常语言表达的理解蕴含了在先被给予的共同的经验界域。这一经验界域或者经验世界不只是变化着的、在空间和文化上有边界的等，它也可以是纯粹想象出来的。但是想象的经验世界不仅预设现实的世界，而且它本身也是一个想象出来的现实世界（对小说中的人物来说，小说的世界就是现实世界）。在《形式与先验逻辑》中，胡塞尔把这类其理解必然蕴含对“经验世界”指向的意义或语句称为“临时性判断”（okkasionelle Urteile）。[1] 由此我们很容易理解，不仅人称代词、物主代词、指示代词以及动词时态是临时性表达，而且所有日常语言表达都是临时性的。[2]要想充分展开这一思想的理论价值，理解日常语言意义所必需的语境就不能被片面地理解为前语言的经验世界，而要同时也被理解为语言的（或至少是符号的）意指系统（Verweisungssystem）。这样，我们就必须承认对日常语言表达的理解不仅与生活世界的、主体间的经验界域密不可分，而且同时蕴含着把交流情境视为在先被给予的语言系统之现实化的前理解。当然，并非日常语言中的所有表达都像“你”“我”这些

1 《形式与先验逻辑》，第 177 页。《形式与先验逻辑》中对临时性判断的讨论与《逻辑研究》第一和第六研究中的讨论有很大差别。《逻辑研究》将临时性表达与“不完整的”“功能异常的”“模糊的”表达并列在一起（《逻辑研究》第二卷第一部分，第 87 页），并且最终通过诉诸“对自身人称性的直接表象”（第 82 页）或对以指示方式被指出的对象的直接直观（第 84 页）使其变得无害。胡塞尔甚至断言，原则上讲，这些“主观性”表达可以“被客观性表达所替代”（《逻辑研究》第二卷第一部分，第 90 页）。这一学说不仅依赖对内在性领域的一种形而上学偏好，而且它也缺乏对经验意义与逻辑 – 先天意义之间区分的理解。

2 参考《逻辑研究》第一卷，第 XIV 页。

人称代词那样以同样明确的方式关联着“交流话语的实在性”[1]。但在我看来，所有经验性意义都只有在其他经验性意义构成的隐含背景中以及由此在实际的主体间话语界域内才能得到理解。我们还会看到，胡塞尔把 X 作为意向相关项意义的意指对象的学说为这种看法提供了支持。

当然，并非所有形式的言说都是临时性的，只有日常使用经验性意义的言说才是如此。与之相反，如“2 < 3”这样的理想语言语句所关联的对象是本质，而本质摆脱了一切同对象性事实和主体性经验界域的必然关联。另外，先天意义的语言表达不蕴含对现时交流以及自然语言共同体语境的指向。理想语言表达具有相对于一切经验性、临时性语境的独立性，或者具有绝对同一性和单义性，这不仅构成其毫无困难的可翻译性之基础，而且也允许构建形式化的人工语言。尽管如此，先天意义作为语句意义始终与众多可能实施的行为相关联。由于先天意义的真值并不随其为现实设定性还是想象性的语句意义而发生改变，我们很容易把先天意义及其意指对象皆视为本质。但当胡塞尔尽力对各个判断行为与其先天意义之关联进行细致的现象学分析之后，他拒绝了这一看法。在一个写于 1920 年并被部分用于《经验与判断》的文本中，胡塞尔简明扼要总结了这一现象学分析的结果：“命题是理念性的；我们之所以这么说，因为任意多数的陈述行为以及无论哪一个陈述主体都可以陈述同一命题并使其具有同一意义。这实际上使我们很容易认为，这一命题作为具有种属普遍性的东西而归属于陈述该意义的众多行为，这就

1 参见 Emile Benveniste, “La Nature des pronoms”, in: *Problèmes de linguistique générale I*, Paris 1966, p. 252。

如同作为种属理念的红归属于众多红色的东西……但这根本就是错误的。的确，每个理念作为理念一定是普遍的……但并非每个理念都在种属的意义上是普遍的，并非都是种的普遍性……为了把握命题'2 < 3'，我们不需要对做出'2 < 3'这一判断的诸判断行为进行比较，我们不需要进行普遍化的抽象，因此我们也永远不会认为命题是种属性的东西，仿佛在每个判断行为中存在某种与之相应的特殊的环节、某种个体性命题。每个判断就其自身而言都意味着这一命题，**这一**命题，其被意谓者从一开始就是理念性的（非实在性的）……每个行为就其自身而言都意谓着同一命题，这种对同一命题的意谓是每个设定的个体性环节，而被意谓者不是个体性的而且也不再被个别化。"[1] 没有任何作为语句意义的理念性意义应被视为本质；对此，区分"先天性"意义和所谓的"经验性"意义并不会带来什么改变。同经验性意义一样，先天性意义不在个别判断行为中被个别化，而先天性意义也并不通过对个别判断行为中的某些要素进行抽象的普遍化而得到把握。由此可以得到双重结果：(1) 先天意义作为语句意义应该与意义本质区分开来，而意义本质是形式语义学的对象；(2) 虽然语句意义与各个陈述具有内在关联，但它不应被视为陈述的理念性本质或判断行为的本质。**第一点**尤其涉及《导引》（《逻辑研究》第一卷）中的意义理论。前文刚引述过的文本区分了对先天语句意义的理解和基于比较的普遍化抽象或本质直

1　A IV 22,22b 及以下（可能写于 1920 年）。参见 B III 12,90 a（大约写于 1920 年），48 a（1918 年）和 87 a（可能写于 1917 年）。Landgrebe 在 M III 3 IV 1 的第 132 页以下和《经验与判断》第 314 页以下用到了前两个文本。

观，[1] 并且在此过程中常常依赖《逻辑研究》第一卷的表述方式。先天的语句意义不是本质（因此，纯粹逻辑语句的施行意义也不是本质）；它们只有事后通过形式化和抽象普遍化才成为本质，成为纯粹语义学的对象。因为，正如《导引》早已正确地指出，像"意义一般""命题一般"等这些逻辑意义本质恰恰通过其与陈述行为的内在无关性来把自己刻画为本质。不过《导引》错误地尝试基于对个别判断行为的比较来把握这些意义本质。无论如何理解"本质直观"的过程，作为其范例性出发点的个别性不是个别的判断行为或这些行为中的单纯要素，而是非实在的（经验的或先天的）语句－**意义**。反过来，形式性逻辑意义本质并不在行为中而是在语句意义中得到个别化，而语句意义自身也不再通过各个陈述行为得到个别化。这将我们直接引向**第二点**，即如下洞见：语句意义不仅不是**本质**，而且不是**行为**的本质。任何理解表达的人把握的不是言说者与意指对象发生关联的方式，而是，如胡塞尔自己已经在《第一研究》中指出的，某人**所说**之事以及某人**所说所关涉**之事（《逻辑研究》第二卷第一部分，第 46 页）。表达的意义是所说之事，是"思想"（弗雷格）而不是言说方式。而且，个别陈述行为已经蕴含了以意义方式被意指性的非实在性；意义不是本质，无须经由对不同陈述行为的比较性抽象才能被聆听者和言说者意识到和理解。相反，如果意义被规定为行为本质，我们就既无法理解单个陈述如何可以包含同一意义，也无法理解同一意义如何可能在单个陈述中起作用而不丧失其同一性。这些考量很可能也是使胡塞尔从 1908 年开

1　尤其参见《逻辑研究》第一卷，第 128—129 页。

始（“意义与判断理论的基本问题”课程）引入意向相关项含义的意义概念的原因。我们接下来要更加准确地考察这一意向相关项的意义概念。与上文讨论过的意向行为的意义概念相比，这一概念的重要优势在于，它能够无须借用逻辑的种概念并以现象上更合理的方式阐释语句意义与陈述行为的直接关联。不过我们还将看到这种优势也有其代价，也即意向相关项的意义和意向性对象之间的关系在本质上变得难以确定。

（四）

如果我理解了一个表达，那么我就理解了该表达说了**什么**。由此看来更加合理的做法是，不把意义看作意义意向的特征而是看作其意指性。在原初施行的理解行为中，意义意向首先直接指向意向性对象，而仅仅以隐含的、非主题的方式指向意向相关项意义。只有在附属的反思行为中，也就是在一种中断了原初意义施行的态度中，这一意义才得到明确把握。在这种新态度中，我不再通过对表达的理解意向性地指向表达的对象，而是转向理解本身，即意义意向和如其在意向中被意指的“被意指者”之间的关联。这个在意义性意指方式中的被意指者，即表达的意向相关项意义，并不是我对该语言表达的现时理解行为的实项组成部分。这里涉及的是在众多理解行为和不同语言表达中被理解为同一的**理念性**意义。虽然对此意义同一性的明确意识要求一种统括了众多个别意义意向的同一综合之施行，但这些意向中的每一个别意向都已经蕴含了该理念 - 同一的意义；[1] 对同一性的明确综合意识并不要求对个别意向之意义意指性进行普遍化操作："每个判断就其自身而言都意指这一命题，**这一**命题，而此被意指者从一开始就是理念性的（非实在性的）。两个意指同样命题的判断行为意指的是同一者，而不是每个行为单独意指作为要素的个别命题……命题自身对……这些行为来说……是作为同一化行为相关项的同一者，而不是作为基于比较的叠合行为相关项的普遍者。"[2] 我们的核心问题关涉的是对个别意义意向和语言表达的理念 - 同一意义之关联的现象学描述；对此，这一引文给出了明确回答。然而，我们并不能满足于此，因为将意义刻画为隐含的意向意指性和显明的反思对象，这看起来威胁到了**意义和对象**的区分。指出我们对之有所言说的对象是自然的直接意向对象，而意向相关项意义是事后的反思对象，这还不是令人满意的回答。如果说独特的现象学意义理论将自身理解为对言语行为中蕴含的意识结构所作的反思性分析，那么意向相关项意义和对象之间的区分就必须在纯粹现象学反思的框架中得到理解。于是问题就在于，如何区分意义意向的意向相关项的两种不同结构或者对象意指性的两种不同形式。让我们来考察一个形式最为简单的述谓命题，比如"这支铅笔是红的"。根据胡塞尔，这一命题的意义，即我要言说的或所理解的是这一指示对象是红的这一事态。该事态只是在后来的意义反思中才被明确意识到，而正如胡塞尔在最初引入意向相关项

1　参见 F 15,91b (1908); F I 23,8a (1909); B III 12,155a (1909); 同上，173b (1910); A VI 12 III, 82a（可能写于 1918 年）; 德文版《胡塞尔全集》第 11 卷，第 321 页。

2　A IV 22, 23 b（很可能写于 1920 年）。

意义概念时就曾指出的那样，这包含着对该事态的名词化。[1]我所理解的是“这支铅笔是红的”，它是标明和规定着意义意向的意向相关项。由此我们很容易把意义对象等同为其规定承载者：“这里的这只铅笔（……是红的）。”在《逻辑研究》中，胡塞尔就已经区分了“如其被意指的对象和截然……被意指的对象自身”[2]。当他在1908年的课程中明确引入意向相关项意义概念时，他将对象更精确地刻画为统括众多意义的“同一性述谓”之极[3]：“被命名的对象，对之有所言说的对象，是在规定判断统一体中……众多规定性所关联的同一者。”[4]大约从1911年起，胡塞尔也将这一“诸规定性的同一承载者”简单的直接称作“X”。[5]在其作为名词化意义的主词对象的原初被给予性中，此“X”是一个“不可分离的”（德文版《胡塞尔全集》III/l, § 131）“意义要素”：“被意指的对象是属于命题本身的意义要素，而不是超越命题之物。在定言命题中，我们拥有意义统一体而且其中被意指的对象具有由被意指的谓词所赋予的特征，该对象是在这些谓词中被意指的，并**通过**这些谓词以特定的方式被意指……。”[6]在对表达的理解中我们“通过”意义指向对象，用这种新的反思－现象学的语言来表述，这意味着意向性行为经由一个命题的谓词（或定语）规定而关联于其主词。（我们在此仅仅粗线条描绘的）这一学说的最显著理论后果在于，现实的直接对象

1　F I 5, 70b [1908].

2　《逻辑研究》第二卷第一部分，第400页。

3　F I 5, 46b.

4　F I 5, 64b.

5　参见 A VI 8 II, 143 b。

6　见 B III 12, 53b [1921], 强调为笔者添加。

从现象学－反思的意义理论研究领域中消失了。当然，在现象学的结构描述中区分真的意义和假的意义始终仍是一项重要任务。但对意义的客观意指问题而言，这些研究不再具有本质相关性。我们无法通过考察具有分析等值性或经验等值性的意义来确定意义的意指对象。意义对象是其（名义上的）规定性基底而不是其真值。在现象学－反思的意义理论框架内，关于真的意义（“真命题”）和现实对象（“现实事态”）之间的关联，我们只能说：“判断的意指性……命题可以是真的也可以是假的。但只有当它为真时，即当具有这一内容的判断正确时，我们才能说，在现实中存在与此判断**相对应**的事态……但该现实事态并不是真命题本身。”[1]

对意指对象进行现象学分析的重点在于描述语言意义的语境，而不在于对象的本体论规定。因此，它明显更接近结构语言学而非弗雷格。对胡塞尔而言，言说的对象不是独立语言之外的实在自身。我们对之有所言说之事并不等同于我们所说之事，但两者“不可分离”。意指对象只能通过在语言性意义语境中做出拣选而得到把握。如果我们注意意义是理念性的语言构成物，那么意义语境就是主体间共同体的语境，该共同体不仅言说而且将意义代代相传。我们在理解中指向的对象是以历史和文化方式为中介的对象。

1　B III 12, 160a (1909), 强调系引者所加。参见同一手稿，179a(1908) 和 164 b(1909); A VI 12 III,60b,63 页（可能写于 1908); 同上，116a（可能写于 1909); A VI 8 II, 140a (1909); A VI 8 I, 144a (1910); F I 15, 38b, 45b, 46b (1910/1911)。

四、胡塞尔真理学说中的逻辑学与现象学

对胡塞尔来说，真理问题就是对有效性主张的辩护问题。胡塞尔将这种知识论辩护过程理解为一种证明过程，该证明的最终根据是以现象学方式得到描述的认识行为之施行。虽然胡塞尔也将感性感知当作认识行为，[1] 但严格意义的认识行为只是范畴的意向性行为，特别是述谓判断行为。在本文中，我将只限于考察范畴认识行为及现象学赋予它们的证明功能。在《逻辑研究》第一部分（“纯粹逻辑导引”）中，对真认识（即科学性认识）之可能性的现象学证明似乎还只是对以形式逻辑表述的客体有效定律的单纯主体导向的补充。但在《逻辑研究》第二部分中，认识的现象学证明已经清楚表明这种主体性证明不仅关涉到认识行为，同时也关涉理念性的知识内容，以及由此还关涉同这些内容关联的形式逻辑的、分析性的有效性定律。在下文中，对科学性认识的形式逻辑证明和现象学证明结合的分析将是我们关注的重点，因为该结合对胡塞尔晚期的认识论文本，尤其是我们将多次引用的《形式与先验逻辑》的文本结构有着决定性影响。

1　参见 Rudolf Bernet：“Endlichkeit und Unendlichkeit in Husserls Phänomenologie der Wahrnehmung”, in *Tijdschrift voor Filosofie, 40, Nr. 2* (Juni 1978), S. 251-269。【译者注：见本文集收录的第 5 篇论文《胡塞尔感知现象学中的有限与无限》。】

胡塞尔把如下这种综合行为视为关于认识的现象学证明的最终根据，即通过相应的“范畴直观”来使一个语句的认识主张得到相合的充实。迄今的二手文献对范畴直观（或“本真思维”）学说多有误解，而对该学说的恰切理解同时又将展开一系列新的问题。尤其值得质疑的是，胡塞尔用相合的充实综合来规定现象学的真理概念。就此，我们不仅要问这一相合的理想是否有可能实现，而且要问这个理想以及以思－物一致为导向的真理概念在多大程度上同时也帮助规定了胡塞尔对语言和现实存在的理解。因此，对胡塞尔真理观的展示必然引向他关于思维和认识、认识和语言以及主体理论活动与客观现实之间关系的规定。然而，胡塞尔对这些关系的讨论预设了他对认识论的真理证明方式与本体论的真理证明方式之关系的理论决定，以及由此也预设了他对哲学发问目的之思考。因此，当我们重新思考胡塞尔关于为真理提供普遍现象学奠基的观点时，我们最终还会遭遇如下问题，即我们是否可以合法地把存在问题理解为一种证明问题并从对这种特殊认识论导向的证明问题之回答推导出存在问题的答案。

只有当我们把胡塞尔哲学思考中所包含的这个预先决定（或隐藏的预设）纳入其发问的视野，对胡塞尔真理学说系统融贯性的展示才是忠实于文本的。着眼于潜在的，也即隐藏的对胡塞尔文本起结构化作用的关键概念而做出的对文本的解构既不是一种拆解也不是取消文本，也不另外假设更高明的认识。相反，它恰恰是一种真正意义的现象学阅读方式，因为它——忠于现象学还原的含义——质疑胡塞尔以为理所当然的基本假定，移动他给现象学思考设定的教条界线，由此为以先验方式把握的真理问题开启新的入口。为了批判性吸收已经成为哲学史遗产的胡塞尔真理学说所必需的付出是值得的，因为——正如胡塞尔在《危机》中所说的——哲学思考的进步，也即向普遍哲学答案这一目标的接近包含着针对哲学问题传统的历史性自我反思。

与大部分迄今关于胡塞尔真理逻辑的二手文献不同，本文指向现象学的真理条件和形式逻辑的真理条件之间的系统性关联。我相信，对胡塞尔而言，现象学－主体的真理学说不仅为逻辑－客观的真理学说以及其中包含的科学概念提供基础，而且同时至少在一些本质性元素上也预设了后者。本文将首先考察逻辑的真理条件和现象学真理条件之间这种相互依赖关系。随后，在第二节和第三节中我将分别讨论两种对真知识之可能性的证明方式；第二节分析基于形式语义学和形式本体论的证明，第三节则分析基于现象学的证明。只有第四节才处理前面提到的有关胡塞尔真理逻辑观点的普遍性和批判性问题。这种批判性考察首先聚焦于以下主张：通过主体内在展开的充实综合过程来证明为真的科学知识可能性。我们将会看到，胡塞尔为客观现实的可能为真的知识加上一个前语言的、主体性的普遍基础，这同他对表征概念的大量使用紧密关联。在其早期著作中，胡塞尔把真理标准置于自我一致的孤独思考的内在领域之中，该思考以对象实在性的形式并通过理想语言的恰切表达来映现自身。我们猜想，这种表征统一体不仅形塑了胡塞尔的真理概念以及由之引出的有关思维和语言、思维和思维对象以及认识论证明和本体论证明之关联的讨论，而且同时也形塑了以先验意识理论活动为对象的现象学科学概念。

1. 形式逻辑的认识论和现象学的认识论

胡塞尔对形式逻辑的关注始终带有科学论或认识论方面的兴趣。这种兴趣一方面表现在形式逻辑语句关涉的是“自在真理”，而“自在真理”同时是一切科学真理之可能性的分析性－理念性条件。另一方面，这种认识论兴趣表现在这些形式逻辑定律尽管被规定为必要的但却不是真理的充分条件。形式逻辑的真理条件需要无关逻辑内容而与科学认识**行为**相关的真理条件作补充：“作为关于逻辑之物的一般科学并具有最高的、统括所有其他逻辑形式的形态，作为一般科学的科学，这种逻辑学具有双重指向。整体而言，它涉及理性活动并且是在施行的行动之双重意义上……另一方面，则涉及由此实现并持续固化的结果。”（《形式与先验逻辑》，§8）《逻辑研究》第一卷《纯粹逻辑导引》已经区分了主体性真理条件和客观性真理条件，并由此也将形式逻辑和现象学置于统括两者的共同的认识论问题域中。这一点值得注意，因为《导引》恰恰尖锐批评了对逻辑学和心理学的混淆，而且正是通过其对逻辑心理主义的决定性驳斥使它的影响力远远超出对现象学感兴趣的哲学家和心理学家，而在更广泛的读者中获得了关注。对可能的有效认识之诸理念性条件的研究分为客观导向的形式逻辑研究与主体导向的研究；《导引》在两个不同的问题语境中分析了这两类研究合理的或必然的结合。其中一个问题语境是对规范性逻辑之理论奠基的讨论，而另一个语境则是在科学论导向中的对“纯粹逻辑理念”的界定。在这两侧，正是激发形式逻辑本身的认识论兴趣推动研究超出形式逻辑的范围并过渡到对认识**行为**之本质条件的分析中。

实践－规范逻辑学是“科学认识的技艺”。[1] 它规定为了获得科学认识应当遵循哪些准则。属于这类规则的如以下实践命题：“应该在对被判断事态拥有充分洞见时才做出判断！”这些逻辑－实践规则分为如下两类：一类可以直接从科学认识的基本规范中推导出来的规范性命题，另一类是在具体认识行为中实现这一基本规范的实践性指南。规范性命题所关涉的是正确的思考、判断和推理中的逻辑内容以及它们在理论的系统性整体中的位置；而实践性指南涉及的是被这些命题所规范的科学性思考、判断和推理之个别行为的本质规定以及实施这些行为的事实情境。实践－逻辑规则预设了理论性洞见，而这些理论洞见既涉及对科学性认识规范的规定，也涉及将具体思考行为和被思考事态置于该普遍规范下的过程。实践逻辑的这种理论基础、对基本规范和规范性操作的界定与合法性证明既蕴含了对一般科学性认识本质条件的纯粹逻辑研究，也蕴含了对它们的心理学以及现象学研究。只有当我们既在其逻辑内容方面又在其主体实施的现实可能性方面知道科学性认识本质的构成，我们才能表述出达到科学性认识的有意义准则。在《导引》中，胡塞尔并没有在主体一侧足够清晰地区分科学性认识可能性条件的现象学与心理学规定。这种情况无损于我们目前首要关注的洞见，即规范－逻辑准则必然同时要求客体－逻辑奠基与主体导向的理论奠基。因此，上面例子中引入的逻辑－实践准则一方面预设了对融贯判断的形式逻辑规定（命题构型，避免形式矛盾……），另一方面预设了对必然性本质组分的现象学规定（事态的直观所与）以及对做出该逻辑

1　《导引》的“自我介绍”，载于德文版《胡塞尔全集》第 18 卷，第 261—262 页。

容贯判断的**判断行为**之事实性特征（专注……）的经验心理学刻画。

然而，《导引》并未把对科学性认识双重界定——客体－逻辑的与主体－现象学的界定——的洞见之有效范围限制在实践－规范逻辑的理论证明问题中。该洞见对纯粹理论逻辑本身也同样有效，因为纯粹理论逻辑研究的是“科学或一般理论之可能性的理念性条件”（§65）。分别按照科学可能性的问题是指向“认识内容”（§66）还是“现实认识”（§65），这一研究具有双重意义。具体说来，可能科学的“认识内容”既包含其理念性的意义内容也包含该意义内容所意指（同样是理念性的）对象的范围。纯粹逻辑不考虑对可能科学的意义与对象在内容方面的规定，它研究的是可能意义与对象的单纯**形式**以及与之相关的可能的理念性组合与变更的必然定律。纯粹逻辑学中与可能科学的认识内容相关联的分支最终给出对分析性普遍定律的表述，这些规则涉及一般意义与对象可能的形式有效性并由此也涉及一切科学性语句可能的形式有效性以及它们在高阶理论体系整体中的位置。矛盾律就是这类定律的一个例子。有关科学可能性的另一方面问题是与其“现实认识”相关的问题。只有当这一问题涉及“认识本身的理念”而非认识行为的经验心理学性质时，它才属于纯粹逻辑学的范围（§ 65）。这种关于可能的科学性认识之主体条件的问题最终引向对普遍的，也即对一切认识行为本质规定有效的先天必然定律的表述。更确切地说，这些主体导向的普遍定律包含着与客观－逻辑普遍定律有所不同的先天性概念，即具有实事性（sachhaltig）规定的先天。无论这种现象学定律的先天实事性具体该如何理解，现象学的先天是作为时间上个体化的和内容上有具体规定性的可能认识行为的条件而发生作用的。由此，这种主体－先天的考察除了涉及认识行为的普遍本质，还要涉及不同种类的认识行为和不同层次的认识活动之间的可能差异。纯粹逻辑学中主体导向的分支指向“一般思维主体”，研究“为实现理论认识而施行的各类行为之”“可能性的理念性条件”（§ 65）。在《导引》中，胡塞尔把这种主体导向的纯粹逻辑科学称为“意向行为学”（Noetik）。

在《逻辑研究》第二卷中胡塞尔更倾向把意向行为学称为“现象学”。现象学与对意义和对象的形式逻辑研究（在《形式与先验逻辑》中被称为“形式语义学”和“形式本体论”）一起构成了系统性整体。《导引》从科学论与认识论的共同兴趣背景下出发界定这个整体的意义，并由此也阐述了将客体导向的意义与对象逻辑，和主体导向的意向行为学一并置入纯粹逻辑的总括性整体中的动机。意义与对象的形式逻辑和意向行为学刻画了科学性认识之可能性的互补性必要条件；形式－逻辑学与意向行为学关于有效性的定律共同构成了有效认识本质（而非经验）存在之可能性的充分条件。一方面，现象学的认识行为与其他一切有效科学性认识行为（这也包括建立形式逻辑科学体系的那些认识行为）一样，受可能有效性的形式－逻辑条件约束；另一方面，只有当我们关照到这些形式－逻辑定律由之被给予和被把握的那些认识行为的明证性时，这些定律的意义和有效性才完全清晰地得到规定和辩护。在《导引》中，首先获得考察的是前一种依赖关系，即意向行为学的有效性定律对客观－逻辑、分析－理念性的有效定律之依赖。例如，可能明见性的理念性定律是从客观－逻辑定律推导出来的：“通过先天可能的……改造，人们就可以从每个纯粹逻辑学规律中看出特定明见性命题，或（如果人们愿意）明见性条件。由矛盾律与排中律组合起来的原理肯定是与如下命题等价：在一对矛盾判断中，明证性**可以**，但也只能在一个判断中出现……对任何纯粹逻辑定律而言都与此类似。这是完全可以理解的，因为，‘A 是真’和‘某人可能带有明见性地判断这是 A’，这两个命题之间明见地存在普遍等价性”（《导引》，§ 50；另外参考 § 39）。这种“等价变形”也使得“自在自为有效的客观－逻辑定律向（理念上）可能的有效认识个别行为的应用”成为可能（§ 29）。反过来，客观－逻辑定律也依赖于有效个别认识行为，也就是依赖把握这些定律的“理念化”行为（§ § 29, 39）。在《导引》中，这种通过个别认识行为**把握**逻辑定律的过程，完全与将逻辑定律**应用**于个别认识行为的过程相对称：在对具有理念－逻辑普遍性的形式有效性定律的应用中，我们下降到个别认识行为；相反，在把握逻辑普遍性所要求的对个别认识行为的理念化行为中，我们上升到对逻辑－形式种类的把握。此外，按照《导引》的看法，上述个体化应用以及通过明见性认识行为对形式－逻辑有效性定律理念化把握的结构还回答了理念性意义与其在个别意义意向中所予之关系问题。“正如种类是与众多可能个别情况相对的理念性同一者……，同一意义或概念和以其为‘内容’的概念性表象之间的关系也是如此。……就像我们通过理念化行为直观地把握概念之物……我们也能获得逻辑规律的明见性……由此，整体而言，我们也就提供了运用逻辑规律的可能性。”[1]

1　《导引》，§ 29. 在其他文章中，我批评了理念性意义的种类（spezifisch）个别化模型以及一般而言将意义的理念性规定为种属式的（gattungsmässig）本质的做法。参见 Rudolf Bernet, “Bedeutung und intentionales Bewusstein. Husserls Begriff des Bedeutungsphänomens”. In *Studien zur Sprachphänomenologie. Phänomenologische Forschungen, Nr. 8*, Freiburg/München: Alberm, 1979, S. 33-39 und 48-58.【译者注：该文的中译文收录为本文集的第 3 篇论文《意义与意向性意识：胡塞尔的意义现象概念》。】

然而，在形式－逻辑定律的个别化应用和普遍化把握这两者的功能同型背后隐藏着一种张力，这种张力尤其也形塑了《导引》和《逻辑研究》第二部分之间的关系。《纯粹逻辑学导引》的论证始终从形式－逻辑真理的理念性自在有效性出发，而这些真理只以附属方式与理念性的可能的个别认识行为关联起来。胡塞尔对形式－逻辑的有效性的这种柏拉图式理解主要受到洛采和博尔扎诺的影响。按照种柏拉图式的理解，逻辑定律向个别认识行为的**应用**过程自然要比对逻辑对象的主体把握受到更多关注，毕竟，对这些逻辑对象而言，“被思考和被表达都是偶然的”（《第一研究》，§ 35）。与此相对，在《逻辑研究》第二卷“现象学和认识论研究”中，胡塞尔越来越明显地持以下观点：理念性－逻辑定律的有效性仍然需要认识论辩护，而只有通过现象学分析在其中这些定律被明见性地直观给予与把握的认识行为，这一任务才能完成。经由“理解”的客观－逻辑有效性的方向性转变，“可能认识”的主体－现象学条件相对于其客观－逻辑条件取得了优先地位。对认识的现象学分析所规范的不仅是个别认识行为施行的可能性，它还为构成可能科学性认识客观条件的客观－逻辑定律之有效性奠基。从这种全新视角来看，对**把握**逻辑定律的分析就成为核心，其重要性优先于对其应用过程的分析。我们还将看到，通过对我们把握逻辑对象的过程进行现象学分析而为形式－逻辑有效性提供知识论奠基的任务在胡塞尔后来对真理逻辑问题域的研究中占有核心地位。《逻辑研究》之后发展出的本质性新洞见一方面在于对这种把握过程自身（作为本质变更过程）的规定，另一方面则涉及该把握过程对逻辑定律有效性和意义的构造功能。这种构造思想的发展还依赖胡塞尔对现象学－

先验意识及其活动**生成**的理解之发展，并最终归入下述思想：逻辑对象不只在以感性方式奠基的有效认识行为中被把握，而且首先在其中获得构型（gebildet）。我把对形式－逻辑定律现象学奠基的进一步考察以及由此对一般可能真理的主体条件的分析留给本文第3节。在下一节中，我将首先考察胡塞尔对形式－逻辑有效性定律及其作为一切科学性认识（包括现象学）客观条件之功能的分析。

2. 形式语义学和形式本体论的真理条件

形式－对象逻辑的研究对象是作为一切理念性可能科学基础的形式结构，这既涉及其语句以及这些语句整合为理论体系整体的结构，也涉及其对象以及这些对象整合为统一研究领域的结构。纯粹逻辑学的研究对象是“意义一般”**本质**和“对象一般”**本质**的最普遍形式和组合定律。作为关于一般科学论述和一般科学研究领域之本质结构的科学，作为关于“科学一般”本质的科学，纯粹逻辑学是关于所有（理念性可能）科学的形式科学：**纯粹逻辑学是普遍数学**（mathesis universalis）。至少，这是纯粹逻辑学的目标。胡塞尔很清楚，为了达到这个目标首先要完成更基本的任务。只有当纯粹意义逻辑澄清了什么是命题一般以及诸命题如何形成逻辑一致的整体，纯粹逻辑学才能进一步研究对一门科学理论而言的独特语句关联整体。只有知道了什么是一门理论，我们才能进一步研究不同的理论形式，以及才具有从最高的理论形式将它们推演出来的可能性。通向意义逻辑普遍数学的道路是漫长而艰苦的。这是一条“上升的整合之路”。在这条路上，先前独立的意义形式显现为统括性意义形式中的一个非独立要素。以此方式，人们一步步爬升至一般科学理论的最高形式，而中间不能跳过任一层级。按照《导引》（§67-69）和《形式与先验逻辑》（§13 以下和 §28 以下）的一致判断，这种形式意义逻辑或语义学包含：(1) 关于意义形式的学说；(2) 演绎逻辑；(3) 关于可能科学形式的理论。

形式意义逻辑的第一层级致力于构建关于意义形式的学说，胡塞尔称之为纯粹逻辑语法学。作为形式－逻辑科学，这种纯粹语法学既不关心理念性意义在个别语言行动中的主体性实现，也不关心其实在内容规定。构成意义逻辑研究对象的所有意义是形式性的意义本质。这种纯粹语法形式学说的首要研究对象是命题意义的本质。这门科学可以细分为三层先后奠基的学科领域：(甲) 关于原始意义范畴形式的学说；(乙) 关于（句法）组合定律的学说；(丙) 关于语法操作的学说。[1] 第一门子学科不仅穷举基本的意义范畴，而且还从独立性与非独立性的视角出发对之进行系统化。例如，“述谓性命题”是一个独立的意义范畴，而“谓词”则是属于该独立意义范畴的非独立意义要素。对涉及非独立意义范畴联结的组合定律的明确研究，则已是第二门子学科的任务。这门子学科研究上述“较低层级的意义元素”如何作为不同形式句法联结的“材料”。

1　参见《形式与先验逻辑》第 13 节和第 22 节，《导引》第 67 节和《第四研究》第 14 节。关于胡塞尔纯粹逻辑语法学的理念，参见 J. M. Edie, *Speaking and Meaning. The Phenomenology of Language: Studies in Phenomenology and Existential Philosophy*, Bloomington and London: Indiana University Press, 1976, S. 45-71 und 202-211。这部著作不仅对胡塞尔在（尤其是）《第四研究》和《形式与先验逻辑》中的论述给出了细致诠释，而且对大量二手文献做了详尽评述，并最终将胡塞尔的纯粹语法学理论和乔姆斯基的语言深层结构理论和“语言能力”理论进行了对比。

例如，同一个“词”（更确切地说，以前句法方式形成的“核心材料”）如何嵌入诸如述谓命题、定语命题、合取命题、假言命题等不同的统一整体中。纯粹语法学的第三个子学科紧接着这个理论任务，在更高的普遍性层级上研究语法“操作”的系统。这些操作以基本句法形式为基础并借由句法结合定律来构建新的句法形式。名词化便是这类操作的一个例子。通过名词化，主词形式（‘dass Sp’……）可以从述谓命题（‘S ist p’）中推导出来。这里涉及的是奠基于句法“组合定律”和原始意义范畴形态学之上的语法“复合定律”。就我们目前问题而言，最重要的首先是这门语法学意义逻辑的特点及其在科学论方面的功能。虽然纯粹－逻辑的语法学研究自然关联着有意义的语言表达构成，但它不涉及杂多的自然语言和它们各自特殊的结构规则。相反，作为先天语法学，它涉及的是“在种的含义上”（《第一研究》§11）的语言表达，并且前提是该表达是单一意义的载体。为了成为可能的有意义表达，一切语言表达必须对应的普遍（纯粹－逻辑－语法的）条件最终并不涉及使这些语言表达结构化的语言符号系统，而涉及这些语言表达的意义内容。胡塞尔由此得出结论，纯粹语法学应当被视作关于意义的形式逻辑的一个分支。它首先涉及的是逻辑思维的意义内容，而仅当语言陈述单义地表达或表象逻辑思维内容时，它才与语言陈述相关。后面我们还必须再来追问，我们是否可以从语言哲学角度以这种方式合法地从思维的意义结构导出对**言说一般**的规定，而在意义逻辑框架内把该思维的意义结构主题化为形式性**对象**。在当前所探讨的客观－形式意义逻辑的认识论功能语境中，需强调的是任何违背纯粹语法学定律的认识行为（或语言陈述）都无法提出真值诉求。意义逻辑的语法学表述的是可能科学认识的最小条件，即**避免无意义**(Unsinn) 或范畴形式的无意义连接。纯粹逻辑语法学指向的是“构成理论统一性理念的**诸概念**”及其“基本联结形式”(《导引》，§67)。

在此基础上，纯粹逻辑的**第二个任务**是在有意义的或良好构型的命题组合中**避免悖谬**(Widersinn)。如“所有的 A 都是 B，但有些 A 不是 B”这类形式语句虽然满足纯粹语法的要求，即在语法上是有意义的，但却违背了演绎逻辑的要求(《导引》§68；《形式与先验逻辑》§14 节以下)。演绎逻辑或 “无矛盾逻辑” 特别涉及复合命题形式之可能(形式)为真或为假的理念性条件。这门逻辑由一些旨在避免矛盾的定律构成，这些定律可以被整合进一个统括性理论中。传统的**三段论**就是这样一个理论。演绎逻辑挑选出语法上可能的复合命题或推理形式，并确定其中哪些形式“具有形式性本质定律的价值，即作为关于判断的逻辑一致性的普遍真理：关于从前提判断中(‘分析的’)推论出与其如此这般形式相对应形式的判断”(《形式与先验逻辑》，§14)。正如纯粹－逻辑语法学一样，这里的基本结构也是整体和部分的结构；但两者的差别在于，在此除了语法的“可能性”之外还要关注“相容性”或无矛盾性。[1] 我们将看到，这种演绎逻辑还不是真正意义上的真理逻辑：它处理的是可能真理的必要而非充分条件，它仍处于“明确性”(Deutlichkeit)

1 参见《第六研究》第 30 节到第 35 节对于相容性和不相容性的讨论。关于胡塞尔的“整体与部分”逻辑在《逻辑研究》全书中的核心方法论功能，参见 Robert Sokolowski, “The Logic of Parts and Wholes in Husserl’s ‘Investigations’ ”. in *Philosophy and Phenomenological Research, Vol. 28* (1967-68), S. 537-553。该文也收录于 J.N. Mohanty (eds.). *Readings on Edmund Husserl’s Logical Investigations*, The Hague: Martinus Nijhoff, 1976, S. 94-111。

而非“明晰性”(Klarheit) 的明见性领域 (《形式与先验逻辑》, §16)。由它所确保的现实性还不具有事实规定性，而只是意义在其数学存在含义上的单纯形式“可能性”。

最后，纯粹意义逻辑的第三层次不再研究科学理论的理念性前提 (语法的可能性和意义形式之间的演绎逻辑相容性)，而是研究理论的理念本身及其可能变换。纯粹意义逻辑的最高任务是对将语法上有意义的和分析上彼此一致的命题复合体纳入科学理论的公理 – 演绎整体之可能性条件加以表述。对可能的科学性认识之最高和最全面形式条件的研究导向了“可能理论形式之理论”的构建 (《导引》, §69;《形式与先验逻辑》, §28 和 §35)。胡塞尔对此的理解显然是关于可能的科学理论形式的等级体系，类似依公理和推演方式表述出来的数学流形论。这样一种“关于理论一般的理论科学的最终和最高目标”没有历史先例，而胡塞尔也只是对它给出了大致勾勒。这门科学的精确含义来自其“对象相关物”，即与理论形式之理论相对应的对象性认识域。根据数学方式的把握，严格科学的认识域具有**确切的流形**形式。也正是这种形式概念“为一门科学中无限发展命题的整体赋予**系统性统一形式**，该统一形式可以通过逻辑 – 范畴概念从有限数量的纯粹公理形式中先天构建出来”(《形式与先验逻辑》, §35b)。因此，更确切地说，这种理论形式之理论是关于“判断系统整体”的理论或“演绎体系理论” (《形式与先验逻辑》, §28)。

一方面是科学理论的条件与形式，另一方面是科学理论的对象，两者的关联在《导引》中已被提及而直到《形式与先验逻辑》才得到充分研究。纯粹 – 逻辑语法学、演绎逻辑和理论形式之理论完全以**意义**概念为导向而展开。胡塞尔将统括它们三者的纯粹－逻辑科学称为“**形式语义学**”，而与之相对应的纯粹－逻辑科学则是以形式对象概念为导向的“**形式本体论**”。[1] 因此，纯粹逻辑对为真科学性认识之可能性的形式条件的表述既着眼于其意义内容方面，也着眼于其意义意指对象方面。与形式语义学相对应，形式本体论所讨论的也不是具体对象的内容规定，而是“对象或某物一般”这种形式类本质及其以种的方式在各类同样形式性对象本质中的个别化。与形式语义学相对应，形式本体论也有三个层次。对应纯粹语法学的是形式对象范畴形态学，如“对象、事态、单一、多数、数目、关系、联结等，——所有这些概念都摆脱了认识材料的特殊性”（《形式与先验逻辑》，§27b）。语义学中的演绎逻辑涉及（形式性）真与假的必然（而非充分）条件，而与之对应的形式－本体论科学则涉及“对象一般，事态一般等的存在与非存在”（《导引》，§68，A：246 /B：245）。如果说三段论是语义学中演绎逻辑的一个例子，那么“复多论”（Vielheitslehre），“基数论”（Anzahlenlehre）或算术便是形式－本体论的演绎逻辑的例子。与关于可能理论形式的语义学理论相对应的是形式－本体论的纯粹流形论。

流形论是关于与某理论相应的“认识域”之形式的学说。如果我们将这种形式概念替换为具有特定事实内容，但仍是普遍的对象性存在概念，那么我们就得到了所谓的“**质料本体论**”（参见《观念一》，§10；德文版《胡塞尔全集》第八卷，第125页及以下）。质料本体论并不像形式本体论那样指向“对象一般”或“可能科学

1 《形式与先验逻辑》，§§37-46；另外参见 §25 和 §27。《导引》中相应的初步讨论，参见 §67, A/B: 244; §68, A: 246/B: 245 f.; §70。

性认识之领域一般”所展开的，而是指向特定存在领域的概念。在早期文本中，胡塞尔仍将这种质料本体论称作“先天的实在本体论”或“先天形而上学”。它研究的是把握实在之物本身之本质的“基本范畴”。也就是说这样一组研究必定可能，它们只考察所有那些对思考实在一般而言必需的东西。这包含着整个先天时间学说、先天运动学说以及纯粹几何学……（手稿 F I 16 [1906]，第 186 页及以下）。质料本体论的其他例子还包括与心灵存在领域相关的“理性心理学”，以及与物体存在领域或与“从形式方面考察的自然”相关的理性物理学。这些理性的、质料本体论科学先于“一切经验科学……”（同上）经验科学对事实进行观察和分类并确定其规律，而质料本体论则研究作为这些事实基础的存在领域的本质规定。比如，空间性存在是有广延的，这并不来自以归纳方式对经验事实的普遍化；广延性是空间性存在的本质规定。理性科学或质料本体论所表述的是与有事实内容的对象性现实性相关的不同经验科学的先天条件。然而，这些可能科学性认识的质料 - 本体论条件并不是最终条件，因为它们还要服从可能真理的客观 - 逻辑条件和主体 - 现象学条件。质料 - 本体论语句所使用的概念是从事实内容角度对形式语义学和形式本体论范畴的特殊化。不同质料本体论科学所处理的不同存在领域都落在一般可能科学的统一性领域这一形式本体论范畴之下。而对这一最高的形式本体论概念在内容上的特殊化，对不同存在领域的区分自然都落在形式逻辑学之外。在将现实存在区分为不同存在领域时，质料本体论所采用的引导线索是在内容上有所规定的自然世界经验或各门科学的传统划分（但它并不同时采纳其经验性存在设定）。这种对事实性科学理念可能领域进行的对象导向的区分需要在认识论上得到辩护，但该辩护只能通过对理念上可能的事实性经验或为真认识的不同形式进行现象学－反思分析来达到。因此，可能科学认识的质料－本体论条件在如下两方面还需要现象学奠基：一方面，只对通过现象学方式获得最终辩护的形式－逻辑有效性加以事实性应用；另一方面，把以现象学方式描述的事实性经验的全部范围分解为不同存在领域（一方面是受个别科学特殊兴趣规定的存在领域，一方面是生活世界的全面经验范围：对这两者之间关联的先验现象学研究在胡塞尔晚期的科学论设问中越来越重要，并且在《危机》中占据了关键位置）。我们还会回来讨论对可能的（先天和经验）科学之事实性的现象学－认识论证明。

形式本体论的数学特征单从其子学科的定义便可以看得出来："复多论"或"基数论"以及"流形论"（或集合论）是已经得到承认的数学学科（参见《形式与先验逻辑》§24)。《算术哲学》中关于集合或数目概念及其与形式的"某物一般"关系的讨论已经是向该书原计划第二部分的"形式算术"方向的探索，也就是向构建形式本体论方向的探索（参见《形式与先验逻辑》§27a)。按照《形式与先验逻辑》，形式语义学也可以被表述为数学学科。[1] 使形式语义学和形式本体论适合数学学科的结构，这对我们的问题域而言十

1　特别参见 §24、§52。关于《形式与先验逻辑》中逻辑学与数学之关系，以及更一般的，关于在二手文献中常被忽略的《形式与先验逻辑》第一部分，参见 Robert Sokolowski, "Logic and Mathematics in Husserl's Formal and Transcendental Logic". In D. Carr and E. S. Casey (eds.). *Explorations in Phenomenology*. Selected Studies in Phenomenology and Existential Philosophy 4, The Hague: Martinus Nijhoff, 1973, and in: Robert Sokolowski, *Husserlian Meditations. How Words Present Things*, Evanston: Northwestern University Press, 1974, pp. 271-289。

分重要，因为它影响了对形式－逻辑诸学科的认识论价值的规定。如果形式－逻辑定律被理解为可能科学的形式条件，而形式逻辑是一门数学学科，那么便可以得出，由这门逻辑所规范的可能科学认识也隶属于公理－演绎科学的理念。又因为形式－逻辑的真理条件和现象学的真理条件具有本质统一性（参见上文第一节），我们就有理由猜测，这种数学的科学概念也为**现象学认识论**确定了标准。我们后面会看到，在胡塞尔那里情况确实如此；现象学认识论以数学科学的理念为导向，这同时也本质地影响了对**语言**功能的现象学分析。不过还需追问的是，让形式语义学和形式本体论适合数学结构是否也意味着把形式逻辑彻底等同于数学。胡塞尔在《导引》（§71）中的答案仍是逃避性的而且也并不令人信服。但《形式与先验逻辑》提出了“数学家之数学”和逻辑学家之数学之间区分的明确标准，即后者特有的认识论或科学论兴趣（§51以下）。至于这种形式逻辑兴趣的具体表现，这要等我们进一步澄清形式语义学和形式本体论之间的区分后才能得到充分理解。

语义学的意义学说和形式－本体论的对象理论之区分与“关于判断之判断和关于对象之判断”的区分相呼应。后面这个区分有赖于不同态度的区分并且基于不同的兴趣。对象态度是更为自然的；通过对自然经验和科学研究的直接对象进行形式化，我们就得到了形式本体论。意义态度是附属性的，形式语义学将目光从直接对象那里移开，反思地转向意指所需的意义媒介。语义学的独特反思是对特殊认识批判兴趣的表达（《形式与先验逻辑》§§44、48）。除了对形式逻辑两面性的主体性阐释之外，我们还须从客体内容角度对该两面性进行刻画。意义（作为语义学的对象）是在附属和衍生含义上的“对象性”；不是“‘真的’或‘现实的’对象性”，而是**“作为被意指者的被意指的对象性**……纯粹作为在设定之句法进程中的**被设定者本身**”（§44b）。对象和意义不是在同样的态度中被意识到的。在原初的判断意识中，意义根本不是“对象性”地被意识到的；但作为语义学逻辑的对象，意义标示着自然经验直接对象的一种衍生性形式（§44）。在此含义上，形式语义学也依赖形式本体论。但形式本体论的这一优先性并不排除形式本体论语句可以通过以下方式转变为形式语义学语句，即将其对象把握为在意指方式中的对象，把握为“对象-意义”（§54）。

将判断对象转化为“对象意义”或作为被判断者的对象，其本质根据在于语义学特有的批判兴趣，该兴趣不再把其对象当作不言而喻的直接对象。不过只有当逻辑学家质疑意义或判断内容与现实事物是否相一致时，他的这种认识论兴趣才得到充分表达。这样，正如《形式与先验逻辑》所特别展示出的，激发语义学逻辑态度的认识论兴趣推动我们超出语义学逻辑的界限。第一步是直截了当做出判断并对被判断者本身或其（意向相关项的）意义进行反思。在此之后还有第二步：对这些意义和现实是否一致展开研究。这种研究是**真理逻辑**的特殊任务。但这种真理逻辑不应与形式逻辑的第二层次，即演绎逻辑相混淆。演绎逻辑只研究真理的形式条件，即真的言说的纯形式一面，而真理逻辑研究的是真理的综合条件，即为真言说的事实性内容，这是该言说意指现实的条件。真理逻辑含义的真理条件预设了演绎逻辑含义的真理条件（§15）；作为形式化的真理逻辑，演绎逻辑的目的指向具有内容的真理逻辑。按照胡塞尔的理解，这种具有内容的真理逻辑正是主体导向的**现象学**认识论。作为对认识**内容**之形式 - 逻辑规范的补充，这种认识论不仅为个体性认识**行为**的有效性奠基，同时它也为在形式逻辑中独断设定的形式语义学和形式本体论之间的同型相应或一致性奠基。

3. 真的认识的现象学证明

胡塞尔将形式逻辑发展为形式语义学和形式本体论，这本质上与一种科学论兴趣结合在一起。形式逻辑是普遍数学，也就是说，它研究科学性语句及其关涉对象可能性的（形式性）条件。既然只有当一个关于对象的语句遵守形式语义学和形式本体论的定律时才有可能为真，那么这种形式逻辑已经可以被称为真理逻辑。然而，至少有两个理由让我们把这些形式 - 逻辑定律只作为真理的必要条件而非充分条件。首先，它处理的只是纯粹形式的真理条件，而没有触及与科学语句及意指对象之事实规定相关的真理问题。其次，形式逻辑定律本身的普遍有效性主张也需要批判性辩护。在胡塞尔看来，这两个任务都只能由主体导向的，即**现象学真理逻辑**来完成。该逻辑界定可能的具体有效认识行为的本质结构。有效的认识行为是具有信念属性的设定，它将对象现实性按照其应当为真的被把握那样去把握。这种主体 - 现象学的真理逻辑不仅为形式语义学和形式本体论的有效性奠基，还为与不同事实规定的存在领域相关的质料本体论有效性奠基。在胡塞尔看来，对客观导向的形式性和质料性本质科学的这种主体性奠基也标明了进入现象学哲学一般的一条优先道路，即所谓的先验 - 现象学还原的本体论之路。本文第四节要去追问这一现象学真理逻辑的本体论、语言哲学和科学论的前提与后果。而这同时也涉及一般先验现象学的本质。

现象学的真理逻辑在真或假的可能性视角下研究对对象或事态的具体，即具有实事规定和在时间中个体化的**意向性**意指之本质规定性。这种认识行为的有效性不仅可以从其符合形式逻辑定律这一角度来规定，而且可以“内在地”，即通过对认识行为本身进行纯粹现象学反思的方式来规定。由此，认识行为就不再是对形式化逻辑定律的单纯“应用”，或对理念性的，即在任何时间对任何人而言皆普遍有效的**形式化**真理逻辑的例示。毋宁说，对**现象学**的真理逻辑来说，认识行为的认识价值本质上并且最终也只有从其施行方式或者意向性对象的被给予方式这个视角获得规定（只有这一逻辑上的无前提性才能确保现象学为形式逻辑提供认识论奠基的可能性）。不过，为了充分理解胡塞尔有关现象学真理逻辑如何为法则性提供奠基的论述，我们必须明确以下三点：**第一**，什么是意向性行为以及一般对意向性意识的现象学分析是如何进行的；**第二**，哪一类意向性行为在确切意义上可以充当认识行为；**第三**，这种认识行为的有效性标准如何以现象学方式加以规定。

对**第一个**问题——关于意向性行为的本质以及意向性意识的现象学科学种类、方法和内容之问题——的充分回答超出了本文范围。在此，最重要的是胡塞尔以反思方式把感知、主张、思维等作为意向性意识行为而不是作为经验－心理学事实来加以研究。现象学是关于意向性意识的普遍有效的**本质**科学。因此，在胡塞尔的意义上，它对形式逻辑定律在其中被把握或者被应用的认识行为的主体导向的研究不能被称作“心理学的”。现象学不研究意识行为的经验规定性或其事实性开展，而是研究其普遍的本质条件，这些本质条件蕴含在个别行为和不同形式的前后相继的行为之流的事实性开展中。对现象学家来说，意识行为不是作为经验个人的所有物而被通达的，严格地说，它也不是通过一种观**看**而直接被给予的。和其他一切科学认识一样，现象学命题要依赖在其特有方法指导下不断推进其研究对象的区分与系统性的理论构建。对意识的现象学研究也突破了经验－心理学材料的界限，因为它始终将意识行为同时放在与被意指的意向性对象的关联中进行考察。现象学研究的是所谓的认识与认识对象的“先天关联”。在此研究中，现象学的真理逻辑显然更偏重的是以反思方式被给予的主体或“内在”的所予领域，而且这种偏重似乎威胁到了在科学研究者的公共讨论共同体框架中发现主体间真理的可能性。不过我们不应忽略，现象学反思是一种当下化行为；作为对意识行为之（间接性）意识，它无论如何不会被限制在某个经验个别主体内在被感知心灵状态的私人领域中。下文我还会讨论现象学真理标准的主体间可通达性的问题。不过，无论如何很清楚的是，在胡塞尔这里不仅反思性意识的概念而且在该反思意识中被当下化的意识之概念都得到了全面拓展；这将胡塞尔的现象学与经验心理学以及其他意识哲学清楚地区分开来。对胡塞尔来说，意识不只是并且首先不是自我意识，而也是对意向相关项的意识、界域意识、运动感意识等。

我们的**第二个**问题涉及的是对施行科学性认识所需的意向性意识行为的现象学界定。胡塞尔对这一问题的回答与传统联系紧密；他将认识视为获得辩护或得到证明的关于特定事态持存的信念。他对认识问题的原创性贡献首先在于他对这种理论性辩护过程的进一步规定。在探讨这一问题之前，我们还必须首先对有待证明的理论信念的结构加以澄清。胡塞尔将这种信念理解为一种设定、一种认之为真、一种关于对象或事态之现实存在的认识主张。该信念本质地或必然地内在于一切意向性行为中；或按照《逻辑研究》的术语，这一信念内在于一切“对象化”行为。不过严格意义上的认识性主张只存在于下列行为中，在这些行为中**某物**被标明**为某物**，**某物**被断言**为某物**、**某物**被关联**到某物**、**某物与某物**在某个特定视角下被解释**为同一**。用胡塞尔的术语来表述，这意味着只有**范畴**意向性行为是严格意义上的认识行为。**范畴行为**涉及联结、区分、隶属、推理等的意向性行为。因此，范畴行为是复杂行为（更确切地说，是具有复杂的“意向性题材”的行为）；它将在先被给予的不同意向性对象相互关联，并在范畴视角下（比如部分－整体的关系）将这些对象纳入综合统一体之中。作为复杂或综合行为，范畴意向预设了有待被纳入综合统一体的行为及其意向对象，综合行为的施行“奠基于”被综合的行为的施行之上（《第六研究》，§§46、48）。作为被奠基的意向性行为，范畴行为指向由它自己创造的高阶意向对象性（§43）。但这种范畴行为的施行不能被理解为通过物理操作改变实在对象的行动（§61）。范畴行为的功用仅在于对在先被给予的对象加以思维塑形和层次化。虽然这些作为“材料”参与到范畴塑形之中的对象（如作为集合联结的“基础”）本身可以已经具有范畴形式，但它们作为被奠基的范畴对象潜在地指向终极－奠基性的，即感性对象。既然范畴行为不是感性－物理行为，其意向性对象同样也不是感性－物理对象，因此也就不是可以用眼睛看到、可以坐上去的对象。与感性对象相对立，胡塞尔将范畴对象称作“高阶的”或“理念性”对象（§46）。但我们不应被这一术语误导而认为所有范畴对象都是本质普遍性。实际上，如果我说现在有只鸽子站在我的窗台上，那么我所说的这个事态与某个特定数字概念或“对象一般”这个形式本体论概念同样都是理念性范畴对象。如果我们追随胡塞尔将一切范畴对象称作“理念性”的，那么我们就必须区分经验－理念性的（或“掺杂感性的”）和先天－理念性的（或“纯粹的”）范畴对象（参见§60）。

关于有效认识标准的**第三个**问题也可以被理解为关于范畴意向性行为的认识批判性辩护过程的问题。胡塞尔在对此问题的回答中提出的标准是认识行为之施行或认识对象之所予的**直观性**。这样，对认识的为真性主张的辩护涉及空的范畴行为和直观范畴行为之间的区分。在严格的直观行为中，意向性被意指的对象同时是“自身被给予的”；而在空的或“表义”行为中，意向性被意指的对象仅仅是被代表，或说通过自然的或约定俗成的符号被表征。按照胡塞尔的看法，对一个行为的为真性主张的辩护具有下述证明形式：对意向性对象的表义性意指和与之相应的对象的直观所予，两者可以严格地彼此一致或可以被综合性地相互同一。胡塞尔将这一辩护过程称为**直观充实的综合过程**。因此，充实是这样一种认识行为，其中一个空的意指或断言和与之相应的直观所予被带入综合关联之中并由此得到证实和加强（特别参见§§6、8、11）。将充实行为和有待充实的行为联结起来的综合性整体具有把这两个行为（确切地说其“意向性本质”）或其意向性对象同一化综合的形式。然而，这种充实性同一化综合的认识论价值却有赖于其中的差异，被综合的行为（确切来说其“认识性本质”）正是通过这一差异将同一对象带入直观所予。从该差异的种类也可以导出对认识功能种类的规定。现象学分析出于教学的考虑选取了一个较易把握的充实综合的案例作为其分析对象。在这个被明确视为特例的案例中，一个完全空的意向性意指通过一个与之相应的直观行为得到完全的和最终的充实。被证实的认识行为的通常情况并不是这种对信念的相合确证，而是空的意指在综合性充实整体中部分得到确证并且部分得到除罔（enttäuscht）。在这一情形中，辩护的过程同时也是在认识上对对象进行区分和进一步规定的过程，而这一过程继续指向可能的充实综合。科学性的认识过程包含着充实综合的链条，通过连续的充实过程实现了为真认识的提升，这就是人们一般所说的科学认识的进步。我们还将看到，胡塞尔将这种认识进步的目标规定为相合充实。因此，认识努力指向的是意向与对象的相合一致，或者说被意指的认识对象的完全直观的自身所予。

如果说得到辩护的认识指向这种综合性充实过程，而严格意义上的认识行为是范畴行为，那么现象学的真理逻辑就依赖具有较多或较少直观性的范畴行为之差异，并且最终依赖直观范畴行为和表义性（即空的）范畴行为之差异。胡塞尔在《算术哲学》中分析的“非本真的表象”便是**表义性范畴行为**的一例，其中算术符号替代了不能再以本真的或直观方式得到思考的数字概念以及算术运算。数字符号和基于对这些符号的改变、替代和推移的算术计算是本真的算术思维过程的“替代品”；数字符号系统也就“不仅是指示被给予的概念的单纯方法，而是构造新的概念并在构造的同时标明这些概念的方法”（德文版《胡塞尔全集》第 8 卷，第 234 页）。对这些非本真算术表象的认识论辩护要面对独特的困难，因为至少与之相应的可能的充实性、直观范畴行为事实上根本不可能施行。因此也就可以理解为什么胡塞尔在《第六研究》中阐述充实问题时优先聚焦于经由**语言**中介的空的范畴行为这一相对简单得多的情形之上。在《算术哲学》中，他就已经区分了算术符号的替代功能和作为“概念的单纯伴随者”（第241页）起作用的语言符号。而在《第一研究》中，他将这种语言的伴随进一步刻画为表达。语言符号的外在使用是对内在意指和理解的表达，胡塞尔将这种内在意指和理解称为“意义意向”。这种意向是一意向性行为，概括地讲，它的功能在于将语言符号和意义彼此联结起来；而这种联结的方式如下：语言符号首先不是被视作意义的表征物，而是经由意义作为意向性意指对象的表征物。

胡塞尔对判断真理之概念的界定是从对以下两种行为之彼此一致的体验出发的，其一是由认识兴趣驱动的有意义的言语行为，其二是与之相应的关于意指对象的范畴直观行为。**现象学的真理逻辑，即对可能的判断真理的理念性条件的研究，**就是对言语行为的可能的直观充实条件的研究，而这又无异于对范畴直观之施行的可能性条件的研究（§62以下）。后一个条件分属两种类型，视我们所考察的是范畴形式的可相容性还是其相对于特定感性材料的可应用性而定。这样，我们需要区分范畴直观或“现实的或可能的意义充实”的分析性和综合性条件。在预设分析性条件的前提下，这些综合性条件基于感性材料的直观所予来确定，是否对这些材料的特定“范畴塑形”，就“特殊性”而言可以“现实地被施行”（第190页）。与之相对，分析性条件不考虑感性材料的内容规定性，也就是说它将这些感性材料视作在范畴塑形和变形中是“特定而任意的”并且是“保持自身同一的”（第189页）“变量”（第195页）。对这些分析性条件的研究的正面任务在于表述这样一些理念性定律，它们规范着“不断把各种已有形式转型为种种新形式之可能性的理念封闭范围”（第190页）。例如，按照这些分析性定律，将命题“g是G的一部分”变形为“G是g的整体”是合法有效的，而将之变形为“G是g的一部分”则是无效的。语句“g是G的一部分并且G是g的整体”只有在下述情况下才满足可能的范畴直观的综合性定律，即当g和G所意指的感性对象现实的，即经验的处于部分与整体的关系之中。我们还将看到，不仅综合性定律的现实化，而且普遍有效的分析性定律的现实化也必然预设特定的个体感性对象的直观所予的可能性。

与可能的直观施行的分析性和综合性条件相矛盾的范畴行为不可能为真。但这些必然只是以表义方式可执行的范畴行为却不必因此是无意义的。当语言表达类的表义性范畴行为符合语法规则的时候就是有意义的，而只有当它在此基础之上**另外**还服从可能范畴直观的定律时才可能是真的。如果我们将表义性范畴行为称作“非本真的思想行为”，而把直观范畴行为称作“本真的思想行为”（第193页），那么本真的思想行为也必然服从非本真思想行为的可能性规则，而非本真思想行为却不必服从本真性思想行为的可能性规则，“但意义之域要比直观之域大得多”，因为存在着“无限多样的复合意义……虽然它们结合为统一意义，但不会有任何可能的统一的充实相关项与之相对应”（第192页）。因此只有这样的语句是真的：其意义意向或非本真思想行为（第193页）可以通过一个与之对应的范畴直观或本真思想行为得到直观充实。因此语言表达或言语行为的为真性来自与之相应的本真思想行为之实施的可能性，而其方式如下：首先意义意向（在充实统一体中）与本真的思考行为具有单义的对应关系，其次被把握为非本真思想行为的意义意向在语言符号或“词语”中得到“单义表达”（参见第191页）。此外，以本真思想行为为中心的、在“词语”“意义”和“直观”之间建立的有层次的单义符合关系蕴含着本真思想与其对象之间的单义对应关系：“以相关性方式，范畴直观可能性的一般理念条件构成范畴直观对象可能性以及范畴对象本身可能性的条件。”（第189页）

胡塞尔将判断，也将思维界定为范畴行为。范畴行为是对在先被给予的材料进行逻辑塑形和变形的综合行为。然而，这种赋形活动不是绝对独立和自发的知性活动，因为它预设了最终说来是感性的材料的必然在先被给予性：“事情的本质就在于一切范畴的东西最终都依赖奠基性的感性，甚至可以说……思维……没有奠基性的感性就会是悖谬的。”（§60）就当下的问题而言，我们的兴趣自然首先在于**这种对在先被给予的感性材料的必然意指在何种程度上共同决定了范畴认识行为的真值**。我们因而必须追问在何种程度上分析性和综合性**范畴**“直观”之施行必然预设了**感性**直观行为之施行。换言之，问题就在于，是否可能为真的**范畴**行为的综合性和分析性条件必然也蕴含关于**感性**直观行为之施行的命题。对这一问题的回答不仅对范畴认识行为的现象学证明有重要意义，而且同时也对形式逻辑的现象学证明有重要意义。如果上述问题的回答是肯定的，那么就可以推出形式－逻辑的、分析性的有效性定律不仅奠基于范畴直观之施行，而且奠基于感性直观的经验行为之施行。这样的话，可能真理的形式－逻辑条件的终极认识论基础就不是对形式－逻辑对象在其中被直观给予的范畴认识行为的现象学分析，而是对感性和前语言感知的现象学分析。

对范畴行为特别是**综合性范畴**行为的直观（即现实可能的）施行来说，不仅其中包含的范畴形式须具有分析相容性，而且这些形式必须适合其每个材料的特殊性。只有当材料在其各自的事实特殊性中被**直观**（或以感知方式）给予时，我们才能保证不将其置入与之不相适合的范畴整体中。因此，范畴直观的可能施行和范畴言语行为的可能为真性奠基于作为材料的奠基性感性对象的以感知方式所予。比方说“这支铅笔是红的”这一感知判断的为真性**奠基于**对这支红色铅笔的感知之中（但是感知判断或其意义并不**包含**在感知当中，因为述谓性同一综合的范畴形式并不对应任何感知方式的所予）。然而当我们从综合性为真的判断过渡到**分析性为真的判断**（例如“G是g的整体以及g是G的一部分”）时，这种材料的感性感知所具有的必然奠基地位将采取什么样的形式呢？在此作为材料起作用的只是单纯的变量，而可变更的，即被视为不依赖其内容特殊性的“任意”材料无论如何并不属于感性观看的领域。但另一方面，在范畴赋形中虽任意可变但始终与自身保持同一的材料并不必然要被视作（质料和形式的）**本质**普遍性（只有当依分析为真的语句被普遍化为定律式的命题时，这些“任意、仅被设想为保持自身同一的内核”[参见《形式与先验逻辑》§55] 才在“某物一般之样态”意义上作为本质）。早在《逻辑研究》中胡塞尔似乎就已经明确采取了这样一种看法：分析性范畴行为的现实可能的（即直观的）施行也奠基于感性材料的直观所予之上，更确切地说，范畴行为的现实施行至少预设了对进入这一范畴形式的某个感性对象的想象式表象（参见§62第189页及次页）。在《形式与先验逻辑》中，胡塞尔通过下述证明补充了他早年的研究：分析为真的语句，特别是形式－逻辑的定律不仅在其把握或在其认识论上负责的施行中与感性对象的直观所予相关联，而且这些定律在其应用中最终也必然与事实性个体相关联（§82）。如果我们将纯粹逻辑定律理解为可能真理的定律，那么针对其在现实经验中的可能应用，它们的“理念化预设”（§73节及以下）需要批判性的阐明。因此，形式－逻辑的真理逻辑蕴含着这样的断言，这些断言既与事实的个体性存在相关联，也与其直观－感性经验相关联。对这些（蕴含的）断言的批判性辩护不能通过形式逻辑本身完成，而只能通过关于对世界有所经验的生命之先验逻辑来完成。在对形式逻辑的现象学－发生学奠基中，胡塞尔走得如此之远，以至于他设定这种“奠基性经验”具有“前述谓的”和“句法学”功能（参见§86）。

形式的和质料的本质科学在前述谓经验中得到奠基，这一想法在胡塞尔的晚期著作《危机》（德文版《胡塞尔全集》第6卷），特别是在著名论文《论几何学的起源》（附录3）中得到进一步深化；他在这些著作中考察了科学性认识特别是绝然（apodiktisch）的本质科学的历史传承。先天科学，如（质料本体论的）纯粹几何学和形式逻辑，处理理念对象，而这些对象在理念语言的书写符号中积淀下来并由此可被传承。一方面，这种积淀证明是通过（受历史限制的）研究者共同体来实现的科学进步的必然条件；而另一方面，这种积淀过程又是科学活动及其对象持续不断的意义清空过程。意义清空的科学活动是用以符号方式被表象的理念对象来进行的逻辑－容贯的技术工作；虽然这些理念对象的意义在演绎逻辑的明晰性方面得到了发展，但没有通过回溯到其源初的、具有事实内容的明见性而得到澄清。只有对先天科学在前科学生活世界中的起源进行现象学的回溯式追问，只有对逻辑一致的先天科学建筑之前和之下的具体意义根基进行现象学的考古学，这些科学的客观有效性才能获得认识论上的辩护。

对以空的方式做出断言的言语行为进行直观充实，这蕴含了相应范畴行为的可能性，在该范畴行为中被断言的事态以直观方式自身被给予。《第六研究》继续通过与感性直观的类比来规定这种**范畴直观行为**。在那里，这种感性直观——同样难免误解[1]——被刻画为直观表征，即意向性的将与之结合的前意向感觉复合体关联于对象的行为，也就是说，通过这种统握方式，它们“立义”为呈现式显象（darstellende Erscheinungen）或意向对象的部分的自身所予（§14b, §22）。在此，胡塞尔将范畴直观或范畴对象的自身所予以完全平行的方式视为直观表征的范畴形式，即对感性立义内容的范畴立义。但胡塞尔后来自己放弃了这一范畴表征理论，并将范畴直观重新界定为本质变更的过程。不过在《逻辑研究》中，胡塞尔已经对感性直观和范畴直观之间灾难性的类比有所抵制；与直接的感性观看相对立，他将范畴直观界定为一种本质上是综合性的行为。[2]作为**范畴**行为，范畴直观已经是一种综合性的，即被奠基的行为。此外，范畴直观之所以是被奠基的行为，还因为它作为认识行为是

1　参见 Rudolf Bernet, “Endlichkeit und Unendlichkeit in Husserls Phänomenologie der Wahrnehmung”, a.a.O., SS. 253-257。【译者注：该论文的中译文收录在本文集的第 5 篇文章《胡塞尔感知现象学中的有限与无限》。】

2　参见 Elizabeth Ströker. “Husserls Evidenzprinzip. Sinn und Grenzen einer methodischen Norm der Phänomenologie als Wissenschaft”. *Zeitschrit für philosophische Forschung,* 32, Heft 1 (Januar 1978), S. 10 f. und 17 ff。

充实综合中一个非独立要素。最后，作为认识行为，范畴直观也不是一种现象学式的开天眼行为或“本原直观”，而是奠基于感性经验中的“不断上升的充实”的复杂过程中的可能环节（§24）。范畴直观和与之相应的空的范畴行为的区别，本质在于前者是通过一系列步骤对材料进行范畴塑形的明晰性和洞见（比如在数学证明的例子里）。我们还将看到，范畴直观的这种明晰性可以被一般地界定为符合范畴行为之可能为真的现象学条件。

范畴直观是严格意义上的认识行为，不过只有当范畴直观满足了在与之相应的空的意向中表达出认识兴趣，也就是说，在它为后者认识主张提供了辩护——时才是如此。《第六研究》中的分析优先指向这种情形，在其中一个进行空断言的言语行为，或空的意义意向通过与之相应的完全明见的或本真性的思考行为而得到了直观充实。下文还将再来讨论这里蕴含的对思维和言语之关系的理解。眼下我们感兴趣的只是在这一直观充实的言语行为中得到辩护的为真性主张，即以充实过程为导向的真理概念。根据胡塞尔，直观上得到完全充实的语句或明见的认识行为为**真**。关于这种充实含义的明见性概念，胡塞尔还进一步区分了以下两者：一方面是“通过相应的和完全相符的感知（或范畴直观）而给出的直观证实”，另一方面是“最完满的（或最终的［§39］）充实综合”意义上（§38）的明见性。这样，明见性有不同层次，明见性认识也可能进步，但作为其进步的目的论式目标的真理概念却来自最完满的、最终的，即相合的充实综合体验。在这种最终的充实综合中得到辩护的“与‘实事本身’的相合”（§37）构成了“严格意义上的明见性”“真理”和“存在”诸概念的合法性根源。在这种完全以充实过程或认识行为为导向的整体中，存在所指的不外乎是对象的“确实存在”或现实“实存”（§39）。如果我们将（第一种含义上的）真理界定为最终的充实综合的对象相关项，并将这一充实综合的施行界定为明见性，那么明见性就是对“被意指者和被给予者本身完全一致”的综合性体验（§39），也就是在以直观方式证实的认识对象之确实存在意义上的“真理体验”。相反，如果我们将（第二种意义上的）真理不理解为被意指者和被给予者之间充实性的一致，而是将之理解为意指行为和直观行为之间的一致，那么真理就不再和现实存在同义，而是和明见性理念，即最终的充实综合体验的本质结构同义。

4. 胡塞尔的现象学真理逻辑的前提和后果

在上文展示的从形式真理逻辑到现象学真理逻辑的过渡中，胡塞尔完成了一种哥白尼式革命，也就是说明见的认识行为并非如胡塞尔在《导引》中仍然主张的那样只是理念性的和自在有效的形式语义学与形式本体论定律的“个别化”或“应用”。相反，意义的真值和对象的现实存在最终要完全通过现实施行与之相应的直观上被充实的意向性行为的**现象学**可能性得到规定。这不仅适用于个体的与日常语言的言语行为，而且同样适用于形式－逻辑的意义本质和对象本质的有效性，即与之相关的定律的有效性。至于胡塞尔是否能在严格的具体分析中真正令人信服地、论证性地展示对一切知识特别是逻辑的普遍数学的这种先验证明，对此我在下文的批判性考察中将置之不论。同样将被搁置的是，是否另一种哲学进路或者胡塞尔本人后期哲学能为其早期工作中明确提出的科学论问题提供更好的解答。相反，我将以如下方式反思上文所展示的胡塞尔早期认识理论的哲学地位，即我将追问那些最终承载着该理论的引导性观念以及胡塞尔为该理论的融贯性付出的代价。显然，引导着上文所展示的现象学真理概念的目的是**以数学为范例的科学概念**。而这种现象学科学之目标的牺牲品有如下三个方面：(1) 现象学真理标准的主体间可通达性；(2) 对日常语言使用的恰切理解；(3) 质疑和涵括该认识论设问的存在理解之可能性。对胡塞尔认识理论界限的这种规定也可用于胡塞尔的另一引导思想，即针对他的另一信念：哲学发问是对最终根基的发问，而最终根基应在绝对的理论性主体的逻辑思维中找寻。这种逻辑一元论或理性主义的最重要后果大概在于语言和客观现实性显现为（本真性）思维绝对自我奠基活动的单纯外化或同型表征。因此，我们可以通过对胡塞尔真理逻辑中的**表征概念**的功能以及对其蕴含的语言哲学和本体论后果的反思来恰当展开对胡塞尔早期主体性哲学概念一般的批判，也就是说对其可能性及界限的界定。

(1) 真理

虽然英国经验论，尤其是洛克对胡塞尔的直观表征概念的影响不容忽视，但胡塞尔的真理概念无疑构成了超越感性主义认识论的一个重大进步。胡塞尔的真理理念具有标志性的自身所予性概念是通过主体的综合和充实活动而得到规定的；自身所予性并不是简单占有某种“迷你物”(Dingelchen)，这些迷你物是那些自在之物经因果作用而在意识中造成的代表。因此，胡塞尔这里“与实事相合”(§37) 的含义就不是指意识中的表征与被表征的、具有完全规定性的自在之物之间的一致，而是具体意指和对象所予之间的一致。由此，胡塞尔的直观充实概念显然也克服了古老的主观认识活动和客观事实之间的“桥梁”问题。他也克服了将“证实”——即对语言性的断言和事物如其自在所是的现实构成之间的比较——作为真理标准带来的问题。胡塞尔对充实和明见性的界定显然指向一种以认识生活的融贯性为导向的真理概念。[1] 但由于这种融贯性被理解为不同种类的主体行动之间的一致，由现象学真理逻辑引入的充实过程也可以被理解为（受实证主义影响的）证实过程的一种单纯的主观化和内在化。在现象学反思中得到明见证明的陈述行为与直观（范畴）“经验”行为或意指对象的自身所予性之间的一致替代了陈述语句和现实的自在之物的一致。

但对真理含义的一致性概念的这种主体化仍然活动于相合性之理念以及其中蕴含的同一性和“在场形而上学”的魔力范围内。这格外清楚地显现于以下方面：胡塞尔从“最完满的充实综合”“最终的”明见性中导出真理概念。根据《第六研究》的学说，一条为真的语句是这样的陈述，它讲出了关于一个事态所能讲的一切并以这一事态彻底分明的和完全的被给予为基础。虽然胡塞尔将这一真理之相合更确切地描述为认识努力的目标，但这并未使他的理论更具说服力。相反，谁的认识兴趣会受到这样一种纯粹理念的鼓舞呢？毕竟，按照胡塞尔本人细致的具体分析，无论对于感性[2] 认识

1 参见 Elizabeth Ströker, *a. a. O.*。

2 参见 Rudolf Bernet. “Endlichkeit und Unendlicht…”, *a. a. O.*。【译者注：参见本文集第四篇论文。】

还是范畴[1]认识而言，该理念都必然是不可达至的目标。在胡塞尔的真理学说中，具有理性主义动机的形而上学理想和对认识主体之有限性的新颖深刻的洞见共同存在、彼此冲突。胡塞尔的学说，尤其是其早期认识论文本，所招致的批评最终说来很可能全都关系到这一未被克服的（且很可能无法以在传统形而上学或有限性的哲学这两种决定之间做选择的方式被克服的）张力。[2] 胡塞尔在其晚期作品中对这一张力关系进行了主题性讨论，其中本质性的是：以数学科学为导向的认识理想和以现象学家自身的认识实践为导向的认识理想的对立，绝对的认识奠基之理想和对人类认识活动的实践的、语言的、社会的以及历史依赖性的洞见之间的对立。在胡塞尔的早期作品中这种张力始终是以潜在方式发生着影响，它主要表现在胡塞尔关于其研究计划的一些极端声明中，这些声明实际上有悖于胡塞尔的意图和他自己的研究实践。这类声明的一个例子是以数学规定的相合认识的理想为导向来界定科学概念，而将这一概念应用于现象学之上就会悖论性地导致某种真理标准的私人化。

界定（相合性）真理概念的“严格意义上的明见性”行为，即对最终的充实综合之体验，是在认识主体的内在性领域中得到施行的，它并非真正意义上主体间可通达的，更不要说受到主体间的语言和思维共同体的限制。对于早期胡塞尔来说，真理仅仅意味着单纯的主体内容贯，而不意味着主体间的、本质上由语言中介的一

1　参见 Elizabeth Ströker, *a. a. O.*, S.19 ff.。

2　参见 Rudolf Bernet. “Zur Teleologie der Erkenntnis. Eine Antworta an Rudolf Boehm”. *Tijdschrift voor Filosofie*, 40, Nr. 4 (Dezember 1978), SS. 662-668。

致性。[1] 不过值得注意的是，这种充实意识受到普遍的，即对任一认识主体都有效的逻辑定律和现象学定律的规范。[2] 然而这些普遍有效条件不能改变由其规范的充实综合之施行的主体内或私人性特征。与之相关联，在这种充实综合中被构造的真实对象仍然缺少科学的**客观性**，即只有通过当下化的（回忆式的）重复、主体间的共同体化和书写的沉淀才能造就的理念性。[3] 使得主体内的真理标准具有主体间可通达性的困难也清晰展现在与这种综合性充实行为的语言表达相关的问题上。为简单起见，让我们以如下感知判断为例，比如“一只鸽子停在了窗台上”。单就这个命题而言，一位聆听者或读者理解了这句话却完全无法确定说话人或写作者是想要向聆听者或读者告知其感知的对象，还是纯粹想象出了被陈述的事态，抑或他只是在重复他听到或读到的一个命题。如果我想明确地表达我的陈述是一个感知判断，即被陈述的事态是以直观方式给予我的，那么我必须在我的命题前加上“我看到……”。不过这一添加不仅改变了我的陈述的字句，也改变了其意义内容。在命题“我看到一只鸽子停在了窗台上”中，我的陈述的意指对象不再是“一只鸽子……”这一事态，而是“我看到一只鸽子……”这一事态。用弗雷格的术语来说，后一种情种形涉及的是一种间接的或不透明的指涉结构。在不透明的指涉语境中，语句不是直接地关联于现实

1　参见 Robert Solomon. “Husserl’s Private Language”, *The Southwestern Journal of Philosophy*, Vol. V, No. 3 (1974), p. 226。

2　参见 Robert Solomon, a. a. O.; Iso Kern. *Idee und Methode der Philosophie. Leitgedanken für eine Theorie der Vernunft*. Berlin/ New York: de Gruyter, 1975, S. 189 ff。

3　参见《危机》（德文版胡塞尔全集第 6 卷）附录 3（《论几何学的起源》），第 370—371 页。

对象，而是关联于其被给予方式，即该语句与对象发生关联所依赖的思想或意义。当涉及语句的真值时，不透明的指涉语境会造成麻烦，因为它不满足替换定律（由前提 1“我看到辰星亮着”和 2“辰星与昏星是同一的”不能据逻辑必然的得出结论 3“我看到昏星亮着”），用胡塞尔更加心理学化的术语来说，这意味着命题“我看到一只鸽子……”并不命名一个被感知的对象，而是（反思地）命名对该对象的感知行为。明确的感知判断和为意义的直观充实状态提供语言表达的判断都具有关于意识行为的判断形式。无论我们以弗雷格的意义理论还是以胡塞尔的意义理论为导向，这种断定都是颇为可疑的。如果充实或明见性被理解为本真的真理标准，那么只有通过对主体内的且在此意义上的私人事件进行语言告知的形式，该标准对共在的他人或科学研究共同体而言才是可通达的，而这种告知的语言形式与断言命题的通常情形大不相同。

索科洛夫斯基[1]认为可以通过诉诸“我看到……”这个要素的特殊地位来克服这一困难。在胡塞尔看来，由“我看到……”结构化的语句相比其他关于意向性行为的语句（如“我感到……”）具有重要优势，另外相比其他具有不透明指涉语境的语句（如“我说……”）也具有重要的优势。这种优势与看有关。在其他“反思性”表达（如“我感到……”或“我说……”）中，感受的自我属于被感受到的事态，或者说前置的“我说”行动性（performativ）地参与到被陈述的事态之中。与之相对，在“我看到……”这一表达中，观看的自我与观看的对象即鸽子和窗台等没有任何本质关

1 Robert Sokolowski, *Husserlian Meditations*, pp. 116-121.

联。“我看到……”代表着“不参与的旁观者”，而胡塞尔非常典型的以此名称来称呼作为现象学真理概念之担保的先验自我。然而，对现象学真理标准的私人化难题的这种回应并不完全令人信服，理由如下：

a. 这些得到“不参与的旁观者”担保的语句终归还是要依赖聆听者对该旁观者的真诚的信赖；

b. 由旁观者所陈述的事件本质上始终与其私人领域相关，因而并不通达于与其共在的他人；

c. 最后，始终可疑的是，我们是否还可以合法地把范畴充实综合之直观的或现实的施行称为观看。

（2）语言

即使关于胡塞尔真理标准之私人化的批评是正确的，我们仍然不能据此得出结论认为胡塞尔完全没有考虑认识的语言中介性。《第六研究》所偏好的充实综合的例子，说的便是在范畴直观中得到确证的陈述性主张。虽然胡塞尔将这一陈述性主张描述为空的意义意向，甚至非本真的思想行为，但恰恰作为空的意向，它们需要与之交织的语言表达符号作为“依托”（《第一研究》§10及其他）。规范这些非本真思想行为之可能性的定律属于语句逻辑或形式语义学。更确切地说，这里涉及的是在形式语义学的最低层次上得到表述的“‘纯粹逻辑－语法’定律……这些组合定律和变更定律区分了意义与无意义的领域”（《第六研究》§63）。为这些空的意义意向提供直观充实的本真思想行为又是怎样的情况呢？这些本真思想行为服从纯粹范畴的，即分析性的理念定律，“在预先给定……随意的材料保持同一的情况下，它们规定着对已有范畴形式的哪些变更是可能的；它们限定着……对范畴形式进行重整和重构的理念性的封闭多样性”（§62）。这一论述让我们也想起陈述逻辑——更确切地说是形式语义学的演绎逻辑——的定律。这一点在《第六研究》的文本中得到了明确支持。在这里，胡塞尔将这些本真思维的定律与“意义之有效性的纯粹定律”相平行，也就是说，将它们视作“其恰当直观化的理念可能性”条件，“在保真条件下的意义联结和意义变化的可能性”条件，并赋予它们“拒斥形式和实在悖谬”的任务（§63）。不过应该如何理解这些表述呢？思维定律和语句逻辑定律的平行化是否意味着胡塞尔将思维和语句彼此等同？如果这一等同是合法的，这难道不意味着认识和真理这些概念只有在语句框架中并最好在述谓性命题的框架中才获得有效意义？这一主张又如何与胡塞尔的下述看法相协调：一切（语言性）认识行为奠基于前语言的、感性的感知行为之施行中？

对思维和语句关系的问题，以下论断为其可能回答提供了暗示：胡塞尔只将非本真思维的定律与语句逻辑定律明确等同，而对本真思维的定律没有做同样的等同。虽然本真思维定律是对非本真思维定律或空的意义意向的直观充实，但被充实的意义意向定律或“意义之有效性定律并不相同并且甚至不是本真的范畴定律，但它们忠实的追随本真范畴定律……”（§63）在同节的其他地方，胡塞尔写道：“意义有效性的纯粹定律，其恰当直观化的理念可能性的定律，显然是与那些规范着本真范畴形式的联结和变化的纯粹定律相平行的。”（第194页）同一节中的以下论述澄清了这里所说的忠实追随或本真思维与有效含义意向之平行的含义：“逻辑恰当的语言之理想是这样一种语言理想，它能为……所有可能的范畴形式创造出单义的表达。……因而，与所有可能的……被奠基的直观相平行的是那个……表达着它们的……被奠基的意义系统。”（第191—192页）得到直观充实的意义意向或为真的语言陈述和与它们“单义”对应的本真思想行为，二者从来不是同一的。这种单义对应关系、直观思维和有效言说的这种平行关系可以被更准确地刻画为表现关联（Repräsentationszusammenhang）；在这一关联中，语句“忠实地追随”思维并给予思维“单义表达”。按照这种表现依赖性的单向关系，意义的有效性定律，即演绎逻辑的形式语义学定律在结构上是与本真思维的分析性定律准确对应的展示或映像。由此也可看出，（胡塞尔）对语言表达和意义意向的界定以及对语言意义范畴的界定完全指向如下可能性，即它们应为“本真”思维的范畴形式提供恰当的单义表达。科学认识的基本形式是直观思维，而语句只有在以下前提中才具有认识论上的价值：语言符号的使用单义地符合意义意向，而意义意向单义地符合本真思想行为。

这个以本真思想行为为中心的表现关联构成了在胡塞尔整个早期含义理论和语言哲学中被预设的基础结构。语句的真值和科学价值最终要以范畴直观的现象学为基础来决定。我们在本文第二部分已经指出，这种将科学语句带回逻辑思维的做法也导致胡塞尔将先天语法学纳入形式的意义逻辑中。值得注意的是，胡塞尔在其有关形式语法学的探讨中几乎对以下问题毫无兴趣：是否先天语法学的诸形式预设了（特定人群的）事实性或自然语言的语法形式并以后者为其基础。只有当纯粹语法学被视为有关**语言的**共性的科学，而不是将语法的共性视为思维一般之先天时，这一问题才会出现。在我们进一步追问言说和思维关系的问题之前，我们还需要对形式化的意义逻辑和本真思想行为的现象学之间的关系做出进一步澄清。我们看到，现象学在为意义逻辑提供奠基的过程中同时受到来自意义逻辑预设的引导。一方面，胡塞尔的整个论证都在试图证明，只有本真认识行为的现象学才能最终为科学认识的可能性奠基。从这个角度来看，形式 - 逻辑定律只不过是本真思维的分析性定律的表现映像（repräsentative Abbilder）。另一方面，如我们已经看到的，为了界定现象学本身，胡塞尔采用了刻画形式 - 逻辑科学的数学科学的概念。在现象学分析形态中采纳形式 - 逻辑概念的另一个例子特别来自胡塞尔的现象学意义理论，涉及形式语义学的意义概念。在《逻辑研究》中，在对意义的意识施行给出现象学刻画时，毫无疑问，胡塞尔借用了意义的逻辑界定，将意义视为用形式本体论，即**对象性**导向的概念来界定的**本质**。按照这一理论，理解语言表达的行为只不过是意义本质在个别意义意向的实项内容中的种的个别化。这种伪现象学分析的根源在于，把对意义的理解等同于逻辑定律应用于个别思想行为之过程。胡塞尔后来自己放弃了这种将意义界定为种属性本质的看法。[1] 至于说他在后来的意义理论中是否成功摆脱了将意义视为**对象性**存在者的逻辑 - 语义学规定的影响，意向相关项意义概念似乎并未给出一个明确答案。

不仅胡塞尔的早期现象学意义理论受到逻辑思维优先性的影响，而且他早期的语言哲学整体也明显受到了这一影响。在胡塞尔看来，使用语言符号进行的阅读、书写、聆听活动、主体间的语言理解和论证交锋都不构成可能的认识真理的本质前提。范畴直观或

1　参见 Rudolf Bernet. “Bedeutung und Intentionales Bewusstsein”, a.a.O., SS. 49-57。【译者注：见本文集第 3 篇文章。】

（相合的）直观充实综合行为之施行构成了可能的为真认识的绝对基础。当然，胡塞尔并不否认存在着经由语言中介的为真认识，但语言在这里仅仅是本真思想行为的外在化，即表－达。而只有当语言表达单义的，即以同型的结构化方式表现本真认识行为——本真思维时，语言表达才满足科学认识的条件。因此，每个本真思想行为只允许唯一一种完全恰当的语言表达，并且我们可以猜测，这种对本真行为的唯一表达在任何现存的众多自然语言中都没有实现。胡塞尔固着于认识论的相合理想，这导致他的早期语言哲学完全是以理想语言之目标为导向的。我们在此无意追问这种理想的“精神语言”的形而上学和神学预设[1]或者干脆质疑建构这一语言的可能性。我也不想更深入地展示，临时性（okkasionellen）表达（在更宽泛的意义上包含大概所有日常语言表达）如何给构建理想语言的可能性设定了界限。在此，我只想提出以下猜测，胡塞尔受认识论影响而对理想语言形成的迷恋为他对语言现象的整体进入投下了阴影，而他早期的语言哲学中最为人所诟病的缺陷也都来源于此。只要还像《逻辑研究》那样把对理想语言和正常语言的分析不加区分地混在一起，我们就会将主体间的交流沟通、理解与言说情境的关联性、概念的历史传承、隐喻性表达的使用等视为有意义的和负责任的言说的非本质组成部分。只要胡塞尔既将意义符号（能指）也将——如我们将会看到的——意指对象视为在本真思维中被奠基的理念性意义的单纯同型表现物，他就无法理解日常语言的符号使用

1　参见 Maurice Merleau-Ponty. “Le fantôme d’un langage pur”. In *La prose du monde*, Paris : Gallimard, 1969, SS. 7-14。【译者注：中译参见〔法〕莫里斯·梅洛－庞蒂：《世界的散文》，杨大春译，北京：商务印书馆，2005。】

所具有的创立意义的功能。在这样一种表现系统内部，胡塞尔只能将语言中众多能指构成的差异化意指系统看作对思维意义的有缺陷的展示，而无法像索绪尔和德里达[1]那样，将之看作意义（所指）形成所依赖的媒介（然而，在胡塞尔的后期文本中，处处可见这样一种对意义及意指对象的差异化规定的尝试）。

不过，对将言说视为外在化的思维这种片面界定的批评不应被看成对相反观点的证明，即一切认识必然发生在语言行为中。主张任何语言行为必然预设前语言的思想行为，而该思想行为又必然奠基于感性感知行为之中，这种观点当然是错误的。但我并不认为，在认识心理学的新近成果基础上开展的对前语言认识之假设的重新审视是一项悖谬或无意义的工作。然而，正如胡塞尔的认识理论所展示的，这项工作不仅需要克服以语言手段研究前语言认识的方法论困难，还要求对传统的、逻辑导向的认识论术语进行一番彻底的重新诠释。

5. 本体论

语言表达不是唯一与主体间认识或思维结合在一起的外在性形式。认识行为必然与意向性对象相关联，而意向性对象通常不是认识主体实项的内在组成部分。与本真思维的语言表达情况类似，我们这里可以再次追问思想行为的范畴形式和认识对象的范畴形式如

1 参见 Jacques Derrida. *De la grammatologie*. Paris : Les éditions de Minuit, 1967, 1. Teil。【译者注：中译参见〔法〕雅克·德里达：《论文字学》，汪堂家译，上海：上海译文出版社，2015。】.

何彼此关联，以及认识行为的主体性存在和现实认识对象的客体性存在如何彼此关联。前一个问题，即在认识的施行中蕴含的范畴形式和在对认识对象的界定中蕴含的范畴形式之关系的问题，已经在上文形式－逻辑的考察框架中得到了初步回答。对作为言说行为的认识行为之结构化范畴的研究是形式语义学的任务，对认识对象之结构化范畴的研究是形式本体论的任务，而形式语义学和形式本体论是平行的逻辑科学。对这种形式－逻辑平行论的辩护以及对具有特定内容的认识的客观“有根据性”（Triftigkeit）的辩护就不再能通过形式逻辑自身完成，而需要求助于现象学认识理论。对现象学认识论来说，语句与其意指对象之间为真的一致性要还原为陈述行为和相应的被陈述事态的自身直观给予行为之间的综合关联；对前者的分析也就还原为对后者的反思性研究。决定某一对象是否现实存在的现象学真理标准也就通过充实过程得到规定，特别是通过施行与陈述主张对应的范畴直观之可能性得到规定。由此，《第六研究》的现象学真理逻辑引向了如下结果：“一般范畴直观的理念可能性条件就是与之相对应范畴直观的对象的可能性条件以及范畴对象自身的可能性条件。”（§62）对象的现实性领域与得到直观充实的行为领域之所以彼此对应，因为前者正是从对后者的双重化（Verdoppelung）得来的。胡塞尔后来很快将现实对象视为在众多认识行为的系统综合统一中构造的具有内容规定性和有效性的统一体，但这并没有给以上结果带来太大改变。即使在引入构造概念以及引导它的关于先验活动的现象学之后，现实对象仍然被界定为仅由认识行为导出的**“关联项”**，即在认识论上得到辩护的设定行为之综合统一的关联项。引入与构造概念捆绑在一起的认识论唯心论，这并未在本质上改变《逻辑研究》中关于对象现实性的毫无唯心论动机的界定。这种情形表明，唯心论和实在论之争并未触及胡塞尔的可疑的本体论的核心。规定了胡塞尔全部工作的本体论预设毋宁说是将存在问题彻底置于认识论证明问题之下。在《第六研究》中这个核心命题几乎只是被顺带提及，这对胡塞尔的整个本体论具有鲜明意义：对象的存在是其为真－存在（Wahr-Sein），而其中“为真含义的存在”“应被界定为在其相合性中同时被意指和被给予的对象之同一……”（§39）下面我只想针对这一立场提出两点疑虑，它们都以不同方式被有效提出过。

人们可能首先会问，是否还可以将所有存在者分为两类——要么是主体性的要么是客体性的，要么是内在的要么是外在的，要么是精神的要么是自然的——并从主体性的、内在的、精神的存在物出发来界定客体性的、外在的、自然的存在物之存在。胡塞尔将存在刻画为认识行为或认识对象的为真－存在，并以现象学的方式将对象性为真－存在概念奠基于得到直观充实的认识行为的主体性施行之上。这显然是如下这类本体论的一个案例，即现象的意义、被陈述的事态的内容规定性和世界的现实性相对于认识主体、在认识主体之中并通过认识主体得到界定。在前面对胡塞尔真理逻辑的考察中，我们一再遇到这种单向的关联关系：对象是在行为中被意指的意向关联项；对象的被给予性和意义被解释为对行为的实项内在组分的意向性立义；对象的内容和范畴规定及其现实性来源于与之对应行为的直观施行；形式语义学和形式本体论的平行让我们有理由通过形式语义学为形式本体论提供批评性辩护，而通过认识行为的现象学为形式语义学提供批判性辩护。因此，胡塞尔费力研究出的意向性行为和对象、思维和言说、思维形式和可能对象形式之间的对应关系之所以被解释为单向关联关系，这是因为他寻求在先验主体的活动中为这些对应关系提供绝对证明。此外，如果这种绝对主体被界定为认识活动，那么存在者的存在就还原为认识或被认识的存在。

然而，即使我们放弃对先验主体的纯粹理论性界定，即使我们放弃通过哲学对存在给出绝对证明的任务，我们仍然面对以下根本问题：哲学到底是否应该关心思维、言说和世界之间的单义对应关系。前面提到的第二点疑虑针对的也是胡塞尔关于以相合方式表征现实的思维之可能性以及单义表现思维的语言之可能性的教条信念。不过，这里的核心问题并不在于，胡塞尔是否可以合法地将直观性思维视为在语言和现实性中自我映现的原初者，或是否应该恰恰相反，如亚里士多德所解释的那样（《解释篇》，16a），“物”在“灵魂状态”中自我映现而“灵魂状态”在“词”中自我映现。真正的问题在于，一般而言的哲学特别是认识论是否必须尝试打破这种镜廊。[1] 以上研究让我们容易看到，哲学对思维、言说和世界之间镜像关联的迷恋与相合性意义上的真理概念之间关系密切。如果真是这样，那么对这种真理概念之预设的解构就可以被视为通向另一种真理概念以及通向一种新的认识论和本体论提问方式的必要

1 参见理查德·罗蒂对这一问题的值得关注的展示：Richard Rorty. *Philosophy and the Mirror of Nature*. Princeton, New Jersey: Princeton University Press, 1979。【译者注：中译参见〔美〕理查德·罗蒂：《哲学与自然之镜》，李幼蒸译，北京：商务印书馆，2003。】相比于其他对表象概念的批评，罗蒂的书的重要优势在于其广阔的视野——他既考察了现象学文献（如海德格尔、德里达）也考察了语言分析哲学文献（如后期维特根斯坦、塞拉斯）——也在于他没有落入单纯的立场抉择。

的第一步。由此，知识论与本体论的设问不再以单个认识主体的内在性、现实存在的在场以及理论活动、世界和语言之间的同型（即同一逻辑的）对应为导向。理论行为的主体间责任、世界的界域结构、一切思维包含的本质上经书写中介的历史性结构，这些在胡塞尔晚期工作中获得了着力探讨。这些事实表明胡塞尔已经为克服静态（以及最终由神学推动）的表征哲学这项任务做了强有力的准备。

五、胡塞尔感知现象学中的有限与无限

目的论思想在埃德蒙德·胡塞尔的现象学中占据主导位置。这既适用于他对生物有机体发育的自然哲学分析，也适用于他有关文化哲学的考察。动物的生命与人的（或先验的）生命都有其目的；人际关系的秩序和哲学思考的传统都处于一种目的论指向的、有意义的等级体系之中。对于如此广泛地使用目的论思考模式，绝大多数当代思想家都会感到陌生或者报之以嘲讽。对于这些人来说，胡塞尔是一位早已被超越的理性主义之迟来代表，而他的充斥目的论的理论最多可以算作一种幼稚－盲目的乐观主义表达。以下关于**认知活动的目的论结构**的论述希望能够帮助修正这一传播广泛的偏见。诚然，对于早期胡塞尔来说，目的论意义上的认识理想在传统形而上学的意义上被理解为认识对象的完全自身在场。然而，他具体的现象学分析同时又展现出对人类认识的本质有限性的清晰意识。胡塞尔的工作就是一种不懈的努力，要在哲学上把握绝对的认识意志和有限的认识可能性之间的对立。其中的核心概念便是以目的论的方式被预期的**认识理念**。胡塞尔使用这一概念，其用意并非掩盖人类认识的这种悖论式结构。相反，在他看来，一种伦理上充分负责的认识实践在于承受认识意志和认识可能性之间的张力并承担由此产生的**无限的哲学任务**。

视角性现象突显了这一张力。所谓视角性，指的是单侧视觉显象和具有全方位明确规定性的真实自在之物之间的对立。人们可能会问，我们是否能够合法地通过**视觉的物体感知**这个抽象例子来处理认识活动的目的论结构问题。为了对设问的这种人为限制加以辩护，我要指出，在胡塞尔的现象学认识论中视觉感知始终被认为是认识的根本形式。诚然，每个具体的视觉感知都被嵌入在包含其他感性经验的复杂结构之中。但我以为，这一事实对我们眼下的问题来说并无本质关联。

本文的思路分为以下三个步骤。

首先，我对“超越性”（transient）认识（即对超越物的认识）这个理想之概念做一番一般性考察。这里的困难在于，虽然超越性认识追求其对象相合的自身给予，但其对象原则上排斥这样的给予方式。

其次，我以对物体的视觉感知为例澄清上述认识理想的目的论功能。我将表明，对（以现象学方式界定的）自在之物的目的论式预期构成了感性认识行为根本的动态组织原则。

最后，我将提请读者注意上述认识目标的实践动机。一种永远无法达到的目标或一个无限的认识过程，其意义最终只能通过一种对负责任的生活形态之伦理兴趣得到理解。

（一）

我们在第一步就遇到了一个极端困难的任务。一方面，离开具有全方位明确规定性的认识对象的概念，对超越性对象的不相合的认识，或只是部分性的直观所予则是不可能的。另一方面，作为自然实在的自在之物又随现象学的悬搁被排除在外。在每个显象中侧显的具有完全规定性的物体不能被当作以因果方式起作用的本体物（Noumenon）。显现对象是什么，这必须在现象学的纯粹显象所予的基础上得到直观界定。由此产生了以纯粹现象学方式来界定显现的自在之物的任务；而《逻辑研究》与《观念一》对此分别给出了不同的解决方案。《观念一》彻底排除了一切认识论的实在论，由此克服了在《逻辑研究》中仍然残留的认识论图像理论元素。这是在对超越性认识理想的现象学表述上的一个实质进步，然而，正如我们还将看到的，这一进步同时包含了该认识理想的某种解体：最终的认识目标不再是对**对象**的完全认识，而在某种程度上成了**认识自身**的无限推进。

《逻辑研究》用“**表征**”（Repräsentation）概念来标示显象与显现者之间的关联。这一概念的独特现象学内涵主要来源于胡塞尔对认识论中图像理论的处理。在胡塞尔的同时代人中，特瓦尔多夫斯基（Kazimierz Twardowski）在布伦塔诺（Franz Brentano）的影响下重拾起这一来自经院哲学的理论。[1] 他希望由此在意向性意识理论的框架内解决我们在此无意深究的著名的所谓“无对象的表象”之难题。根据这种认识论的图像理论，每个意识行为包括一个内在于心灵之中的意向性内容，而一个外在实在可能与之相对应。众所周

1　参考 Kazimierz Twardowski. *Zur Lehre von Inhalt und Gegenstand der Vorstellungen*, Wien 1894。关于胡塞尔对此书的考察，参见 Ms. K I 56（1894）；Ms. A I 7（1896 年底）；《逻辑研究》，“第一研究”，§13, A 50/B 50；“第五研究”，§45，A 470 f./B 506；《观念一》（第一版），§129，S. 267。

知，胡塞尔批评指出，图像意识预设了（图像所依赖的）原型自身给予之可能，而把意向对象性分为意识内容和实在对象这种双重化做法会导向无穷倒退。[1] 因此，对胡塞尔来说，直观表征绝不是通过心灵内的摹本以意识方式代表自在存在的对象。被表征的对象是意向对象，其现实性只能被分析为表征者的现象学被给予方式（即直观地得到充实的意向）。

如果单个显象将具有完全明确规定性的对象带入绝对的自身给予，那么它就是一个相合的表象。这种情况下的意向是直观上完全充实的，表征者与被表征物相叠合。[2] 相反，不相合的表征——如三维空间物体的任一侧显——就不是纯粹的直观所予。物体显象没有将以意向性方式被意指的对象带入完全的自身给予。它只是部分的自身给予，其中直观所予必然连带有空的意向性内容。在《逻辑研究》中，胡塞尔与纯粹直观内容相对将这种空内容称作意向性物体意指中的“表义性”组分。[3] 物体显象是“混合”的表征形式，[4] 意向性对象的特定部分得到直观表象，其他部分仅仅是表义性的。表义性表征形式的模型是意义意向和语言表达符号之间的（纯粹外在）关联。与之相应，直观意向和表义意向的感知性关联也被界定

1　参考《逻辑研究》，“第五研究”，A 396 以下 /B 421 以下；《观念一》（第一版），§ 52, S. 99；§ 90, 186 f。

2　《逻辑研究》，“第五研究”，§ 5, A: S. 333/B : S. 354 f.；“第六研究”，A: § 15 b, S. 529/B: § 14 b, S. 57; § 37, A: S. 589 ff ./B: S. 117 ff.;“附录”，A: S. 707 和 711/B: S. 239。

3　《逻辑研究》，“第六研究”，A: § 15 b, S. 529/B: § 14 b, S. 57 ; A: § 15 a, S. 534 f./B: 8 15, S. 62 f. ; § 23,A: S. 552/B: S. 80。

4　《逻辑研究》，“第六研究”，A: § 15, S. 528 f./B: § 14 b, S. 56 f.; § 23, A:S. 552 ff./B: S. 80 ff.; 8 25, A: S. 562/B: S. 90 ; 8 26, A: S. 565/B: S. 93。

为纯粹外在的，二者的关系是单纯的“临近性”。[1] 这种把语言符号功能拓展到纯粹感性经验中的做法是可疑的。得到直观充实的感知意向和空的感知意向之间的关联肯定不像意义意向和语言符号表象间的关联那样外在。更成问题的是，胡塞尔认为侧显和显现的物体间的意识性关联中也包含符号功能。在感知中单纯以空的方式统握的物体后侧并不是通过符号而在感知意识中得到表征。这种空的统握本质地、不可分离地归属于感知，而感知并不是符号意识。这种与部分的自身给予本质地结合在一起的空的意向，应该被视作对可能的自身给予的预期意识。

最后要指出的是，将不相合的感知表征视作混合的、以符号为中介的表征形式的学说根本就是自相矛盾的。在此，胡塞尔自己陷入了被他批评的认识论图像理论或者说符号理论的悖理。胡塞尔在《逻辑研究》中把物体显象和物体的关系理解为“相似性”或“类比”，便是他陷入这种悖谬的征候。[2] 只有存在相互比较的可能，我们才能谈论相似关系。比如一处风景和以之为对象的绘画展示之间可以具有相似性。然而，现象学家恰恰无法比较一个具有完全规定性的对象与它的仅仅部分的自身给予。因为现象学还原悬搁了自在之物的实在性，对象的存在和规定性只能基于显现式的所予而得到界定。这之所以可能，是因为显象是显现对象的**自身**给予，而并非其单纯的意识图像或符号。如果我们认定在显象和显现者之间存

1 《逻辑研究》，“第六研究”，A: § 15a, S . 534/B: § 15, S. 62；§ 23, A: S. 552/B: S. 80 ; § 26, A : S. 565/B: S. 93。

2 《逻辑研究》，“第一研究”，§ 23, A/B: S. 75 f.；《第六研究》, § 26, A: S. 564/B: S. 92 ; § 37, A: S. 589/B: S. 117;“附录”, A: S. 706/B: S. 234。

在相似关系，那么我们由此就把不依赖意识的存在自身预设为在该比较中的对象关联点。现象学的表征理论因此陷入了悖谬，即在对空间对象的存在与规定性的批判性重新把握中采纳了前批判的概念。以这种方式来对超越性存在之有效认识的可能性加以证明是循环的。

对我们目前的问题域来说更重要的是，认为在不相合的表征关系中存在相似性关系，这用到了现象学上无法兑现的真实自在之物的概念。任一物体显象只是与物体相似，因为显象与显现者不能重合，二者并不同一。《逻辑研究》将不相合的表征界定为“混合”表征，这是以相合的表征（如所谓的“内”感知）模型为背景的。[1] 在不相合的表征概念中必然隐含的相合之理想意味着表征与被表征者相同一。只有当意向性对象的三维空间形体能够完全被转化为显象场的二维结构时，这一理想才可能实现。然而，该要求不仅事实上无法满足，而且根本就是悖谬的。其悖谬之处在于，物体的相合被给予的理想以及随之而来的真实自在之物的独特现象学概念都是以无视角的自身呈现的存在为导向的。

让我们来总结一下《逻辑研究》的立场。对不相合的自身被给予方式的界定隐含了相合的自身被给予方式概念，这无疑是正确的。具体说来，物体侧显的单面性或部分性预设了自在之物的概念，（或用现象学的纯粹表述方式来说）即物体的相合被给予方式的概念。[2] 后面我们还将更确切地看到，对这一认识理想的目的论

1 《逻辑研究》，“第六研究”，§ 5, A: S. 333/B: S. 354 f.; § 6, A: S. 335/B: S. 356 f.; § 7, A: S. 337 f.。

2 《逻辑研究》，“第六研究”，A: § 15 b, S. 528 f./B: § 14 b, S. 57 f.。

式预期本质地塑造了感知过程的具体结构。如果我们暂且着眼于为自在之物给出具体的现象学界定的任务，我们会发现在《逻辑研究》的成问题学说背后，《观念一》的立场已经若隐若现了。如果说自在之物不能作为自然实在被预设，那么它就必须完全在对意识性、直观性的物体所予的现象学描述的框架内得到界定。如果说这些显象本质上仅仅是物体的单侧所予，那么这种单侧性就必须纳入自在之物的概念之中。因此，我们无法设定物体的无视角的被给予。另一方面，自在之物显然又不是物体的单侧被给予或物体的杂多显现。于是，难题就在于，如何既承认空间存在本质上具有的视角性又不将这种存在等同于其杂多的视角性所予。

现在让我们进入对《观念一》的讨论。相对于《逻辑研究》，这部著作最重要的推进在于，胡塞尔在此毫不妥协地批评了物体相合被给予之实现的可能性。[1] 为此，胡塞尔利用了他 1907 年的所谓《物与空间》课程中的结果。其中，他鲜明指出了“原型直观”概念所包含的悖谬之处，认为即使对物体的单个侧面也不可能有相合的认识。[2] 在《观念一》中，任一物体显现的部分性不再以具有完全规定性的自在之物为背景，而是通过现象之杂多性自身得到刻画。任一显现都不相合，因为它在其空的界域中始终指向同一对象的其他可能显现。通过彼此一致的显象整体来对一个对象进行连续观察也不能给出对该对象的相合认识，因为我们永远无法排除新的以及差异性规定的可能。因此，《观念一》将超越性认识的不相合

1　《观念一》（第一版），§ § 54, 138。

2　《物体与空间》，德文版《胡塞尔全集》第十六卷，§ § 33 f., 48, 49, 51-53, 65, 附录 V。

主要理解为其不可完成性或无限性。[1] 胡塞尔由此认为，自在之物只能以现象学方式在感知过程的无限性之基础上得到界定。但这一要求似乎很难满足。如果说自在之物只能被把握为无限经验过程的具体展开，那么我们就会遇到以下两个严重困难：(1) 由于经验是无限的，自在之物根本无法获得明见性，即完整的被给予方式。(2) 如果自在之物是（无限）经验过程中逐渐构建起来的对象性统一并由此永远无法相合的被给予，那么它在具体感知过程中的目的论功能会变得无法理解了。对此，胡塞尔的第一步解决方案是将自在之物与在无限经验过程中逐渐构建起来的对象性统一严格区分开来。而第二步是把自在之物把握为（在经验中无法实现的）单纯**理念**而已，而将其在经验过程中的目的论功能界定为**规则**。[2]

将相合的物体被给予方式界定为范导性理念或“康德意义上的理念”[3]，这包含着怎样的洞见呢？首先，虽然物体被给予方式的无限性排除了物体的相合被给予的可能性，但该无限性理念可以在绝对明见性中得到把握。如果说作为理念的物体之相合被给予是具有完全明见性的被给予，那么我们也就可以理解它如何能够同时既规范任一具体的动态经验过程而又在该无限经验过程中无法被实现，即无法成为一种经验性所予。在本文第二部分中，我们将以对物体的视觉感知为例展示相合被给予之理念的范导性功能。我们意图表明，对物体的相合被给予的目的论式预期构成了连续性感知过程的结构性基础原则。

---

1 《观念一》(第一版)，§ 143, S. 297; § 149, S. 311。

2 《观念一》(第一版)，§ § 143, 149。

3 《观念一》(第一版)，§ 143, S. 297。

（二）

现象学感知分析的一个基本概念是**显象**。作为纯粹现象学的所予，显象既不能被理解为因果机制作用下产生的符号也不能被理解为现实性显现于意识中的图像。作为**自身所予**，显象就是显现的对象，但作为**部分性**自身所予它又不是显现的对象，也就是说，它不能被等同为在其中显现之物。考虑到这种双重面向，胡塞尔将物体的显象理解为“本真”显象和“非本真”显象之间必然不可分割的整体。[1] 用意向行为学的术语来说，这意味着任一物体的显象都是部分得到充实的意向性行为，是“纯粹感知内容”[2]和统握性过剩的结合体。用与之等价的意向相关项的表述，[3] 这意味着任一显现者本身都是直观所予，其四周必然围绕着同一对象之可能直观所予构成的界域。意向相关项的显象概念具有系统性优势，因为它无需范畴的概念结构（对呈现内容的统握性诠释）并因此能更好地描述独特的感性现象性。

不过，单个的显现式所予中的空和充实实际上只有在**连续的显象综合**中才彼此分离开来。[4] 感知过程的基本结构是时间性意识流。

1 德文版《胡塞尔全集》第十六卷，§16, §18。

2 《逻辑研究》，“第六研究”，A: § 15 b, S. 529/B: § 14 b, S. 57。

3 关于意向相关项的显象概念，参见：《现象学的观念》，德文版《胡塞尔全集》第二卷，S. 14, 11；《内时间意识现象学》（1893- 1917)），德文版《胡塞尔全集》第十卷，S. 336, 339, 348, 362 ff.；《观念一》（第一版），§ 88, S. 183; § 98, S. 208; § 99, S. 209; § 133, S. 274 f.; § 135, S. 279; § 138, S. 286 f.; § 150, S. 314。

4 关于显象的连续综合的一般结构，特别参见：《逻辑研究》，“第六研究”，§16, A: S. 539/B: S. 67; §24, A: S. 557 f./B: S. 85 f.; §29, A: S. 570 f./B: S. 98 f.; §47, A: S. 621 f./B: S. 149 f.；Hu XVI, §§19, 26, 28-30；《观念一》（第一版），§§97 f.。

因此，胡塞尔将一个过程的延续分析为带着不停更新的现象内容而进行不停更新的现在点之连续统（Kontinuum）。活跃于该显象流之中的连续综合把不断更新的杂多显象彼此联结起来。为简明起见，让我们来考察对单个对象的感知而忽略其与世界的总体界域的嵌入关系。在此，连续综合是一种“交融”（Verschmelzung）的综合或叠合的综合（Deckungssynthese）。[1] 这种综合将杂多的显现式所予同在其中显现的共同的物体对象关联起来。这种综合性关联（一种纯粹感性的、被动性的活动）之所以可能，这是因为每个现实的显象所予在其（内）界域中必然指向该对象的其他可能所予。因此，对每个新出现的显象，在先的显象都已经或多或少勾勒了其轮廓，或者说为其提供了“动机”。这种“动机引发”（die Motivation）不是任意的，可能的显象是通过可相容性和相近性关系与现实的直观所予以结构性方式关联在一起的。比如，当下的桌面侧显对该表面补充侧显的可能所予的动机引发，就要强过它对桌板背面显象的动机引发。不过，现实所予的内界域的最重要组织原则是对统一的自在之物的目的论式预期，而该自在之物要在所有这些现实或可能的显象中被给予。为了更清楚地表明这一点，让我们进一步将显象连续性刻画为一个充实过程。

从一个显象到另一个显象的感知性过渡，或者对这个或那个可能的物体所予的现实化，不仅是由要求与已逝“显象连续统”（Erscheinungskontinuum）的和谐或无缝延伸的法则所决定；新的显象还应在直观性上对到目前为止的所予有所补充，由此改进我们对

1 《逻辑研究》，“第六研究”，§29, A: S. 570 f./B: S. 98 f.；§ 47, A: S. 621/B: S. 149。参见 Hu XVI, §§ 26, 29 f., 144；《观念一》（第一版），§§ 118, 131。

统一性物体的认识。因此，连续的显象综合不仅将杂多的显象统一到显现的物体之上，这种综合性活动本质上还共同受到一种认识兴趣的影响，即对感知对象应有越来越好的，乃至最终完整的认识。换言之，**显象综合始终是一个充实过程。**[1] 该充实过程的动力，即在其中活跃的认识兴趣本质上要受到对绝对认识或显现对象的相合被给予的目的论式预期的规定。[2] 这一认识目标不仅范导了一个物体可能所予之界域的结构和结构化，而且构成了这些可能性之现实化的“选择标准”。在物体感知的具体进程中起作用的兴趣所指向的特定显象，乃是能够使我们接近物体的完整被给予之理念的显象。因此，对胡塞尔来说，物体感知根本说来是一个认识过程，在其中被感知的对象自我确证、呈现更多细节，并以前述谓的方式得到展现。我们在此无法详述这种认识和展示的特殊感性形式并将它与奠基于其上的范畴认识相区分。对我们而言重要的是如下观察：物体感知是**无限的**充实过程。每个本真的显象必然被空界域所包围。每个充实性综合（即空意指的直观化）都带来一个新的空界域。[3] 无论先前对该物体的证实（即一致经验）持续了多久，原则上我们永远无法排除如下可能性，即一个新的所予总有可能与这个空预期相矛盾或使其“除罔”（enttäuschen）。[4]

1　特别参考《逻辑研究》，§§16, 24, 29, 47；Hu XVI, §§29 f., 32 ff.；《观念一》（第一版），§§86, 135, 138, 144, 149 f.。

2　《逻辑研究》，“第六研究”，A: § 15 b, S. 529 f./B: § 14 b, S. 57 f.; § 16, A: S. 538/B: S. 66；Hu XVI, § 32, S. 107 f.; § 33, S. 112, 115; § 35, S. 124 f.；《观念一》（第一版），§ 143; § 149, S. 311。

3　《逻辑研究》，“第六研究”，§ 16, A: S. 538/B : S. 66 f. ; § 24, A: S. 557/B : S. 85 f.；Ms. M III 2 II 2, S. 47 a f. (1913，《第六逻辑研究》修改稿)。

4　手稿 MiII 2 I 3, S. 55 ff. (1913，《第六逻辑研究》修改稿)。

最后，作为充实过程，连续性感知同时也是一个**构建过程**。在胡塞尔看来，对一个对象不断增进的认识并不是一个逐渐发现独立于意识的具有自在规定性的对象性实在的过程。相反，在认识的不断增进中，“对象”的现象学规定性和存在有效性才得到构建。被逐步构建的现实之引号中的对象（Gegenstand-in-Anführungszeichen）是（充实性）统一意识的意向相关项，该统一意识通过连续综合囊括了杂多显象。显象杂多以目的论方式指向相合的显象，与此对应，被构建的对象逐渐接近以目的论方式被预期的具有完全规定性的自在之物之理想。认识过程和构建过程的这一紧密关联是胡塞尔先验哲学中唯心论的含义。这里我无法对此进一步详加论述。不过，鉴于对此持续不断的误解，我还是要特别强调，胡塞尔的唯心论无论如何不是一种生产式的唯心论（Produktionsidealismus）。作为被构建者的空间对象与作为构建者的意识并非同一之物。空间对象根本不是一种意识结构，不是**属于**意识的对象，而是**对于**意识的对象。

如果我们对感知过程的目的论结构感兴趣，那么该过程是否能**纯粹从意向相关项一侧**描述这一问题就至关重要。纯粹从意向相关性一侧对充实过程进行描述，这暗含着对以目的论方式为结构的认识兴趣进行重新规定，该规定无法再以自我－主体性活动为导向。

在目前尚未出版的手稿中，胡塞尔在意向相关项一侧的感知分析[1]围绕着显象场（Erscheinungsfeld）概念展开。因此，它与古维奇

1　特别参见以下手稿：A VII 7, S. 5 b f. (1933 年末)；Ms. A VII 13, S. 6 a (大概 20 年代中期), 20 a, 27 a ff., 37 a ff. (1921 年 10 月)；A VII 15, S. 8 b ff. (1932 年)；A VII 26, S. 2 a (1925 年 11 月)；C 16, S. 76 b (1932 年 5 月)；Ms. D 1, S. 5 b, 9 a f. (1932 年)；D 3, S. 11 a (1920 年夏)；D 13 I, S. 47 a (20 年代), 52 a ff., 69 a ff. (1921 年 10 月)。

（Aron Gurwitsch）的先验意识场现象学十分亲近。[1] 古维奇和胡塞尔都从意向相关项的显象概念出发，并特别关注其中隐含的可能显象之界域。这一界域是由相互依赖的感知可能性构成的单子系统。整个系统随着每个新实现的可能性而改变。胡塞尔把一个显象从纯粹可能性向现实所予的过渡描述为它从场的边缘域向中心的运动。造成这一运动的是认识兴趣，或者从意向相关项一侧来说，是对补充性直观所施加的联想性刺激。在此，我无法深入讨论这个没有得到系统发展的理论片段。其最困难之处并不在于对充实综合的纯意向相关项进行描述，也不首要在于它对意向相关项显象场的描述非批判式地预设了客观空间结构。最重要的问题在于，一种纯粹意向相关项的感知分析能否恰如其分地容纳动觉动机引发的“我能”概念。在感知活动中，具有目的论结构的认识兴趣是通过动觉起作用的。对某物体的补充性直观所予的兴趣单凭其自身不足以造成相应显象的实际出现。为此，我们应该（比如说）移动头部，也就是说需要为认识兴趣服务的动觉。如果说动觉本源上就具有“我能”的形式，那么对认识目的论的非主体性理解就显得很成问题，至少在胡塞尔现象学的框架中是这样。

尽管如此，我不否认上面指出的意向相关项显现概念的优势。在我看来，这也正是古维奇复兴胡塞尔感知理论的主要功绩所在。从完型角度对显象场概念，[2] 尤其是对本真显象和可能性界域之间

1 特别参考：Aron Gurwitsch. *Théorie du champ de la conscience*, Bruges 1957; “Beitrag zur phänomenologischen Theorie der Wahrnehmung”. *Zeitschrift für philos. Forsch.*, X III, 3 (1959), SS. 419-437。

2 Aron Gurwitsch, *Théorie du champ de la conscience*, Bruges 1957, S. 177 ; “Beitrag zur phänomenologischen Theorie der Wahrnehmung”, S. 436.

关联[1]的解读为现象学的感知分析敞开了全新的可能性。针对意识行动显象概念所包含的理智主义倾向（构形性的形式和无形式的表征材料之二元论）的批评，对我们如何理解感性结构的经验和判断逻辑之关联具有决定性影响。然而，就本文所处理的目的论式自在之物概念而言，古维奇的理论却并不能令人信服。古维奇将这一自在之物概念等同于其可能显象的总体系统。[2] 由此，自在之物被化解在其被给予方式的无限进程中。然而，自在之物应当被理解为无穷杂多显象之统一的意向相关项。指明这两种理解方式的差别意义重大。如果自在之物的理念被等同于其单侧意识性被给予方式之总体的理念，那么自在之物就成了意识结构——即便是无限的意识结构。相反，如果自在之物是在无限经验进程中自我构建的统一体，那么三维的“对象”和二维的视觉场或构建意识之间的根本区分就始终能够得到保障。

（三）

在本文第三部分讨论中，我们首先将简要总结胡塞尔关于以目的论方式被预期的物体的相合被给予之理念的学说。以此为基础，我们最终将进一步阐发该学说对整体理解胡塞尔现象学的价值。

胡塞尔对以目的论方式被预期的物体的相合被给予之规定是要

1 Aron Gurwitsch, *Theorie de la conscience*, Bruges 1957, S. 152, 176 ff., 181 f., 223 f. ; “Beitrag...”, S. 435 f., 428; *Studies in Phenomenology and Psychology*, Evanston: Northwestern University Press, 1966, S. 146.

2 Aron Gurwitsch, *Theorie de la conscience*, Bruges 1957, S. 152, 178, 181, 185 ; *Studies* zur phänomenologischen Theorie der Wahrnehmung, S. 146.

解决下述悖论。一方面，物体的相合被给予本质上不可实现；另一方面，每一显象或者说每一连续的显象杂多都以目的论方式预期物体的相合被给予或自在之物。胡塞尔通过将物体的相合被给予把握为“康德式的理念”解决了这一两难困境。这意味着：

（1）物体的相合被给予不是一种实在，而是**以目的论方式被预期的理念**。

（2）该理念是**无限经验进程**的理念。与无限经验进程自身不同，无限经验进程的理念是能够以相合方式被给予的。因此，物体的相合的被给予之概念并不意味着对无限者的有限化之矛盾。另外，这一理念也不再（像《逻辑研究》那样）预设无视角的空间性－超越性自在存在的实在性。自在之物是以纯粹现象学的方式通过返归其侧显的无限杂多而被理解。不过，以此方式理解的自在之物作为关联统一体并不与这些杂多相同一。

（3）以目的论方式被预期的自在之物的理念本质地结构化任一感知进程。换言之，该理念具有**范导性功能**。

现象学意义上的自在之物概念并不预设自在之物为一种自然实在，而是完全从现象学意义上纯粹的、部分性直观所予的无限杂多出发来界定它。这便是对自然的自在之物进行现象学还原的含义。什么是自在之物，这是由认知来规定而非相反。既然对空间物体的认识是一个无限的，即无法终结的任务，我们就永远无法对感知对象是**什么**以及**是否**存在下定论。从自然态度的认识论到先验现象学的认识论的转换也就是兴趣从认知**对象**到主体探索式认识**行动**的转换。这一行动的最终目的是经验上无法实现的物体的相合被给予。换言之，感知进程的目标就是感知进程本身，也即在自身一致的经验中对物体进行无限深入的规定和确证。人们可能会认为这一表述夸大其词，并且指出胡塞尔本人在讨论物体感知时谈到通过**最佳**——尽管并非相合——所与来满足认识兴趣。[1] 但认识兴趣因人而异，而且即使假定兴趣一致，物体的同一最佳所与也无法在同等程度上满足所有认识主体。无论如何，最佳自身被给予的概念不能替代相合被给予的概念及其目的论功能。诚然，在通常情况下，一个认识主体不会特意去追求无限的、没有终点的认识进步。但这无损于胡塞尔的基本论点，每个不相合的认识在结构上蕴含相合所予之理念，而物体的相合被给予必然指向无限感知进程。

如果感知的最终目的是对自在之物的相合认识，那么每个感知都会成为没有终点的无限任务。这一命题也与胡塞尔对哲学史之目的论结构的阐述相符。[2] 自柏拉图开始，哲学就受为认识而认识的理论理念所规定。哲学史就是为实现这一理念而奋斗与拼搏的历史。只有现象学才通过其严格的科学开端和井然有序的方法来匹配这一任务。但因为现象学认为自己面对着无限的任务，现象学科学的系统发展要通过一代代学者来延续。特别适用于物体感知的目的论结构同样也适用于现象学科学自身。在这两者中，为追求关于存在的绝对认识的目的论奋斗都转变为追求无限认识进步的奋斗。

在此，人们或许有理由怀疑，对无限理论任务的意识是否真的能够成为理论活动的目的或动力。与其因一个没有终点的无限任务而绝望，放弃奋斗难道不是一个更自然的选择吗？这个疑问表明

1　德文版《胡塞尔全集》第十六卷，§ § 32, 36 ff.。

2　参见《欧洲科学的危机和先验现象学》（德文版《胡塞尔全集》第六卷）和《第一哲学（1923/24）》第一部分（德文版《胡塞尔全集》第七卷）。

了，这一（本质上笛卡尔式的）认识理想脱离了其实践动机便无法理解。如果说其理论任务的无限性不仅没有吓退现象学研究者反而激励其前进，这是由于为认识而认识的理想有着实践上的动机；胡塞尔理论活动中的这种实践动机来自**对终极责任**的伦理要求。不仅是为其理论命题和研究活动负责，而且同时是为人类生活负责。在胡塞尔看来，正是决不妥协、完全彻底负责的理论活动使现象学家面对一个无限使命。他承担这一使命最终不是来自对认识对象的兴趣，而是来自对理论研究的兴趣。而他之所以对无尽的理论研究感兴趣，这不是为了逃避死亡，而是因为他在其中看到了最美好和最值得尊敬的人类生活形态。根据胡塞尔的理解，人类生活的最高形态就是绝对自我负责的生活。

六、非当下的当下：胡塞尔的时间意识分析中的在场与不在场

在**海德格尔**对哲学思考传统的反复吸纳中，关于时间的存在方式和被给予方式的问题占据了关键位置。存在与时间的关系问题成为亚里士多德、奥古斯丁、莱布尼茨、康德、黑格尔和柏格森等哲学家作品中隐蔽的灭点（Fluchtpunkt）。传统对逻辑问题（如矛盾律，述谓句中的**系词**）、心理学问题（**认识实体**与**广延实体**的关系）、形而上学问题（**本质**与**存在**的区分）和神学问题（创造的概念）的处理预设了一种对时间的特定理解。因此，海德格尔与传统的争论一方面包含着阅读传统哲学文本的特定方式，要从中读出其（隐藏的、未经思考）的预设；另一方面也包含着要通过特定的（有局限的）时间理解来探究统握所有这些文本之基础的努力。海德格尔将这种研究方法称为对哲学传统的**拆解**（Destruktion；《存在与时间》，第 6 节），而其中预设的对存在与时间的理解被他界定为"**在场形而上学**"（参见德文版《海德格尔全集》，第 21 卷，15、19—21、36 等诸节；第 24 卷，19、21 节）。

拆解构成了一种吸纳传统哲学文本的特殊方式。而在场则被理解为现在的当下。关于拆解之本质以及在场形而上学的问题构成了本文的最宽泛框架。在本文中，我们将通过解释**胡塞尔**现象学时间

分析中的“当下之当下”（gegenwärtigen Gegenwart）概念来检验这个框架、这个在思考性阅读中的启发学原则。我们为了拆解式重述胡塞尔现象学的形而上学预设而选择了这个出发点。这种选择是否恰当则须待本研究得出最终结果后方可判断。无论如何，从一开始我们就可以看出，在一个将存在界定为相对于认识主体而言的（可能）所予的哲学中，在场这一形而上学概念一定会形成一种不同寻常的简明结晶。毕竟，现象学还原的公开目的就是要重构一切存在的有效性和意义，而这种重构着眼于对象相对于绝对当下的和使当下的先验观察者而言的当下之当下。

然而，如果我们对胡塞尔的当下之当下概念的拆解式分析之目的仅在于证明胡塞尔犯了所有在海德格尔之前的哲学传统的共同错误，那它在哲学上就意义不大。如果说拆解式哲学必然是批评性的话，那么我们在对胡塞尔的批评之外也不能忘记对海德格尔的批评。在本文中，我想表明，在海德格尔的启发下对胡塞尔的时间分析所做的批判诠释同时也质疑了海德格尔的在场形而上学概念以及他通过思考未思来重述传统哲学文本的做法。这是因为，胡塞尔对当下的分析可同时以两种方式被理解（且最终无法判决）：一方面可以被解读为在场形而上学的一个高峰，另一方面也可被视为从非现在的不在场中导出现在当下的在场性的尝试。胡塞尔对原印象和延留之关系的界定远非单义。一方面，延留可以在在场形而上学的意义上被解读为现在意识的衍生性变更，另一方面，它又可以被解读为原印象的差异性重复，在此重复中，现在意识才第一次并且是事后地意识到自身。对原印象之现在意识的循环定义，通过现在来定义现在的不可能性，这为后一种解读提供了佐证。延留应该被理解为一种感知意识还是一种当下化意识，胡塞尔在这一点上摇摆不定，也是他面对受形而上学鼓舞的时间分析时这同一矛盾态度的表现。胡塞尔对绝对元时间意识的描述以及他对绝对意识之延留性与反思自我意识之关系的界定既可以被理解为是对形而上学时间概念的确证，同时也可以被理解为是对它的克服。这种歧义性的根源在于，胡塞尔向当下在场的还原虽然明确始于对不在场性的悬搁，但这一被悬搁者却又必然共同决定了还原剩余物的意义，被排斥者又重新返回。**反过来**，这种歧义性预示着一种意图拆解式地克服在场形而上学的思考必然要预设这一形而上学。

由此，对胡塞尔当下之当下概念的形而上学预设的追问将我们引向的结果，与德里达批判性重述海德格尔对亚里士多德和黑格尔的时间分析的解读所得的结果类似。[1] 德里达对亚里士多德和黑格尔的相关文本细致的、典范性的新诠释表明，这些文本除了被海德格尔片面强调的形而上学理解之外，同时也包含着克服形而上学时间概念的本质性要素。海德格尔在黑格尔和康德之间建立起来的对立——前者是被形而上学传统所塑造的时间理解的完成者，而后者是对这一理解的初步克服者——是建立在一个前判断，即一个海德格尔未能进一步论证的在先决定之上的。这个在先决定不仅具有修辞学－教学法的性质，而且本身包含了一个仍具形而上学性质的前判断。德里达通过对这些所谓的形而上学文本作**双重阅读**来避免这一有待界定的前判断。他的这种双重阅读一方面证实了在场形而上学的界限，另一方面则导致对该界线的推移和去－限式的克服（dé-

1　Jacques Derrida. “Ousia et grammè”. Note sur une note de Sein und Zeit. In *Marges de la philosophie*, Paris: Editions de Minuit, 1972, pp. 31-78.

limitation)："我们可以建立这样一种阅读：它既要在所读文本中重复这个限定（limitation）又要重复它的对立面。这种阅读要展示出，去－限（dé-limitation）和限定可以由同样的概念引导。"[1]

1. 解构（Dekonstruktion）与拆解（Destruktion）

德里达将这种阅读方式称为解构。[2] 与海德格尔对形而上学的拆解式**诠释**不同，解构是对形而上学文本的一种新的**阅读**。当文本的书写（écriture）中包含一种特殊的思维－言说－写作的关系和与之相应的语言**符号**的使用时，这类文本就是形而上学的。这类文本之所以是**形而上学**的，因为它特有的对**语言**的理解是由形而上学概念，及诸如从属、否定、剔除、排除等形而上学过程决定的。在哲学传统中，这些形而上学概念通常以成对概念的形式或概念对立方式出现：在场－不在场、本质－实存、实体－偶性、现实的－想象的（虚构的）、永恒的－时间的……形而上学思维将这些成对概念置于一个具有等级结构的概念系统中，并在每对概念中将一个置于另一个之下。例如，奥古斯丁就将时间性的存在者置于永恒存在者之下，并将时间上不在场者（过去）置于时间上在场者（当下，

1　Jacques Derrida. "Ousia et grammè", p. 70.

2　特别参见 Jacques Derrida. *De la grammatologie*, Paris: Editions de Minuit, 1967, p. 392。【译者注：中译参见〔法〕德里达：《论文字学》，汪堂家译，上海：上海译文出版社，2015。】"La différance". In *Marges de la philosophie*, pp. 1-29, Paris: Editions de Minuit, 1972, pp. 1-29; *La voix et le phénomène. Introduction au problème du signe dans la phénoménologie de Husserl*. Paris: PUF, 1967, p. 55f.。【译者注：中译参见〔法〕德里达：《声音与现象》，杜小真译，北京：商务印书馆，2010。】

或对过去的当下回忆）之下。德里达始终强调这种等级化做法的伦理－评价成分，并仿照海德格尔“形而上学的本体－神论构造”说法[1]将这种思维视为伦理－本体论的[2]。与海德格尔一样，德里达也将这一思维刻画为对差异的抹平或遗忘。然而，有别于海德格尔（特定的、早期文本），德里达否认这种遗忘可以通过重复来弥补，由此他也否认克服形而上学的可能性。德里达与海德格尔之间的差异主要源于前者将形而上学看作文本和书写。形而上学文本无法被翻译回被遗忘了的元文本中去，每个批判性探讨形而上学的新文本仍然无法摆脱形而上学文本的羁绊。比如，海德格尔的本真时间概念和流俗时间概念的区分就明显带有受伦理鼓舞的形而上学之思的痕迹。

因此，得以把德里达对在场形而上学的解构和海德格尔对在场形而上学的拆解进行区分的立场具有结构上的矛盾。一方面，德里达的解构是对海德格尔方法的一种极端化；另一方面，前者又是对后者可能结果的一种限制。这种极端化首要表现在它进入被诠释的形而上学文本的方式和范围上。不仅每个文本都包含一个本质的、不能通过任何后来的诠释而弥补的未思之物，而且这个必然的未思之物不包含任何本原性的特征。在形而上学中始终未被思考者并不比其中的被思考者更为根本；被遗忘者并不是因其深度而被隐藏，以纪念方式（andenkend）对被隐藏根基的思考并不因其所思之物是最切近或最简单的就因此是最困难的。形而上学中的被遗忘者不

1　Martin Heidegger. *Identität und Differenz*. Pfullingen: Neske, 1957, 35ff.【译者注：中译参见〔德〕马丁·海德格尔：《同一与差异》，孙周兴、陈小文、余明锋译，北京：商务印书馆，2011。】

2　Jacques Derrida. “Ousia et grammè”, p. 74; “Limited Inc a b c ...”. *Glyph*, Bd. 2, 1977, 236, 211.

只是思考必须得投下的阴影，该阴影还掩盖了外在于思考的未思之物。被思考和未被思考的、被书写和未被书写的，它们之间的界限和差异毋宁说只是一个衍生的、偶然被确定的痕迹（trace）。另外，“形而上学文本……不是被它的边界包围，而是被它穿透，它的内部被它的边缘多重涂写和耕耘”[1]。因而，形而上学价值的反转只是解构的第一步和预备性步骤，即将存在置于存在者之上、将差异置于同一性之上、将重复置于本原之上、将不在场置于在场之上、将符号置于直观之上、将过去与未来置于现在之上。除此之外，我们还需要移位（déplacement）作为补充，即对构建形而上学对立概念之差异的移位。德里达说：“解构要通过一种双重姿势、双重科学、双重书写，既将经典对立加以反转又对体系进行普遍性的移位。”[2] 这种移位本质在于对构成形而上学对立之差异（différences）的延异 (différer)。其中，我们要对形而上学差异始终不做决定；文本中的被说出者和被排除文本之外的未被说出者之间的张力非但不应被中立化，反倒应该被强调出来。对形而上学文本的解构式阅读要将原文的重点移位，动摇它明确的自我理解，并注意寻找被排除于文本之外的东西在文本中留下的不受控制的、症候式的痕迹。这种移位阅读是种运动，它既无终点（消除）也无起点（根源），没有可以完全概观的理性逻辑（辩证法）。它既是形而上学思维的运动又是其解构式阐释的运动，因为它是书写本身的运动，是始终从痕迹到痕迹的移位着的差异运动。对海德格尔进路的极端化在于，

1　Jacques Derrida. “La différance”, p. 25.

2　Jacques Derrida. “Signature Evénement Contexte”. In *Marges de la philosophie*, Paris: Editions de Minuit, 1972, p. 392.

在德里达看来，并不存在一种差异的本原形式；在形而上学中未被思考的差异被理解为通过不同差异自身移位着的运动，并且该运动是书写中符号运用的结果，因而是无法通过哲学加以掌控的。每个差异都是书写痕迹，每个痕迹又都是**痕迹**的痕迹，符号的符号，而不是一个被标明的“事物”的符号，不是对本原真理的衍生或可能扭曲的展示。另外，每个痕迹同时也是一个痕迹的**痕迹**。没有任何一个新的、批判性的哲学文本能够完全摆脱先行的形而上学文本或将其克服。这就是前面已经提到的对海德格尔式的形而上学拆解的可能结果的限制。哲学是书写，所有书写必然意指其他文本，不同文本结合成一个既没有元文本也没有终结文本的松散关联。之所以没有元文本，这是因为不存在在先的规定性在场；之所以不存在终结文本，这是因为每个新文本又引入了新的未被言说和未被书写之物。一个反对形而上学文本传统的文本虽然是一个“完全不同的文本”，但作为一个文本，它仍然在形而上学文本中被预示了：“为了超越形而上学，我们需要登记在形而上学文本中的痕迹，该痕迹同时制成符号，这符号并不指向另外的在场或另外形式的在场，而是指向一个完全不同的文本。这种痕迹是无法以形而上学方式加以思考的。它恰恰是必须逃离一切掌控的东西。”[1]

2. 时间的形而上学概念

上文这种对德里达解构形而上学计划的空洞和形式化的展示一

1 Jacques Derrida. “Ousia et grammè”, p. 76.

定会招致不理解和怀疑。下文对胡塞尔时间分析的解释既受德里达启发，但也再次移位。我们由此将使上文对德里达思想的展示变得更加清晰，但同时也是对其思想的批判性检验。不过，在我们进入对胡塞尔的内时间意识现象学的解构性诠释之前，我们还必须首先回忆几个命题。根据海德格尔和德里达的共同看法，这些命题一般地刻画了可被称作一种对时间的形而上学式理解。我们将仅限于讨论那些看起来也可以适用于胡塞尔时间分析的命题；其后，我们会考察这些命题在胡塞尔文本中的具体运用。对胡塞尔时间现象学中形而上学内容的检查也将让我们追问，这个（或任何其他的）形而上学文本是否也已经预示了非形而上学文本，预示了对时间以及现象学的非形而上学理解。

对时间的传统哲学理解，其最确切的表达大概莫过于经典物理学，尤其是牛顿的世界图景了。由于科学理论对生活世界的影响，这种传统的、哲学－物理学的时间概念也决定了今天人们的日常的、前科学的、“自然－客观化的”（胡塞尔）或“流俗的”（海德格尔）时间图像。在这种理解中，时间与**空间**紧密联系起来并被看做用来**定位**物体的参照系。作为杂多位置之体系的空间－时间允许我们将不同物体既彼此区分又彼此关联；物体通过占据时空点而得以个体化，物体的运动就是相继占据不同的空间点，而一个物体的运动可以冲击另一个物体开始运动。时间与空间一样，也是一个空的形式化秩序体系，可以定位具有特定内容的实体（Entitäten），但时间可以不依赖这些实体，即自在或“绝对的”持存（牛顿）。这个由可能的时间位置构成的形式系统是统一的、无所不包的整体，是具有规定功能的容器，它将通过彼此相互关联获得规定的杂多事件包含其中。当事件在这个无所不包的系统中占据位置，其在时间上就是确定的；它们是在时间中现存的，或“在时间内现成的东西”(海德格尔)。

作为统一的、无所不包的空容器，时间首先与一类特殊物理事实相关联，即物体的**运动**。亚里士多德在《物理学》中就对时间和运动的联系做出了著名的和始终富有教益的反思。他指出时间是不可逆进程的量度，该量度既用来测量同时也是被测量的。而其中所涉及进程的基本结构可以被视为从一个位置到另一个位置的移动。对此有一个自然类比，即将时间比作一条由从一点到另一点的移动所产生的线。亚里士多德已经颇富胆识地对该类比造成的误导加以抵制。这些点代表不停涌现的新的现在，而这条线则代表时间进程，时间进程在这里被理解为从现在到紧随的新的现在之连续变化。时钟指针的运动——它不停地扫过表盘上的固定分割——是对这种时间观念如此恰当的展示，以至于时钟的运动越来越被当做时间的运动本身。对牛顿来说，整个自然最终也无非是一个建造完美的钟表。然而，对经典钟表的简短考察就足以让我们意识到线性时间图像的界限和不足。一方面，通过秒针连续变换的新位置指示出的现在总是一个新的现在；另一方面又始终是同一个现在，即现在的现在。我们可以追问，这个现在随时间之流一同流逝吗，抑或它以始终不动的方式对时间运动施加重音节奏？另外，人们也会开始怀疑，这种点状的现在到底还能不能被称作是时间性的。

亚里士多德在他有关时间的存在方式与本性的曲折沉思之路上已经遇到了这些问题。他认为，被把握为点的当下的现在不是时间性的；而时间性的现在要么还不是当下，要么已经不是当下，因而根本不存在。由此可以得出，要么只有现在“存在”而时间不存在，要么时间不能由“现在点”搭建起来，而只能作为自我生产的线的现实过程而“存在”。两种推论来自对点和线之间关系的两种不同界定，而亚里士多德奇迹般地通过运用现实和潜能的形而上学区分处理了二者间的辩证张力。不过，我们在此对亚里士多德时间理论的兴趣只在于胡塞尔仍会用到他所使用的一整套命题、概念和问题。其中首先应该提到的是如下命题：存在是时间性的，且应被把握为当下在场存在。**这个当下在场的结构是从现在这个概念来的，而现在是处于流逝的时间和不变的永恒之边界的最大程度被给予性**。然而，只有当现在的当下与非现在的未来和过去构成一个不可分割的、线性的和不可逆的整体时，这个点状现在的边界概念才与一种时间性模态有关。这样，非现在的当下在时间上的不在场就被把握为现在的潜在在场，作为不再是的现在和尚未成为的现在。因此，现在的当下是所有时间性存在者的源头、动力和量度。时间性存在者在时间之中。这里的时间要通过与空间的类比来把握，而空间则被视为可用数学方式加以规定的连续性。然而，根据亚里士多德，时间所测量的运动的模态以及该运动的量度恰恰不存在于空间之中，而存在于灵魂之中。计数和被计数者在灵魂的内在空间之中运动。也就是说，时间实际上是被感知的时间，而最终以时间性的方式被感知的是感知本身，即灵魂的运动。这样看来，对亚里士多德时间分析的阅读似乎把我们引向了康德的时间概念：康德将时间视作纯粹的自我触发，正是这种自我触发使得前后相继的现在序列得以产生。不过就历史顺序而言，跟随亚里士多德将时间置于灵魂之中的理论而出现的，还不是康德的自我触发的时间性概念，而是奥古斯丁将时间性存在界定为**现时表象活动之对象**的理论。

在亚里士多德的明显影响下，**奥古斯丁**讨论了非现在存在是否不存在的问题。不过，奥古斯丁对存在与非存在以及永恒与时间的区分是直接在神学语境中，并关联着上帝造物的思想而进行的。对我们而言重要的是如下想法：尽管在人类变动不居的存在和上帝的永恒存在之间存在巨大差异，奥古斯丁通过与被造物对神性创造者而言的在场相类比来理解人类的时间经验。对上帝而言，世界虽有时间性，但世界在其不变的当下中始终在场；同样，对人类而言，当下、未来和过去以及整个从未来经由当下向过去延伸的时间运动是以当下的和直观的方式被给予的。人类凭借其意识的表象活动如此神奇地征服了时间。当下是在当下的注意中被直观把握的；与之类似，未来在当下的期待中，而过去在当下的回忆中被把握。我们可以恰当地断言，奥古斯丁之后的时间分析形而上学传统（并且直至柏格森和胡塞尔）都无外乎是对这个思想的一再重新思考。奥古斯丁把关于过去和未来的非存在的本体论问题扭转成了在当下以感知和直观的方式对过去和未来形成表象的可能性的认识论问题。时间的疑难变成了**对具有时间规定性的对象进行感知**的疑难，而对时间分析加以结构化的根本概念变成了**现在的表象**或**对现在对象的表象**。由此，在客观时间之外有了一个与其以表象方式相对应的主观时间，而真的认识的基础也就在于确保这两种时间形式之一致的努力。于此，两种时间形式的完全重合是理想，而该理想又是从对现在对象的现在把握这一面来设想的。但既然一个孤立的现在点是否还是一种时间性模态是可疑的，那么真实认识时间的理想就只有在对时间的克服或取消中才能达到。这样，对时间的科学认识的理想将我们带回到奥古斯丁思想的神学起点，即永恒当下（而这一永恒当下中的内容对有限的人类认识显现为时间性流逝)。胡塞尔的科学论要从对**理念－同一对象**的**综合统一**把握这一角度来界定科学认识，这一学说仍是这种神学思想根源的世俗化变体。永恒当下的对象在无限**可重复的**把握中保持其**同一**。在胡塞尔看来，科学命题也应符合这一模型：它们是理念－同一意义的典型个别化或被造物的摹本。

由奥古斯丁开启的这种时间观把自然的或“流俗”的时间观假设与一系列非自然的悬搁或还原结合起来。时间仍然被类比于空间，即统一囊括一切事件的容器和定位系统、被现在点分割的连续运动的度量、未来经由现在向过去的不可逆转的流逝。认识论导向的时间分析接受和发展了自然时间观给予现在当下的优先地位。但在此过程中，它将过去的当下还原为当下的回忆（当下化），并将未来的当下还原为当下的期待（去当下化）——这却是非自然的，因为这样它就否认了被遗忘的过去和不在期待之中的、令人惊异的未来。这种非自然的还原同样表现在，由符号、图像和想象所构成的不在场要从表象式的直接直观性在场出发来获得理解，而不断变化的自身差异则要通过根据其不变结构对其进行同一映现的反思以及科学命题来获得否定。胡塞尔将一切存在还原为相对于（自我绝对当下在场的）当下先验意识而言的可能的被给予性。这种做法看起来与这样的形而上学时间观密不可分。另一方面，胡塞尔对一种新时间观的尝试应被视作告别这种先验现象学还原思想的标志。

3. 胡塞尔时间分析中的形而上学基本概念

之所以说胡塞尔的时间分析还是受形而上学鼓舞的，这是因为它是在**感知问题**的框架内起步和展开的。和空间类似，时间是作为感知对象的一种规定性被引入的，而现象学研究的就是时间在意向性意识中的直观被给予性。正如先验空间性只有通过“先于经验的”空间意识才能被感知到一样，对客观时间的感知也要求我们接受一种时间意识本身的内时间性。因为感知性所予被理解为对感知对象的表象（如同在镜中的反映），所以对时间感知的现象学分析自然引向对感知的时间延续性的描述。也就是说，感知本身成为一个（内）时间性的对象，其时间规定性是通过一个新的，也是更深层的感知被把握的。这就是胡塞尔早期时间分析的框架。直至1917年的《贝尔瑙手稿》，他仍纠缠于这一框架。下面，我们将简要阐述胡塞尔时间分析的这个形而上学框架；我们的分析将集中关注对具有时间延续性的对象的当下意识。

对胡塞尔而言，感知是一种特殊的意向性行为，它区别于其他意向性行为的特征在于其直观性。在感知意识中，对象不是通过符号被表征，而是自身原初地在当下。另外，这种感知对象的当下有别于记忆中对象的当下，前者的独特之处在于感知行为与其亲身被给予的对象直接统一。因此，所谓感知的当下，就是对现在的、亲身在场的对象之现在的直观把握。当下的两个特征——亲身性和瞬时的即刻性——都是在表征论意识概念下被研究的。感知意识是一个内在舞台，只有不同的意识形态能够在这个舞台上运动；而这些形态又是被映现的现实，即显现者。毋庸讳言，这两种描述是互相矛盾的。这一矛盾的根源在于，胡塞尔的感知概念既预设了内在性和超越性存在的分离同时又否定了两者的分离。这一双重运动也反映在感知意识本身的构造之中：感知意识既由展现式的印象材料，又由意向性行为构成。感知一方面以经验主义的方式被规定为现实烙下的印迹，另一方面又以理智主义的方式被理解为意向性－信念性的意识活动。胡塞尔通过如下方式来调和两者的对立：印象材料只有通过意向性的立义才能展现现实，而意向性行为只有通过对印象材料立义才能感知现实。这个感知模型源自语言哲学，它非但没有克服其中包含的传统印象概念的歧义性，反倒将这个歧义性更鲜明地强调了出来；对这两点我们在此都无法深入探讨。而对胡塞尔时间分析格外重要的是把我们所描述的感知表征过程理解为**构造过程**。以充实的方式被综合统一的杂多感知行为（或显象）的直观整体决定了感知对象的意义和有效性。感知对象的现实性不是感知表征的原因；相反，现实对象是由感知表征一步步构建出来的。因而，对感知对象存在的现象学规定与对该对象的认识论批判性的，也即直观证明的、经验性的（重）构造是一回事。

印象内容和意向性立义的统一必须以如下方式构成，它能够允许感知对象具有内容上的种种规定性，也有空间上的位置和广延，以及时间上的位置和（在有些情况下）广延。

如果说感知之当下是对现在对象之现在的直观把握，那么现象学家就面临着这样一个问题：对象的现在怎样在由立义和立义内容构成的行为之现在中构建出来？为了回答这个问题，胡塞尔必须从对客观现在的立义回溯至对被立义的“原初（现在）印象”的特有“时间形式”的分析（德文版《胡塞尔全集》第十卷，第 31 节，67 页）。这一“时间位置印象”的独特之处首先在于其原始性：它“是绝对的未经改变者，是一切其他意识和存在的源泉”。胡塞尔因此称之为“原印象”。这一构造客观现在的原印象是在意识中首次出现的并带有绝对新和绝对个体性的印象之时间形式。然而，对原印象的立义，即对客观的“现在点”的感知——正如一切点状的所与那样——只是一个在感知过程的“连续统”中的“理念性的边界”（第16节，40页）。胡塞尔虽然出于形而上学的动机赋予现在以优先性，但与布伦塔诺和迈农不同，他并没有出于同样的形而上学动机来排斥感知非现在的对象的可能性。胡塞尔无法拒斥以下洞见：延续的对象——如音调或旋律——也可以在其延续中成为感知对象，而不只是通过想象或经由后来附加的对分离的现在点之统观重构而成。感知的被给予物虽然集中在现在，但也被对过去现在点的延留意识和对未来现在点的前摄意识构成的界域所环绕。更确切地讲，对现在点的连续序列的感知意识之所以是可能的，这是因为每一个现在点就其自身来看已经是作为未来的、当下的、过去的和更远的过去的现在点被连续地意识到，因为其生成和逝去是在显现方式持续变化的连续统中被感知到的。现在我们想要考察，在其形而上学出发点的界限之内，胡塞尔是如何尝试对这一现象学发现作进一步规定的。

胡塞尔将同一个客观声音点的时间被给予模式之变换类比于一个空间对象的不同视角显现方式或者说不同的“侧显”。不同的视角指向一个空间性定向系统，该系统的中心是“定向的原点”，而其结构则围绕这个中心展开。一个声音点其变换的显现方式——未来的、当下的、过去的和更远的过去的……——是同一个对象不同的时间性定向模式。对象的这些时间性定向模式指向一个位于现时当下的感知行为的定向原点。这种聚焦在感知的现时当下的中心化应该以如下方式来理解，未来显现的声音的前摄式被给予和过去显现的声音的延留式被给予是对同一声音的原印象式被给予（即现在显现的声音）的变换（Abwandlungen）或“变更”（Modifikationen）。胡塞尔时间分析的核心正在于此，即怎样更精确刻画原印象被给予的前摄式和延留式变更。而我们在此也应当追问，胡塞尔是否同时也避开了对时间的形而上学理解。后面我们还将回到这一问题。眼下我们暂时还是继续追随在胡塞尔文本中占主导地位的对时间的形而上学理解。根据这种理解，“变更”意味着延留（和前摄）的被给予在发生**和**逻辑意义上都预设了原印象的被给予：“正是这一原意识转入到延留式的变更中……：如果没有原意识，任何延留都是不可设想的。”（附录九，第 119 页）

在这里，延留不仅仅是对刚刚过去的原印象的延留，且是随着新的原印象的连续涌现不断自我更迭，从而变得越来越丰富的延留复合体。第“一”个原印象（U0）被随后的原印象（U1）替代，而与 U1 关联在一起的是指向 U0 的第一个延留（R0）。当再后面的原印象（U2）到来时就出现了第二个延留（R1），它指向的是前一个原印象（U1）及与其关联在一起的延留（R0），由此表示为 U2-R1 [U1-R0（U0）]。因此，在不断自我更迭的意向性所与中，不仅同一个原印象的现在以不同方式显现（即不断沉入越来越深的过去），而且不同原印象的过往序列也同时显现。延留式与前摄式所予环绕着对现在声响的感知原印象，这就好比在“外感知”中，处于注意力中心的对象被由其他对象或被注意的同一对象的其他显现方式构成的**界域**所环绕。

只要仍以这种方式将时间经验不加反思地类比于对空间物体的感知，我们看起来就没有理由不把适用于外物感知的“立义 - 立义内容”模式同样应用于对声响的内感知。简单起见，让我们来分析一段声响的“横断面感知”，即在由前摄和延留环绕的感知的现在时段中被当下把握的时间性对象的延续。如果我们在上述图式的框架里分析这个当下的感知片段，那么这个片段就由众多立义构成，这些立义以意向方式既指向声音流的客观现在，也指向其过去和未来。在胡塞尔看来，立义的这些不同方向（或者说不同时间维度）与其立义内容上的差异相对应。只有在现在立义中被统握的原印象才是当下感受的印象材料，而前摄式和延留式立义关联的则是变更的原印象，胡塞尔称之为“想象材料”（Phantasma）（第 19 节，46 页；增补文本第 33 号，233 页）。然而，只有当想象材料同立义一样都是现在的意识内容时，这类想象材料才能经由现在的延留式立义被统握为客观过去的被给予方式。但对现在想象材料的现在立义如何能造成对过去声响的感知呢？这种描述从胡塞尔自己的观点看来也是难以理解的。胡塞尔在 1905 年的课程一开始批评布伦塔诺时就说过，“过去的观念”永远无法从被刻画为“过去”但却是现在当下意识内容中产生出来（§6）。尽管如此，胡塞尔直到三年以后才意识到，“共存的初级内容”和“同时”与之关联的立义二者的现在结合永远无法解释对客观性延续的感知（增补文本第 49 号）。在 1905 年课程中，胡塞尔所持的仍是相反的观点，认为他在布伦塔诺的理论中指出的困难恰恰可以通过明确区分立义和立义内容来加以克服（第 6、17 节）。对明明无望之事抱有希望，这不能不说是形而上学信念在起作用。

即便当胡塞尔已经清楚意识到对超越性时间对象的感知和对内时间对象的经验二者之间的区分，以及该区分对现象学时间分析的系统性理论后果，他仍坚持着这个无望的信念（见增补文本第39号）。超越性对象的显象和只具有时间规定性的对象（如剥离掉一切物理－空间意义的纯粹声响）属于内在对象。内在对象在更深一层的“绝对”时间意识中被把握。因此，内在性或者构建时间对象的意识有两个层次；而胡塞尔毫不犹豫地把这个构建内在时间对象的绝对“意识之流”也称为“感知”或“表征”。这意味着内在时间对象的感知与时空对象的感知具有相同的结构，即由立义与相应的立义内容构成。构建内在声响之时间连续性的最基本形式发生在绝对意识的现在时段，这一现在时段是由延留、原印象和前摄式立义以及相应立义内容构成的统一体，该统一体以瞬间－同时（momentan-zugleich）的方式感知到过去、现在和未来诸时刻的声响。自然，我们对这个理论要提出同样的批评：对现在内容的现在延留式立义永远无法感知到过去的内时间对象。另外我们也很难理解，为什么对内在对象时间形式的感知要和本质上只能是部分性的对三维空间的感知一样依赖展现性内容作中间环节？当胡塞尔相信意识的两个向度的关联，也即绝对意识和内在时间对象（比如超越性感知行为或声响过程）之间的关联必须通过这类表征性中间物作中介，他再一次落入到以空间感知为导向的时间的形而上学观念陷阱里。实际上与此相反，我们现在可以提前指出：对过去的内时间对象的延留式意识绝无可能在现在的实项意识内容中呈示出来，对具有同一性和客观性的过去时空的构建不是感知式立义的结果，而是回忆意识的作用。只有当胡塞尔发展出新的延留概念和有别于形而上学传统的对当下与过往之关联的理解时，他才获得了这一洞见。

在讨论这一新概念之前，让我们再对胡塞尔为绝对意识做出的形而上学规定做一点最后的考察。意向性行为和声响等都是时间性进程，其时间性的构建发生于“意识流”的“绝对存在”之中：离开对声响的“可能性的拥有和把握”就“不存在”声响（增补文本第39号，284页）。受形而上学鼓舞的不只是将绝对意识界定为“内在感知”，还有与此关联的将内在时间规定为内时间对象的时间，并把内时间对象同外时间对象相平行。受形而上学鼓舞的还有如下命题：所有对象**存在**于时间之中而在另一时间中被**给予**——事物存在于客观时间中，而在内在时间中显现；这些显象存在于内在时间，而在绝对意识之流中被给予。那绝对意识之流自身呢？作为流，它也由时段（Phase）构成，这些时段存在于绝对时间之中，因而应该在更深一层的意识中被给予吗（以此类推）？将时间经验理解为以展现性内容为中介的感知这一形而上学观念以及内在时间性的形而上学概念的双重结构，这两者纠缠在一起造成了无穷后退的经典难题。“自咬其尾”的先验哲学理想最终造成的后果却是阿基里斯永远追不上乌龟。我们将要看到，即使在拒绝自我反思的形而上学模型并对绝对意识流的自我显现给出了全新刻画之后，胡塞尔仍未能彻底摆脱无限倒退的噩梦。到了《贝尔瑙手稿》中（档案馆编号L I 21，写于1917年），胡塞尔似乎仍然考虑接受无穷倒退，甚至违反自己一切原则去承认“不被意识”的时间意识的存在；而这仅仅为了拯救绝对意识流的现时的自我当下之可能性。

似乎可以这样说，胡塞尔对时间分析之形而上学传统的吸收完全彻底指向了现在意识对自身绝对在场的理想。意识现时的自身在场是内时间对象的一切感知性所予的源头和顶点。感知的时间性［和被感知物的时间性的区分以及二者被认为是表征式的关联，客观时间点的相互分离以及这些时间点通过时间流的线性运动的相互关联，现在当下和过去的差异以及此差异在回忆——回忆将过去的现在作为具有同一性的时间点拉入当下——中的消除：这些不同的意识形式都指向最终规定意识－存在之本质的主体与客体的同一性。］现在自我意识的同一性同时是时间距离与空间距离的根源、度量和消除。所有这些都是真实的，胡塞尔的时间分析确实可以被视作上述形而上学传统的高峰。然而，胡塞尔关于时间的命题又不总是形而上学的，有时是完全非形而上学的。不过这些非形而上学的命题又并非独立于所有形而上学的命题。胡塞尔的文本常常既是形而上学的又是非形而上学的；此外，这些文本常常在不同**层次**上同时展开。这里所说的层次差别主要指的是在现象学描述和与之相关的方法论反思（或将所描述的现象纳入一个系统性的整体）之间的差别。概言之，胡塞尔的现象学分析几乎没有展示出一丁点他从中所期待的；而绝大多数时候他的文本实际所做的往往不是他预期要做的。胡塞尔预期要做的内容绝大多数受形而上学的规定；而他实际描述的却经常与这种形而上学自我理解背道而驰。因此，我们应当同时关照这些相互交错的形而上学与非形而上学命题及其事实的和意图的后果。只有这样一种阅读才能激活胡塞尔的文本，为它注入新的生命。为了澄清这一论断，下面我们将再次阅读胡塞尔关于原印象与延留的关联以及绝对意识与其自我展现的关联的关键性论述。

4. 原印象式和延留式现在意识

胡塞尔将延留意识界定为“对已逝时段的瞬时意识”（附录九，第 118 页；参见第 11—13 节和增补文本第 47 号）。延留是一种相当特殊的意向性意识，它不是独立的意向性行为，也不指向意向性对象。延留意识附着于一个现实的原印象之上，将先前的原印象和与之相连的延留执持于意识之中：“每一个时段以延留的方式意识到先前的时段，因此在一系列重重嵌套的意向中把整个已逝的延留序列都包含其中。”（附录九，第 118 页）然而，这个已逝的延留序列却并非“实项地”包含于延留式意识之中。因此，被延留的原印象不能是延留的实项组成部分，从而延留和被延留者不属于意识之流的同一个现实时段。然而，被延留的原印象又并非以图像的方式被表象，而是直观地自身被给予。所以，延留不是对过去之意识现实性的现实的意向性直观意识；过去的意识现实性被现实地执持，却不是作为意向性对象被经验。无论对延留的这一界定显得如何仔细与均衡，它却让对胡塞尔文本有经验的读者陷入极大的困惑。什么是没有意向性对象的意向性意识？如果延留是对过去的意识当下的当下意识，胡塞尔又怎么能将延留描述为感知呢？如果延留意向性地关联于一个并非实项地包含于其中的意识内容，又怎么能将其描述为“印象”呢？（L I 15/6a [1917]）这些问题并非毫无道理，它们要求对胡塞尔的延留意识概念做更仔细的界定。不难设想，通过澄清原印象的现在意识和延留的现在意识之间的依赖关系就有可能回答这些问题。

胡塞尔的大部分表述明确显示，在他看来，延留是附着于原印象的现在意识之上的。胡塞尔将飞逝的现在意识比作彗星明亮的轨迹，而将不停变化的延留意识比作彗尾（增补文本文第 54 号，第 377—378 页）。延留尾不是什么实在固定的东西，好像风筝的尾飘一样被原印象拖在身后；更好的方式是将其设想为现在点之流逝而在意识中留下的**痕迹**。在通常的理解中，痕迹是一种已知物或未知物的存在或运动在时间上位移的标记。一个东西可以留下痕迹，人们也可以事后识读痕迹。胡塞尔看来，延留就是现在意识留在身后的痕迹，而它对现在意识的本质和觉知没有什么实质性贡献："如果经验的开端时段仅通过延留被意识到，那么我们就无法理解它为什么被称作'现在的'。"（附录九，119 页）然而，胡塞尔如何界定这个并非在事后才通过延留意识到的，而是完全以正面方式得到描述的原初现在意识呢？胡塞尔的答案诚实而令人惊讶："原印象是印象的原初时间形式……每个现在点并且仅仅该现在点的印象的……时间形式。但现在点本身又要通过原印象来定义。因此，以上命题只能被当做我们想要表达的情形的一个指引。"（第 31 节，第 67 页）相比于其他印象，原印象的特殊之处在于它是现在的印象；相比于其他时间点，现在的特殊之处在于它是以原印象的方式被意识到的时间点。胡塞尔承认，原印象和现在的循环定义不能算作真正的定义，而是对哲学困境的表达。这种困惑的根源在于我们没法谈论点状的现在当下（至少，如果不借助与非现在的关联的话）。紧接着上述引文，胡塞尔自己承认："整个现在点、整个本原的印象都经历了逝去变更（Vergangenheitsmodifikation），只有这样我们才详尽阐述了完整的现在概念，因为现在是一个相对概念并且指向过去，正如过去也指向现在。"（第 68 页）

如果说现在不能仅通过其未经变更的、感知的直观给予得到现象学界定，那么它也就不能再被当作时间意识的“源头点”(Ur-Quell-Punkt)。有人可能想把现在意识与延留的奠基关系颠倒过来，从事后以延留方式被意识到的过去的现在意识中导出现在意识的可能性，由此将两者相等同。[1] 胡塞尔有些文本看起来指向这个方向。比如，他（很像亚里士多德那样）写道：“原印象意识”是“‘尚未’和‘不再’两个连续统的分界点”(增补文本第 54 号，第 372 页)。因为在延留中界限被划在延留的现在和被延留的现在之间，所以现在既在原印象的界限之内又在其外：与现在点相临界的不再现在是另一个现在。这里真正的问题不仅在于是否现在这个概念而且对现在的意识都必然预设对现在不再存在者的延留意识。[2] 胡塞尔的一些说法可以作此理解：“连续的新的原当下意识……只有通过每个时段沉入……过去才成为可能。”(L I 15/ 4b [1917]) 但与此同时，胡塞尔又彻底反对包含在这一洞见中的后果，即一个新升起的现在只有在事后作为以延留方式被执持的过去的现在时，才能作为一个新的现在被意识到。他写道：“一个自我构建的体验之流的开始时段只有在延留的基础上才能被给予吗？如果没有延留附着其上，它就是‘无意识’的吗？对此正确的说法是：……如果它只通过延留被意识到，那么就无法理解它为什么被称作‘现在’。……只能事后被意识到的‘无意识’内容是一个不存在的东西 (Unding)。”(附录九，第 119 页)

1 Jacques Derrida. *La voix et le phénomèn,* pp. 73-76, 95-95.

2 Maurice Merleau-Ponty. *Le visible et l'invisible*, Paris : Gallimard, 1964, p. 249. 【译者注：中译参见（法）梅洛 - 庞蒂：《可见的与不可见的》，罗国祥译，北京：商务印书馆，2016。】

如果我们综观胡塞尔关于原印象的现在意识和延留的现在意识的奠基关系的说法，可以发现它们未免自相矛盾。一方面，延留的现在意识始终预设原印象的现在意识，现在的直观自身给予现象之概念与其“正面”“特征”都来源于此。另一方面，这个对原印象的现在意识的现象学正面界定一开始就陷入了循环。看起来，要想打破这个循环，只有走出现在之自我关联的闭环，将现在通过其与延留意识的关联理解为（被延留的）现在，而这个被延留的现在必然也要通过与其他被延留的现在之差别来规定。胡塞尔害怕这一后果，不只是出于对方法论上毫无根据地引入无意识的担忧，而主要是因为绝对现在的自身当下在场之思想让他着迷。他的着迷还体现在他执意将延留理解为一种感知意识，尽管他的现象学描述并不支持这样的理解：“‘刚刚过去的’作为给定的事实是自身被给予的，也即‘被感知的’。与之相反，在回忆中，时间性的当下是……被当下化的当下。”（第 14 节，第 36 页；参见第 17 节，第 41 页）对此我们要反驳说，虽然延留不是回忆，但仍是一种当下化；其中，至少以隐含的方式，两个不同的当下彼此分离：延留意识作为“去源（entquellend）的意识”，“虽是当下的，却是对另一个意识的变更。因此，延留意识是一种当下，它使另一种当下，一种本原的当下被意识到”（L I 15/4a [1917]）。延留“不是以回忆的方式当下化的，它所当下化或执持的，是曾以现在的方式在原印象中被意识到的东西”（增补文本第 54 号，第 376 页；参见第 47 号，第 312 页和第 54 号，第 382 页）。只要延留的自身被给予性或延留的原初性与回忆之再生之间的区分不被混淆，将延留界定为感知还是当下化对胡塞尔来说似乎只是个单纯术语问题。胡塞尔乐于承认延留是一种特殊的当下化，却又坚决否定现在意识的事后性，这种立场应当引起我们注意。该立场的根源在于，他认为在后一种情况下，现在当下的感知式自我给予之可能性会受到威胁，而在前一种情况下则不会。如果延留意识不是对刚过去的现在之感知而是当下化，那么按照胡塞尔的看法，它就始终是对过去之现在的自身给予式当下化，而被当下化的过去之现在曾作为当下的现在原初地自身所与。

这样，我们又回到了对现在点的现在感知之可能性的问题。故此，我们得以更尖锐地提出这个问题：现在是否能独立的、以绝对现在在场的方式而存在？这个问题可以被更精确地表述如下：现在的原印象意识及其现在的对象是否属于同一个意识或同一个意识层次？我们能不能说，原印象意识不仅是对现在的意识，而且是现在的意识？这个原印象意识自身是否以意识的方式被给予，以及这种自身显现应当如何理解？另外，如何把这种原印象的自身显现与在此原印象中显现的现在之被给予区分开来？

5. 绝对时间流的反思式和延留式自我在场

对内时间对象的经验属于胡塞尔所谓“绝对意识流”。绝对意识流一方面是对声响进程的意识，另一方面是关于对声响进程的流动性经验的意识，即对绝对意识流自身的意识。这是如何可能的？胡塞尔的回答简单的让人大跌眼镜。意识的两种形式是同一意识过程的一体两面，而“不可分割”。这里的“一体”就是延留性意识的连续变更（第 39 节；增补文本第 50 号）。我们已经看到，在这个变更过程中，随着一个新的原印象的出现，整个延留意识获得了新的结构，而且整个嵌套于其中的延留意识序列也被重演：每个延留“在其自身之中是连续性变更……在自身中承载了整个过往发展的遗存”（增补文本第 50 号，第 327 页）。这种被延留的过去之现实遗存，一方面涉及对沉入越来越深的过去之声响点（或声响序列）及其时间点的执持（Festhalten），另一方面则涉及对如下连续进程的执持，其中这个声响点经由连续变换的时间性视角或侧显而被给予。现时的延留在不停变更的显现方式中执持着具有个体性的声响。依据注意力是施加于声响还是施加于对声响的流动意识，胡塞尔区分了“横意向”和“纵意向”。延留性的纵意向是对与声响点的下沉捆缚在一起的绝对意识流的“片段”的绝对意识，它是后起的“流的自我显现……。在意识流的现时片刻中显现的，是在该流的延留序列中的意识流的过去时段”（第 39 节，第 83 页）。

在更仔细地考察绝对意识流的后起自我意识这一独特形式之前，我们必须首先更细致地界定这个“流”的时间性。我们是否可以认为，绝对意识流本身是与在其中被经验到的内时间对象的延续相互“平行”地流逝？绝对意识流的一个特定时段中的原印象和延留是“同时”的，即两者同属“现在”——这种说法正确吗？胡塞尔直到 1908/1909 年才回答了这个问题。他的回答是明确的：“意识模态之流不是一个进程，现在意识本身不是现在的。与现在意识‘共’在的延留不是‘现在’，不与现在同时。”（增补文本第 50 号，第 333 页；参见 第 36、38、39 诸节）一方面，此流的非时间性只是为了避免时间意识构造层次上的无限倒退而做出的否定性规定（增补文本第 50 号）。另一方面，当胡塞尔说（时间意识之）流是“非时间性的，即不在内在时间之中”时（增补文本第 50 号，第

334 页；参考增补文本第 54 号，第 369 页），他已经指向了对（意识）流的一种正面规定。绝对意识之流的时间性不能用源于时间内现成物的概念来把握；在意识之流与落于内时间之中的进程之间存在根本差异。通过对（意识）流的延留性自我显现，即延留性纵意向性的描述，我们可以对该差异作出恰当的分析和处理；稍后我们还会谈到这一点。在胡塞尔那里，既有对这一差异的承认，同时又有对差异者的勾连、均同化和对差异的忽视。这一忽视似乎和胡塞尔的构建思想有本质关联；在上文中我们已经指出构建思想的形而上学预设。毫无疑问，（意识）流不是内时间对象，不是内时间**中**的对象；然而，对胡塞尔来说，内时间对象确是在（意识）流**中**被经验和构建的。这一构建的关联允许我们将（意识）流类比于在其中被构建的时间对象称作**准**内时间对象："只能这样说：我们根据被构建者如此这般称呼这个（意识）流。对此我们仍缺少名称"（增补文本第 36 号，第 75 页）。

之所以说延留式纵意向性可以为（意识）流的自我显现提供恰当（和非形而上学的）的描述，这首先是因为它不把（意识）流转化为一个意识对象，不给它强加一个客观的自身同一形式。我们已经知道，严格讲延留并不指向对象；因此"过去"的绝对意识之流在延留式纵意向性中也不显现为对象性的持续。意识流在其延留式纵意向性中始终显现为"过去的"，这种原初的自身显现不是此意识流的感知性被给予。延留式自我显现随着该意识流中每一个新"时段"的出现而变化。这种变化呈现出如下形式：每个新"时段"都按照不断更新的方向来重演整个"已逝的"意识流。意识流仅仅作为曾经存在（gewesener）而显现，而该显现方式本身是始终变化着的。我们将这种显现模式称作“事后性”并将其与一切原初、直接、现在当下、感知性的被给予方式区分开来。作为始终变化的、差异化的重复，意识流的延留式自我显现也与可能的回忆相区分；在回忆中，“过去的”意识流被重新展开、重新经历、作为**同一者**被重复。作为非对象性的、事后的和差异化的意识流的重复显现，延留式纵意向性指出了一条非形而上学的恰当描述意识流自身之时间性的道路。它指出了一条理解自我意识和意识的新路。它要求一种新的现象学描述的风格，这种风格不以感知和回忆为范例，而是以延留与其差异性重复结构为旨归。这不再是对所见之物的客观映现，而是为在反思现象学中无从命名的现象找寻其“缺失的名字”。

胡塞尔对为自己指出的这条遥遥之路并没有一贯坚持走下去。在我们所讨论的从 1905 年到 1917 年的文本中，阻止他这样去做的原因主要是对时间意识现象的**反思对象化**的要求。在胡塞尔看来，被执持的绝对意识之流的延留式自我显现现象只有通过一种反思性的观看才能成为得到充实的科学研究对象：“但因为我将它（即已逝的时段）置于把握之中，我便能通过一个新的行为将目光移置其上，我们将此称作反思（内感知）或回忆。这一行为与延留处于充实关系之中。”（附录九，第 118 页）这种说法是形而上学的，因为它把延留式自我显现理解为一种匮缺形态的被给予性，它仅仅是暂时的，并以目的论方式指向对被延留的意识流的反思性感知。然而，即使胡塞尔不是按照感知而是按照回忆的结构来理解现象学反思[1]，这也无法改变他对绝对意识流分析的形而上学特征。当我们

1　Iso Kern. *Idee und Methode der Philosophie. Leitgedanken für eine Theorie der Vernunft*, Berlin: de Gruyter, 1975, § § 44f.

将绝对意识流的延留性被给予转化为感知性或回忆性被给予时，这不但没有使它更加清晰“可见”，反而使我们无法理解它了。通过感知或当下化，绝对意识流的“非时间性的”、非对象性结构与其差异化运动就被对象化为内在的同一的时间对象。实际上，感知和回忆作为一般意识行为只能从绝对意识流及其延留式横意向性出发而得到理解。绝对意识流并没有通过感知和回忆成为可见的，因为在此流中“被构造”的内时间对象不能成为对“进行构造”的绝对意识流之非时间性进行现象学分析的线索。

这一绝对流动的本质和原初显现只能通过延留式纵意向性的结构来理解。胡塞尔在形而上学偏见影响下没能清楚把握到这一洞见，而将此流的延留性、非对象性、始终变化且只能间接被直观到的自身被给予性诠释成反思性、感知性的被给予性。同样的形而上学偏见也使得胡塞尔无法接受延留式自我显现的**事后性**。对胡塞尔而言，只有曾以原初现实的方式被给予的，才能成为事后的。因此，胡塞尔要寻找一种绝对意识流直接、现时的自身在场的现象。这一现时的自身在场又不能被理解为感知意识，因为感知总与时间性对象相关联：我们在此遇到的是“没有被感知到但原则上必须是可被感知的原过程”（L I 21/10a [1917]）。当胡塞尔坚持绝对意识流的直接、现时之自我把握或自我意识的可能性时，他为此就不得不吊诡地诉诸一种“无意识的表象”（L I 21/16b）：现在的问题是，我们是否必须承认，在所有流动中的意识之上还有一个最终意识统领一切。那样的话，每时每刻，内意识的**现时**时段就都在最终意识中被意识到。……但我们是否必须接受这样一种最终意识，一种必然是“无意识”的意识，这是一个需要严肃考虑的问题（增补文本第 54 号，第 382 页）。

仔细研读下来，所有我们引证的胡塞尔关于时间意识现象的表述都是摇摆不定的。由此看来，胡塞尔对时间意识的细致分析恰恰构成了修正其引导这一分析的形而上学自我理解的有力理由。胡塞尔的文本完全处于以下二者对立的张力场中：一方面是绝对意识流的绝对感知式自我在场之理念，另一方面是在对此流的现象学分析中被证明的这一理想之不可实现性。这一张力影响了感知和回忆的关系、原印象和延留的关系以及绝对意识流的反思性自身被给予性和纵意向的自身被给予性的关系。这也就是说，它形塑了胡塞尔与在场形而上学的整个关系。重复式地深思（das wiederholende Durchdenken）这一对立并承受其张力（而非仓促地选边站）被证明是一条重新反思传统时间观念之预设的富有成果的道路。然而，这一道路并没有把我们引向一种全新的不依赖任何形而上学概念的时间观。不过，这也并非我们所期许的，因为我们从一开始就明白，对形而上学的这种克服是不可完成的任务；而且它甚至本身就是形而上学的。这一不可能性在于，认识到当下之当下的概念所施于我们的魔力并不足以使我们从其中摆脱出来："对在场的欲求怎么可能被毁灭呢？它就是这一欲求本身。"[1]

1 Christian Descamps. "Jacques Derrida sur les traces de la philosophie". *Le Monde* (31. Januar 1982), XIIIf.

七、图像或虚构对象与当下化意识

随着大量未刊手稿的近期出版，[1] 仅有的几种特别有洞察力的旧解读（尤其是芬克的解读）中所猜测的内容显露出来，即有关图像或想象意识的分析构成了胡塞尔现象学所探索的各种不同形式意向性意识的中心节点。同样在我们自己的探究中，想象的研究扮演着枢纽角色，它分配并引导对各种类型对象和与之相应的各种类型意向性意识之关系进行考察所能够采取的不同方向。之前两章评估了直观意识为澄清有关科学的逻辑理论以及认识的现象学理论之地位和目标所作的贡献。[2] 之后两章将探究本体论和现象学之间的

---

1 Cf. Edmund Husserl, *Phantasie, Bildbewusstsein, Erinnerung. Zur Phänomenologie der anschaulichen Vergegenwärtigungen. Texte aus dem Nachlass(1898-1925), Husserliana* XXIII, herausgegeben von E. Marbach, The Hague/Boston/London, Nijhoff, 1980.（Trad. franç: *Phantasia, conscience d'image, souvenir. De la phénoménologie des présentifications intuitives. Textes posthumes(1898-1925)*, traduit par R. Kassis et J.-F. Pestureau, Grenoble, Millon, 2002. 所有引用均标注《胡塞尔全集》第 23 卷中原始文本在译本中的页码）另外，Cf. Edmund Husserl, *Die Bernauer Manuskripte über das Zeitbewusstsein (1917-1918), Husserliana* XXXIII, herausgegeben von R. Bernet und D. Lohmar, Dordrecht/Boston/London, Kluwer, 2001【译者注：中文译本参考〔德〕埃德蒙德·胡塞尔：《关于时间意识的贝尔瑙手稿（1917—1918）》，肖德生译，北京：商务印书馆，2016。】

2 【译者注：本论文选自贝耐特的法文著作《意识与实存》第一部分第 3 章。该书第一部分共分 5 章，其标题是“胡塞尔的对象本体论与意识现象学”。第一部分的第 1 章标题是“逻辑学及其与心理学或现象学意识的关系”，第 2 章是“被言说事物的真与直观意识”，第 4 章是“实在或想象对象的个体化与意识的时间化”，第 5 章是“胡塞尔的唯心论：可能或实在对象与先验意识”。本文后面所提到的之前或之后章节都指该书第一部分的其他这四章内容。】

关系。为此，我们将致力于对本体论的现象学奠基（fondation）这一终极论域的分析，涉及对象通过直观意识所获得的在时间维度上的个体化，以及该意识辩护我们有关实在世界实存的朴素信念的能力。在接下来的两章中，属于**虚构世界**的非实在对象的个体化问题，以及有关我们现实经验中的实存对象和我们**想象**中的单纯可能对象之关系的研究将占据中心位置。但在没有预先处理意向性意识对不在场，甚至**非实存**对象进行**直观**这一悖论形式之前，我们还不能开始讨论这些问题。追随胡塞尔的足迹，我们将探索想象行为和借助符号表征不在场对象的行为之间的本质区别——但不会忽视想象对象的直观给予与实存对象的感知给予之间的区别。与此同时，所有我们已经提及的事物自身的显现、逻辑本质的理念化以及使我们必须承认逻辑法则有效性的明见性都会被重新照亮。

不求对胡塞尔有关想象这种特殊形式的直观意识的分析之全部丰富性有一个完整概观，我们至少将以顺带的方式试图指出其与最根本的现象学问题的许多交叉点。现象学**方法**的一些本质环节，如悬搁、先验还原和本质还原就已经是这样的交叉点，它们与这种中立设定有最大的亲缘性；这种与自然生活过程的割裂，以及这种对独立于事物经验背景的本质构成的关注是想象意识的特征。同样属于这种交叉点的还包括意向性意识本身的时间性、意识给予自身对象而非被动储存对象的能力、意识自我分化为多种生活模式的能力（其中每一种生活模式都属于主体性的一种特殊形式）。

在我们看来，介绍胡塞尔有关想象对象之理解的**历史**发展完美地契合我们叙述胡塞尔思想发展的总体计划，胡塞尔的思想从某种形式的逻辑-本体论的唯心论发展为一种关于先验现象学意识的唯心论观念。我们会意识到，胡塞尔现象学的这种转变在很大程度上是通过修改对想象意识的分析而完成的。这种历史介绍的优点还在于，使我们在其最先出现的语境中熟悉胡塞尔想象分析的关键之处。我们将看到，胡塞尔的想象意识概念经历了**两次**重大转变，每一次都不仅意味着他对不在场对象或世界显现的想象模式之理解变得深入而丰富，更为广泛地说，他对实在对象的**感知**显现以及被象征性**意指**（sigifié）对象的不在场之现象学理解也同样变得深入而丰富。

第一次转变在于胡塞尔远离了将想象视为布伦塔诺意义上的“非本真”表征的理解，最终将想象的本质确立为意向性意识的一种**直观**和**感性的**形式。现象学意义上的想象物由此摆脱了本质上的数学式想象物概念。直观想象与意指行为之间的根本区分还产生了如下不容忽视的结果，即**感知**中对象（或对象的一部分）非本真的或空的显现不能再与**表义**意向相混淆（就像《逻辑研究》中依然存在的情况）。

胡塞尔想象概念的**第二次转变**取决于一种新区分的发现，这一次仅涉及当下化意识本身——即便这并非不会影响到对当下直观显现其对象的意识行为的理解。在构思有关纯粹想象之新的分析过程中，胡塞尔对如下两者作出了根本区分：一方面是通过（外在或内在）**图像**的方式使不在场对象当下化的想象行为，另一方面是包含着**意向性意识本身之再生式两重化**的**纯粹想象**行为。这种将纯粹想象视为中立式当下化的最新和最终学说，与对回忆显著的深化理解密不可分；回忆是对不在场对象进行再生式直观当下化的另一种形式。这种有关纯粹想象的新学说同样对审美感知（或感知想象）的分析以及对他人意识共现的分析具有决定性影响。后者所实行的当下化不再是再生的而是类比的，但却又根本有别于以图像显现为基础的类比。我们将看到（并且在下一章中我们还会回到这个问题），对于以不同类型的对象和与之相对应的不同类型的意识行为或意向经验为研究对象的整个现象学大厦而言，真正具有革命性的调整发生在对**再生**意识的发现之后。离开对意向性意识**时间**维度的探索，尤其是对意向行为实现模式之**内意识**的探索，这种革命性的调整将是不可能的。

1. 非实存或不在场对象意识之诸样式

尽管有关想象意识的分析经历了这些深刻转变，但我们可以说，对胡塞尔而言，其命运总是同与非实存对象相关联的表征之命运联系在一起。现在我们已经知道，随着博尔扎诺著作的重新发现，非实存对象的地位问题极大吸引了胡塞尔的同代学者，特别是弗雷格、特瓦尔多夫斯基、迈农（Alexius Meinung）和布伦塔诺。[1] 但人们可能没有充分意识到，这个问题在早期胡塞尔那里不仅激发了符号和意义理论，同样还激发了想象甚至虚构理论的雏形。

在其对**数学**（即算术和几何）对象存在的追问中，出人意料的是，胡塞尔首先就遇到了那些实存——因缺乏在实际现实中获得证

1 Jocelyn Benoist, *Représentations sans objet. Aux origines de la phénoménologie et de la philosophie analytique*, Paris, PUF, 2001.

实的可能性——只是被接受的对象之地位问题。[1] 这个问题不仅关乎数学家精确地称之为“虚数”的那些特殊数字的地位，而且还关乎几何学中理念性概念关联的所有对象。[2] 数学上的虚数属于精确“构建”的方法，这涉及胡塞尔日后所称的“理念化的虚构”。即便这些数学上的“虚构”和“半人马”这种神秘存在的虚构具有不同的地位，前者已经很好地凸显出，正是与经验世界斗争的**自由**构成了所有形式的想象意识最显著和最普遍的特征。我们知道，直到最后的文本，例如《几何学的起源》，胡塞尔依然在继续探询这种始于几何科学创立的自由行为。一方面，他要确立，正如几何学所界定的圆的非－经验实存不但不应被归咎为一种缺乏，相反却是几何科学在理论上充分发展的本质条件。但另一方面，胡塞尔同样敏锐地看到，这种从经验实在中的解放也具有将几何学封闭于抽象的危险，这恐怕会使其对自然生活的需要漠然置之。因此，几何学虚构的对象已经完美说明了想象意识的自由所具有的这种悖论式特征：它同时是丰富和贫乏的根源。对此，我们将从对不同形式的想象考察中不断得到新的印证。不过这些被考察的想象形式不再关联于理念对象而是关联于感性对象。

胡塞尔自己承认，正是**布伦塔诺**的课程唤醒了其对想象的兴

1　Cf. Edmund Husserl, *Aufsätze und Rezensionen (1890-1910), Husserliana* XXII, mit ergänzenden Texten herausgegeben von B. Rang, The Hague/Boston/London, Nijhoff, 1979, p.328：“几何学的所有命题，有关实存也好，有关定律也好，都依赖一条**普遍假设**，该普遍假设因其不言而喻而从未被明确表达：**假定**存在空间，这样或那样的流形（multiplicité）……”(trad. franç. par Jacques English, *in* Husserl-Twardowski, *Sur les objets intentionnels (1893-1901)*, Paris, Vrin, 1993, p. 306).【译者注：中文译本参考〔德〕埃德蒙德·胡塞尔：《文章与书评（1890–1910）》，高松译，北京：商务印书馆，2018。注释中的引文由译者独立译出。】

2　Cf. *Hua* XXII, p. 322-328 et *Sur les objets intentionnels*, pp., 301-306.

趣，并以决定性的方式指引了其最初的足迹。我们可以十分笼统地说，布伦塔诺对想象的理解是一条中间道路，介于以单一的**本体论**方法和以纯粹的**心理学**方法研究非实存或不在场对象之间。像在布伦塔诺那样的实在本体论框架中，我们只有基于如下条件才能谈论非实存对象：与非实存对象相关的判断要建立在对实际存在的替代物，如符号或图像的表征基础上。在布伦塔诺那里，这不仅意味着非实存对象与想象对象在本体论上有着重大亲缘关系，而且还意味着将图像理解为符号的类比物，(具有）使不在场对象当下在场(的能力)。我们将看到，胡塞尔并非轻而易举就从这种伪－明见性中摆脱出来，并承认想象对象的直观而非表义性的特征。在布伦塔诺那里，这种将图像视为符号类比物的理解以决定性的方式指导着其对想象性表征和表义性表征之**心理学**性质的分析。根据布伦塔诺的观点，通过符号或图像的方式指向不在场对象的这些表征属于要借助非本真的思想或判断来实现的“非本真表征”家族。在此，胡塞尔再次费力地意识到，想象意识偏爱的领域——与意指性表征相反——并非思想，而是一种特殊形式的**感性**直观。然而，通过将想象意识理解为对有关实在对象（即实在世界中的实存）的感知意识的“变更”，胡塞尔还是始终忠实于布伦塔诺的学说，后者认为，所有想象都建立在（至少是潜在的）感知的基础上。但是，胡塞尔很快明白，这种被意向性地“牵连”进想象表征中的感知并不必然要采取指向外在图像的感知形式。胡塞尔认为，即使想象性表征缺少对图像的感知，它依然是一种对感知的想象性变更，这也适用于如下两种情况：包含中立化感知的想象意识（被称为“感知想象”），以及另一种包含纯粹虚构的感知中立化再生的想象意识（被称为“虚构想象”)。我们会再讨论这部分内容。

前一章已经让我们有机会来衡量感知的**现象学**优势，即感知会按照事物自身所是及其本已之为真性毫无保留地接受事物的直观给予。但只有下一章才能提供有关感知的另一个**本体论**特权的证明，这与经验对象的个体化相关。这样，我们将看到，除非回到想象作为感知变更的学说，否则我们无法反思想象对象，如半人马个体化的可能性。因为只有当想象对象属于想象世界，而想象世界的内在一致性类似于在实在世界中被实际感知对象之间的内在一致性时，想象对象的“准-个体化”才会成为问题。另外，这种可能性仅限于**感性**想象对象。只有感性的或“实显的”(réel，在其有待界定的能够同样适用于感性想象对象的意义上)对象可以交替在场或不在场，被感知或被想象。相反，理念对象不能只是被想象，因为它总以某种方式在场。理念对象的特征被胡塞尔非常恰当地称为一种“普遍在场”的在场形式。

如果想象和感知一样，都只能和感性的个体对象相关联，那就必须防止对想象与**本质**直观之间的混淆。能够解释——而非辩解——这种混淆的事实在于：想象的感性对象比实在的感性对象更适于对普遍本质的直观把握；想象的感性对象与所有其他的感性对象共同分享普遍本质，而这些感性对象通过时空中的个体性相互区别。即使想象对象本身并不涵盖其本质，即使对想象对象的直观从来不等于一种本质直观，其非实在特征还是使其成为特别适于对本质进行阐明的典范情形。然而，想象和本质把握之间的亲缘性丝毫没有改变如下事实，想象行为(同感知行为一样)从来都不足以单凭自身允许本质的直观给予。因此，确切地说，范畴直观或本质直观（“理念化”）既不是想象也不是感知的事情，因而最好还是避免将“范畴感知”这样的概念用于这种理念化。

在第 5 章中，当着手讨论有关**可能性**的意识问题时，我们将在想象和想象使其成为可能却无法依靠自身使其实现的内容之间遇到具有亲缘性的相似情形。事实上，即使离开纯粹想象意义上的想象介入，有关可能性的意识是不可理解的，但纯粹想象从来不包含对可能**实存**的**设定**。纯粹想象是对可能性之中立的当下化，它只是一种单纯的假设，而非一种假定，因为它避免就这种可能性实现的机会或或然性进行设定。我们将看到，就经验对象实际给予而言，纯粹想象的这种克制对“实在的”可能性和“理念的”可能性同等有效，也就是说，同等适用于由此经验先前的进程所“动机引发”的可能性和“摆脱”了与此经验的所有动机引发性关联的可能性。但是，从现在开始，重要的是关注如下事实：这两种形式的可能性同样对应于两种不同类型的纯粹想象，胡塞尔将其命名为“非纯粹的”纯粹想象（依赖实际经验）和“纯粹的”纯粹想象（即摆脱所有实际现实经验的依赖）。当胡塞尔断言，“实在的”可能性和“理念的”可能性之间的这种区分只适用于感性对象，而不能应用于理念对象的可能性时，我们有必要回顾刚刚提到的想象和指向可能性的意识之间的区分。无论如何，我们必须避免单纯和简单混淆对理念对象实存可能性（或理念的有效性）的意识和纯粹想象的意识行为。这种混淆会与刚确立的双重区分相矛盾，即一方面是想象和理念化之间的区分，另一方面是想象和对可能性的断言之间的区分。

最后，在明确胡塞尔关于想象物与实在物之关系的思考方式之前，我们对胡塞尔有关想象意识分析之发展语境的预备说明还不能结束。在胡塞尔看来，想象物与实在物之间的关系既有（单向的）奠基或变更，同时也有“冲突”。这不仅意味着，伴随对想象的分析，胡塞尔发现了一种**感性的否定性**形式（另外，这一发现不可能不对其否定性判断的概念产生影响）；而且还意味着，涉及实在物与想象物之间或感知与想象之间关系的一种可能的新观念向胡塞尔呈现出来，这些关系（像所有的冲突那样）包含一种相互作用乃至辩证的形式。因此，我们将会尝试发展胡塞尔的作为感知变更的想象概念，同时也将感知视为一种——纵使不是想象的变更，至少也称得上——总是向着想象当下化之可能性敞开的意识。

与其有关意向性意识的现象学学说完美一致，胡塞尔将想象意识的构成性冲突同时置于对象一侧和主体一侧。因此，与实在世界和想象世界之间在本体论上的不相容性相对应的是主体两种不同模式的生命在现象学上的不相容性，其中一种属于胡塞尔所谓的“实在－我（Real-Ich）”，另一种属于“想象－我（Phantasie-Ich）”。我们有理由认为，想象物可以拥有其特有的自身一致性形式，这可能与实在世界的自身一致性形式发生冲突。因此，在胡塞尔这里，感知**错觉**并非作为其分析想象意识与其冲突的中心范例。也就是说，想象世界与实在世界之间的不相容并不必然导致为了实在世界取消想象世界，而是在中立的设定或悬置信念的形式下同样包含着保留想象世界的可能性。因此，所有想象的“假象”都不是纯粹的“错觉”，并且“划掉”错觉内容的纠正也可以顺应如下欲求，要在丝毫不丧失诱惑力的虚构形式下保留其痕迹。冲突可以表现为使人受骗的错觉形式，也可以表现为彻底被创造的错觉形式；与此相应，意识的自由选择可以是从对错觉的指责到在审美注视下的庆视。因此，主体既可以对引起错觉的感知进行一种回顾性纠正，也可以逃避进一种中立态度中，这种态度在虚构的实存方面有意保持信与不信的两重性。即便想象意识从来不可能完全避免与支配实在世界的法则相交锋，实在世界的本体论也还远不能向想象意识强加自身的法则。与布伦塔诺相反，胡塞尔认为正是意识战胜了对象，而且也只有在产生并维持着虚构的想象意识形式中意识取得了最大的胜利。因此，衡量对想象进行现象学分析成功与否的标准应是其解释**虚构**（而非错觉）之本质的能力。

2. 作为图像意识的想象

胡塞尔想象学说的第一次转变一劳永逸地把想象确立为与**感性不在场**对象相关联的**直观**和**感性**意向性意识。胡塞尔首先通过**图像**的直观呈现来展示其所蕴含的悖论结构，即（图像）以直观方式使不在场对象得以作为不在场者而在场呈现。因此，我们有必要一上来就对图像的显现模式和被想象对象的显现模式作出区分。有关图像的“当下”意识构成了对想象对象单纯“当下化”意识的基础。在物理对象（例如图画或照片）充当图像角色的情况下，即当涉及胡塞尔所谓的“**感知**图像意识”时，图像的感知显现及其所表征的不在场对象之间的区分几乎是自明的。在另一种形式的想象中（所谓“对图像的**内在**或**想象**意识”）情况却完全不同，在这种形式的想象中，图像没有任何感知实在性，也就是说，其自身只是被想象的。另外，我们将看到，这些“非实在的”或心灵图像的地位和作用相当含混。这对想象理论的第二次转变关系重大，并最终导致胡塞尔放弃了作为一种特殊形式图像意识的纯粹想象概念。但第二次转变丝毫没有影响到之前**感知**图像意识学说的有效性，相反，感知图像意识学说还将被逐步用于有关审美注视的现象学分析。因此，我们应该由此开启对想象意识本质的考察。[1]

感知图像意识同时关联着三种不同类型的意向对象性："图像－事物""图像－对象"和"图像－主题"。[2] 其中，只有图像－事物，即物理图像（挂在墙上的画、从我书中掉出的照片）是作为感知对象直观地被给予意识。图像－对象（日出时的山、一位中年女性微笑的面孔）既非真正被感知，亦非简单被想象。但毫无疑问，对注视这些图像的人而言，图像－主题（从采尔马特看到的克宏山脉、我婚礼上的我的母亲）从来都不是被感知，也就是说，它完完全全地被想象。忠实于其感知现象学学说，胡塞尔将对于图像－**事物**的感知视为一种意向行为，其中感性的实在对象亲身被给予。这全靠对作为立义内容的"感觉材料"整体进行"立义"，而感觉材料则作为立义内容获得作为此图像－事物直观表征物，即感知显现或侧显的立义之意。那么，图像－**对象**又是如何产生的？如果它必须被直观地把握为对一个不在场的实在对象（图像－主题）之并非感知而是想象或类比的表征物，那么它就不能单纯被感知——否则就会丧失使其所表征的对象当下化的能力。这就是为什么胡塞尔谈论想象或类比式立义时，它不再与感觉材料构成的立义内容而是与

1 我们的论述将主要依据《胡塞尔全集》第 23 卷的文本 n°1（1904/1905）和附录 I（1898）以及《逻辑研究》第六研究【译者注：中文译本参考〔德〕埃德蒙德·胡塞尔：《逻辑研究》，倪梁康译，北京：商务印书馆，2018。】

2 Cf. *Hua* XXIII, texte n°1, § 9.

单纯的“想象材料”构成的立义内容相关联。

因此，借助感知图像而实现的有关不在场的实在对象之想象意识必须包含两种不同类型的立义，以及两种类型的立义内容。但这两种不同的立义必须紧密关联，否则图像－事物会与图像－主题失去关联，也就是说它将成为单纯的事物而非图像。胡塞尔将使得这两种立义紧密相关的联系展示为**奠基**关系：类比立义叠加在感知立义之上并且只有借助后者才得以可能。但是，对于图像－事物的类比立义不也同样改变了我们感知它的方式？因此，应该说，由感知立义所奠基的类比立义同时伴随着由后者带来的对前者的**变更**。这种变更的结果是，目光并不停留在被感知的图像－事物而是投向图像－对象，并且通过图像－对象再投向被表象的主题。对于图像－事物的感知就像对印在书上的字母的感知，对字母感知过于专注会造成阅读和理解文本意义的障碍。因此，类比立义与表义立义有共通之处，即都要放弃（作为其基础的）对其对象经验实在部分的感知立义。

但这并不意味着图像－**事物**被去除的这部分实在会被原封不动地再次投入图像－**对象**。因为，离开图像－事物的（半－）实在，图像－对象什么也不是，也就是说后者不仅是非实在对象而且还会被剥夺所有显现形式。离开图像－事物（图画），图像－对象（一座山的顶峰）无法以其他任何方式显现，它什么也不是。因此，图像－对象的实在外表或者说其虚拟的实在只能来自图像－事物。如果说的确是图像－事物给予图像－对象一种虚拟的实在，那么也可以说，正是图像－主题阻止图像－对象获得充分的实在。通过图像的“窗口”我看到的是真的克宏山脉（不在场），也正是克宏山脉阻止我把图像-对象当成真正的实在。因此，胡塞尔将图像-对象的去实在化视为“图像-画像”这种类比表征借以发挥良好功能所必需的代价。在其正常的功能中，想象意识的所有组织都服务于使克宏山脉的雄伟实在向我当下化这个目的。艺术品修复者对画幅状态过于深入的关注或者艺术爱好者对图像-对象（对画家为了表征主题而采取的绘画方式）过于深入的关注都会远离图像感知意识的正常运行。但很显然，在类比表征的本质中，没有什么会禁止这些不同的态度。对图像感知意识的所有现象学分析实际上都建立在如下信念的基础上，即正是意识决定把一个感知对象立义为图像并在图像的实在与其所表征的实在之间做出选择。因此，对胡塞尔而言，这两种实在之间的不相容性在成为本体论的性质之前首先是现象学的。这也就是为什么意识可以为了真正的克宏山脉的实在而自由地中立化图像-对象的实存，或者相反，可以感兴趣于画幅的状态而自由地悬置所有有关其所表征之物实在性的判断，再或者也可以通过一种纯粹审美的方式，即避免所有有关实存的设定来比较图像-对象和图像-主题。

总之，和我们现在想要去探究其本质的内图像意识相比，这种外图像意识具有相对简单的结构，尽管它也并不像表面看起来的那样简单。因为，在外图像意识中，图像-对象成问题的非实在地位被牢牢固定在图像-事物的感知实在性和图像-主题的不在场实在性上。原则上，不仅没有什么会阻止被表征的图像-主题成为实际感知的对象，而且完全相反，只有当过去我已经对该主题有过实际的感知时，图像才允许我从中辨识出该主题不在场的实在。对于从未去过采尔马特也从未见过克宏山脉的人而言，图画并不能被立义为这座山的（按照胡塞尔的术语来说）“画像”。但在想象半人马的**内**图像意识中，情形则完全不同：不仅从来没有人见过半人马，而且这种内在想象也不需要借助图像 - 事物来实现。我们可以预见，在这种想象的图像意识中非实在的图像 - 对象的地位只会变得更加模糊。

被感知的外在图像（即图像 - 事物）之缺席构成了**想象的**图像意识的特征，这种变动远不限于局部的删除，而是引起图像意识整体所有其他组成的改变。当不再有对于图像的感知，也不会再有为图像的感知立义充当内容的**感觉材料**。剩下的只是被胡塞尔称为“想象材料”的想象立义内容。但如果对这些想象材料的立义仍然要允许意识通过图像 - 对象来与想象的对象相关联，这似乎只有当相同的想象材料内容作为双重立义的对象时才是可能的。因为离开图像 - 对象立义和图像 - 主题立义这种立义的双重化，我们如何将图像 - 对象立义为想象对象的类比物？但内在想象的图像 - 对象既不是实在对象也不是理念对象意义上的“非实在”对象，而是像胡塞尔从一开始就不断反复指出的，[1]它就是“无”。如果内在想象的图像 - 对象是“无”，那么我们是否还可以合法假定：是否存在对于想象材料的立义，由此意识与不存在的对象相关联？由于图像 - 事物的缺席，除非我们愿意将某种实在赋予在心灵前“浮现”的想象图像（或图像 - 对象）上，类比立义的性质本身恐怕就变得不可理解了。

1　参考 1898 年就已经出现的这处文本：“同样，想象 - 的 - 图像确实根本不存在，但在对想象 - 的 - 表征之经验中‘仅仅’存在一种与想象 - 的 - 内容相对应的复合体。”（*Hua* XXIII, p.110）

即使假定这种有关想象材料类比立义之单一性或双重性的难题已经解决（还要假定我们清楚地知道什么是“想象材料”!），我们也无法摆脱所有的困难来理解类比立义如何在内在想象的情形中发挥作用。正如胡塞尔在1909年的一个文本中非常清楚地解释的那样，[1]最主要的困难实际上在于理解有关同时当下在场的（想象）立义内容的当下立义——意识的两种实际的和实在的经验——如何能够使指向非实在对象的当下意识成为可能，而且这种非实在对象不仅不在场，而且还有可能根本不存在。把这种当下立义看作类比立义或者当下化的立义，这一点对克服这种困难而言当然毫无帮助。试想，由于缺少对实在图像的感知，在当前实际完成的当下化立义要利用目前在意识中当下在场的想象材料，而前者要如何利用后者来使当下不在场的对象当下化并同时尊重其不在场性？此外，这种反对意见与胡塞尔已经提出的针对自己从前有关延留分析的观点非常相似；他由此得出的结论是：对实项地内在于意识的内容之当下立义，不能够解释指向过去对象（即在时间上不在场）的当下意识。[2]

虽然这种作为内图像意识的想象概念被可能无法克服的困难所损害，但它对更好的想象概念而言并非没有价值，也并非没有教训。我们首先要强调：它公正地对待把**想象**意识与**感知**意识区别开来的差异，因此完全没有重新陷入那种将**感知**与图像意识相混淆的理论（图像理论）——后者正是胡塞尔在《逻辑研究》第五研究第

1 *Hua* XXIII, texte n°8.

2 Cf. Rudolf Bernet, 《Einleitung》, *in* Edmund. Husserl, *Texte zur Phänomenologie des inneren Zeitbewusstseins (1893-1917)*, Hamburg, Meiner, 1985, p. XLV sq.

二章的附录中出色拒斥了的理论。非实在的内在图像要允许想象立义来使不在场的对象当下化。我们在力图明确这些非实在的内在图像地位时所遇到的困难，恰恰是由于其实在性的缺失。这意味着这些内在图像与那些心灵图像或内在的“事物”之间完全没有共同之处；因为根据感知的图像理论，后者被认为是当意识与超越的实在事物之实际在场相遇时而在意识之中产生的。另外，我们也看到，对胡塞尔来说，没有什么对象自在地就是图像；缺少了由当下化的意向性意识所进行的类比立义，即使一幅画也依然只是一件单纯的感知事物。因此，我们所有关于图像意识的分析只不过进一步肯定了胡塞尔用以拒绝感知的图像理论的主要论证，即图像意识远不能解释有关事物本身的感知，相反，还要以此为前提。

这不仅适用于有关**外在**（被感知的）图像的意识，而且同样适用于有关**被想象**的图像的意识。对胡塞尔而言，对内在图像的非实在性的意识只取决于我们对以下事实的意识：这种直观的内在想象不是**感知**而是对不在场对象的当下化，也就是说，是对实在在场对象之感知意识的**变更**。如果没有与相伴随的感知的对照或“冲突”，我们就将无法在想象与幻觉之间做出区分。在**外在的**想象中，对想象与感知之间差别的意识表达为对图像 - 事物的感知和对不在场对象的类比式当下化之间的区分，这一区分对于图像意识而言是构成性的。因而在感知图像缺失的情况下，就必须由相伴随的对于实在事物的感知来为我们提供所想象物的非实在特征。这就是为什么胡塞尔从 1904/1905 年的课程起就坚持认为，感知和想象这两种经验在强度上的差别，在持续性上的无限定或时有时无，在界域上的无限制或受限制，使我们确切地知道我们不能感知我们所想象之物。[1] 但事实上，这种有关感知经验和想象经验之间差别的观察只有借助新的想象概念，即作为虚构的感知中立化再生的想象概念才能获得最终的现象学辩护。实际上，在实现感知或想象活动的**内意识**层面才最本原地体现着它们之间的区别。在这个过程中，实在世界与想象世界之间区分的标准被内在化：通过令人满意的现象学逻辑，实在世界与想象世界之间的差别被导向对属于同一主体的两种不同生命模式之区分的内意识那里。[2]

胡塞尔有关图像意识的分析也为图像意识和**符号**意识之间的区分提供了坚实的现象学基础。这一决定性进步并不限于承认**想象**的**直观性**特征。它同样表现在现象学对超越性事物的**感知**（或“外感知”）所做分析中取得的重要进步。关于第一点，对不在场对象的想象性表征之直观性特征从《逻辑研究》起就已得到明确肯定。这就是为什么在《逻辑研究》第六研究中胡塞尔认可用于刻画想象行为的直观充实综合的特殊性质。由想象行为带来的这种意向充实不同于由感知行为而来的直观充实；在此意义上，前者不能用于**证实**断言。[3] 关于第二点，对于外感知，尤其是其中感知借以与事物未被感知方面相关联的部分意向，《逻辑研究》还远没有给出定论。相反，在之前的章节中我们已经指出，《逻辑研究》还将这种**空的**感知意向与**表义**意向相混淆。想象行为首先要被确认为**直观**的非本

1 Cf. *Hua* XXIII, n°1, § 28-29.

2 Cf. *infra*, p. 112 sq. et 141 sq.

3 *Sixième Recherche logique (op. cit.)*, § 16 et 38. 【译者注：另外参考贝耐特的法文著作《意识与存在》第一部分第 2 章第 1 节的内容，该节标题为“认知欲求及其直观充实”。】有关产生真实性充实的综合和局限于为一个陈述可能想要表达的内容提供单纯“示例”的直观充实之间的区别。

真表征，之后，正如胡塞尔从 1907 年的课程起所做的那样[1]，他才能将感知中的这些空的意向理解为感知事物的“非本真**显现**”。换句话说，首先要通过对想象的分析打开非本真形式的直观性视角，之后，感知中空的意向才能够与表义意向区别开来并被确认为缺乏直观内容的**感知**。在其 1913—1914 年重新撰写的《逻辑研究》第六研究中，胡塞尔仔细研究了这种“空的变更”并同时十分注意将其与感知的另一种变更，即想象变更区别开来。[2]

3. 内时间意识、过往对象的当下化以及作为再生意识的回忆

胡塞尔想象理论的第二次转变是内图像意识的分析遇到困境的直接结果，也是对回忆的全新理解带来的间接结果，这种新的理解将回忆视为通过**再生**意识这种非常特殊的当下化形式来使过往对象当下化。之前在图像意识意义上的回忆概念实际上遇到了与作为内图像意识的想象概念相同的困难。我们已经看到，这些困难不仅涉及**非实在的**（即既不是在物质性图像－事物意义上的实在，也不是在属于心理实在的心灵图像意义上的实在）内图像相当含混的地位，而且同样并尤其涉及通过在当下对当下在场的立义内容进行立

1　Cf. Edmund Husserl, *Ding und Raum. Vorlesungen 1907, Husserliana* XVI, herausgegeben von U. Claesges, Den Haag, Nijhoff, 1973, §16 et *passim* (trad. franç.: *Chose et espace. Leçons de 1907*, trad. par J. -F. Lavigne, Paris, PUF, 1989).

2　Cf. Edmund Husserl, *Logische Untersuchungen. Ergänzungsband. Erster Teil. Entwürfe zur Umarbeitung der VI. Untersuchung und zur Vorrede für die Neuauflage der Logischen Untersuchungen (Sommer 1913), Husserliana* XX/1,herausgegeben von U. Melle, Dordrecht/Boston/London, Kluwer Academic Publishers, 2002, p. 96 sq.

义来解释对不在场（过往的或想象的）对象的意识这种注定失败的尝试。如果说正是这种新的有关**回忆**（即指向**时间上**不在场对象的意识）的现象学分析敞开了重新理解想象（即作为对虚构对象感知的中立**再生**意识）的道路，这并非偶然。相反，这是对我们不断思考的关键事实的第一层揭示，即**所有对不在场之物的意识都只有凭借意识本身的时间性本质才得以可能**。

这种对回忆和想象之间结构性类比的强调，也是为了将想象意识从对当下在场或不在场的实在对象之各种依赖中解放出来。因为如果意向性意识能够通过自身（既不借助外在对象，比如物理图像；也无须内在实项内容的当下在场，比如感觉材料）与过往实际经验的对象相关联，那么，我们就可以预见它同样能够通过自身并凭借自身与想象经验的对象相关联。换言之，如果意识有能力从自身分出一个对于过往意识的当下意识，那么，它也一定能够从自身分出一个对关联着虚构对象的想象意识之当下意识。这种使想象意识**再生**同时也**生产**想象意识之意识，也是作为感知意识变更的想象，其中的感知意识仅以被变更者的方式（并因此从来都不是本原的）存在（其存在方式依然有待确定）。但的确，这种意识的本质依然难以理解，它会将有关意向性意识的现象学推至极限。

因此，让我们通过考察**回忆**行为来开始对这种新的想象学说的分析！回忆是借助本原经验的再生来使过往对象当下化的当下意识，可被视为再生意识的范例。让我们借用胡塞尔的例子，现在当我回忆另一个夜晚所见到的灯火辉煌的剧场时，该感知对象是作为属于过去之物被给予的。这个对象被给予的方式相当悖谬，因为剧场同时被给予而又没有被给予，或者说它被给予**为**不再本原地被给予。因此，对胡塞尔来说，利用图像意识模型来解释这种过往对象被给予的独特形式是有吸引力的。但我们已经指出，这种对回忆的解释会与根据图像的想象意识所进行的想象分析遭遇相同的困难。但对回忆而言还存在另一个问题：这不仅涉及当下发生的对当下在场的立义内容进行的类比立义如何能使一个不在场的对象直观地当下化的问题，而且还涉及这种立义如何能使这个不在场的对象作为属于过往实际经验的对象而当下化的问题。如果这个“过往”特征既不是当下立义的一个实在环节（或“谓词”），也不是当下立义内容的一个实在环节，那么它就必须借助一种时间意识来解释，这种时间意识比回忆更加原初，并且它不再适合通过对立义内容进行立义的方式而进行分析。这种时间的原－意识不仅必须保留过往的感知，而且还必须能够在这种过往的感知与当下的回忆行为之间建立关联——以突出这两者属于同一意识的时间流。没有这种本原的时间意识就无法理解我的回忆行为如何能够成功地再生我当前正在回忆的有关过往对象的本原经验。换言之，回忆行为的实现，一方面要求意识到当前的意识行为正再生另一个意识行为；另一方面意识到被再生的意识行为属于我的过去。这两种深层意识实际上属于同一意识，这就是内时间意识。但是，为了更好理解这种内时间意识的本质，我们必须首先解释什么是**内意识**，之后再指出这种内意识也是**时间意识**。

胡塞尔的**内意识**概念很大程度上受惠于布伦塔诺的心理学遗产。根据布伦塔诺，所有关于对象的意向性表征都伴随着对该表征之实现的“内表征”。对意向行为的这种内表征是一种前反思性意识，必须区别于将此意向行为作为其首要意向对象的反思性“观察”。[1] 忠实于导师的学说，胡塞尔本人也在意识行为的“内意识”与“内感知”或事后明确回想此意识行为的“反思”行为之间作出了区分。正如对布伦塔诺那样，对胡塞尔而言，正是意向行为的前反思性内意识这个**事实**，解释并奠基了通过内感知来对此意向行为进行反思性把握的**可能性**。由于这种前反思性内意识涉及意向行为之实现从内部被主体“体验”和“感觉”的方式，胡塞尔逐渐认可这种内意识的**印象性**特征并放弃布伦塔诺的内“表征”术语。在此，我们可以忽略以下事实，即对胡塞尔而言，如此被持续的内意识从内部所体验的不仅是同一主体的各种意向行为，而且同样还有感觉和其他“质料”内容。而最重要的是要去恰当理解这种印象性的内意识伴随着**所有**意向行为的实现——无论是当下意识行为（如感知）还是当下化意识行为（如回忆或者想象）。由此，我们后文也会看到，回忆或想象行为的内意识根本不会**产生意向性**意识的分化，并把意向性意识分化为进行再生的意向性意识和被再生的意向性意识；而只是以印象性体验的方式将这种分化记录下来。换言之，**伴随着回忆或想象行为之实现的内意识只是对再生意向性意识的印象性意识，而并非自身再生出另一个意向性意识的意向性意识。**

即使正是内意识说明了当下意识行为与当下化意识行为之间在实现方式上的差别，即使正是它由此构成两者之间区分的最终基础，内意识本身，就其印象性意识的本质而言，也不受这种区分的

1 Franz Brentano, *Psychologie vom empirischen Standpunkt. Erster Band*, herausgegeben von O. Kraus, Hamburg, Meiner, 1924, p. 180.【译者注：中文译本参考〔德〕弗兰兹・布伦塔诺：《从经验立场出发的心理学》，郝亿春译，北京：商务印书馆，2017。】

影响。胡塞尔花了相当长的时间才意识到这一点。这是由于以下简单的原因：在回忆行为的情形中，对再生行为的内意识也牵连着对被再生的先前感知的意识，而先前的感知在其原初实现过程中已经伴随着一种印象性的内意识。为了绝对精确，我们应该说，伴随着回忆行为进行的内意识是这样一种印象性意识，在其中，这种将过往进行当下化的意识行为，被体验为对另一个在过去曾被印象性体验的意识行为进行意向性变更。我们将看到，当从对回忆的分析进入对想象的分析时，情况会变得更加复杂。因为，对想象行为实现的内意识并非（如回忆行为的情形那样）是有关对另一个意识行为进行意向性变更之意识行为的印象性意识，其中另一个意识行为由同一个意识在先前已经印象性地体验过。相反，对想象的内意识是对再生出想象行为的行为之意识，而被再生的想象行为从来没有且未来也不会被伴随当前想象行为的意识印象性地体验。

胡塞尔有关回忆行为之内意识本质的学说很好地说明：将内意识与**时间意识**相等同绝不是偶然或随意。该等同的决定性一步是胡塞尔于 1906—1907 年在时间现象学中引入“绝对意识”概念时迈出的。[1] 将内意识指定为“绝对”意识不仅因为内意识是意识最原初的层面，也即意识最终的或无条件的形式；更因为胡塞尔此后在意向行为及其意向相关项的时间性（先验）构造中赋予内意识以关键作用。这带来对内意识时间性特征的新关注，也使胡塞尔注意到内意识的持续流动如何构成了一个特定主体的实际意识的统一。这就是为什么胡塞尔会如此坚持认为，持续更新的“**原印象**”构成了内

1 Cf. Rudolf Bernet, 《Einleitung》, *in* Edmund. Husserl, *Texte zur Phänomenologie des inneren Zeitbewusstseins (1893-1917)(op. cit.)*, p. XXXIII sq.

意识流，通过这些原印象，内意识与意向行为进行过程中不断接续的当下时刻相关联；而所有原印象通过胡塞尔赋予前摄意向和延留意向的特殊意向性形式相互联结。因此，在内意识中，每一个原印象都与指向即将到来或已然逝去的其他原印象的前摄意识和延留意识本原地交织在一起。（这里，不应该将**内**意识的延留意向和前摄意向与**意向性**意识，即那些当下化的意识行为——如回忆或期待相混淆，后者与属于过去或将来客观时间中的超越对象相关联！）

内意识的每个原印象都借助其与前摄意向和延留意向的“意向嵌套”而在意识流动中指向已然逝去或即将到来的其他原印象。因此，在其内意识的每一个“时段”，它都不仅意识到意向行为进行的当下时刻，而且同样还意识到其先前和随后的时刻。可以说，每一刻，内意识都同等地意识到意向行为在时间中的流动及其自身在流动中的连续性和统一性。因此，我们有必要在绝对意识中作出区分，区分出与意向行为的展开相关联的“横意向性”和与内意识或“绝对”意识自身统一之流动相关联的“纵意向性”。事实上，内意识的这两种延留意向性形式不仅是“不可分割的”（正如胡塞尔在早期文本中满足于断言的那样），而且横意向性的可能性建立在纵意向性的基础之上。实际上，正是对自身统一性的意识，使得内意识能够确保由同一个实在主体或“实在－我”所实际完成的所有意向行为具有时间上的统一性。[1]

借助这一作为时间意识的内意识概念，我们从此拥有了全部要素来把**回忆**的功能理解为对属于我过往经验的对象进行当下化。在

1 Cf. *infra*, p.141 sq. 我们的反思所受的启发来自：*Les manuscrits de Bernau sur la conscience du temps* (*Hua* XXXIII)。

更加精确分析这种使过去由我实际完成的感知**再生**的意识之前，或许我们还需要简要概述这种具有优先性的当下化形式如何区别于其他当下化意识行为，如想象或对另一个主体意识的理解。通过回忆来向我直观显现为过往的对象，不仅是实在对象而且还是属于我自身实际意识之过往经验的对象。因此，它既不是我在想象中借以逃脱自己现实生活的虚构对象，也不是指向我永远无法进入的、另一个主体之实际意向性意识的实在对象。在回忆中，当下的回忆行为和我过往的经验相遇，并且在完全保留分离两者的时间距离的同时相结合。想象使我生命的统一性分裂为两种截然不同的生命模式，和他人的相遇使我面对一个对我而言完全陌生的生命。与这两种经验不同，回忆将我生命中不一致的片段联结在一起，它悬置了时间的破坏性结果并向我保证了我人格同一性。

我们已经提到过，对回忆进行现象学分析的全部困难在于，此行为的意向对象在当下的显现是作为过去而当下显现的。如果这种对过往对象的当下化不能通过与过往对象相关联的当下**图像**的显现，即通过意向**对象**的分化来解释，那么求助于**意向性意识**自身的分化是有吸引力的。胡塞尔最终也正是采取了这条道路。但仍有待澄清的是，同一主体的意识如何能够分化为回忆的意识行为和被回忆的意识行为。我们最熟悉的意向性意识分化的形式是通过**反思**行为展现的。但如果这种反思必须被理解为内**感知**行为（正如胡塞尔在其著作中自始至终所认可的那样），那么，它就不能解释对**过往对象**进行回忆的可能性。构成内感知意向对象的实际上是**当下的**意向**行为**（例如外感知行为），而不是**过往的对象**（例如我昨晚看到的剧场）。当回忆时，即便我确实是在回忆曾经感知过的内容，我也既未**感知**感知行为也未感知其对象。因此，我们应该说回忆并非使对象当下显现而是使其**当下化**，并且使该对象作为过往感知的对象来当下化。因此，对过往感知的意识**被牵连**进我当下的回忆中，但该过往感知并不由此被感知为当下在场的对象。我们必须要明确过往感知在当下的回忆行为中所具有的这种**意向牵连**的性质。对此，胡塞尔指出，回忆在当下被我的内意识所**体验**并且被体验为对过往感知的**设定性、再生性的变更**。在这个有关回忆的定义中，每个词都很重要并值得解释。

胡塞尔所理解的**意向变更**，是对意向行为的一种转变。这种转变不仅使新的意识行为建立在本原意识行为的基础之上，而且还将后者的痕迹以**意向牵连**的方式保留在自身之中。例如，当一个对象的出现使我满心愉悦，对该对象的感知就不仅是前提而且实际上还构成我愉悦感受的一部分——即使这并不意味着，我并非在为**对象**的当下显现而感到愉悦，只是在为指向该对象的**感知**感到愉悦。根据《观念一》的理论，意向行为实现的所有信念模态，即质疑、提问、否定等都是对相信对象实存之**信念**或本原信念的变更，而经由此变更，该对象的存在向我显现为可疑的、成问题的或非实存的。**再生性**变更与这些信念变更在本质上有所区别，因为被意向牵连的意识行为并不构成变更意识行为的一部分。依然以回忆为例，被牵连进我当下有关过往对象回忆行为中的过往感知，不属于内在于此意识行为的实项内容。因为如果是这样，该感知就不再属于过去而是和当下的回忆行为一样当下在场。因此，被再生的过往感知及其在当下回忆中的再生——即使这两种意识行为同属于一个意识——也依然被不可逾越的时间距离所阻隔。

然而，我究竟如何确切知道我回忆中被再生的意识行为不仅是**过往的**意识行为，还是**我**过往的意识行为？这可以通过构成胡塞尔关于回忆界定的第三个要素，即**内意识**来说明。我们已经强调了内意识的**时间**特性。内意识使得回忆行为被我**体验**为是对先前感知的再生，而先前感知行为的实际完成曾在过去被我所体验。[1] 在上文中，我们强调了内意识的**印象性**特征。因此，我们要做如下补充：伴随着回忆进行的内意识是对再生感知行为之回忆行为的印象性意识，而被再生的感知行为自身在过去也曾被我**印象性地**体验。[2] 另外，当回想到内意识同样是对**其自身流动整体**的（纵）意识，我们就最终掌握了用于理解如下问题的全部要素，即对回忆行为的内意识如何意识到当下的回忆行为和在回忆中被再生的过往意识行为属于同一意识时间流。胡塞尔认为，这可以通过如下方式证实：我们努力探索被再生行为的前摄性界域，直至我们将其与对当下回忆行为的意识再次接合。我们知道这种回忆当中的回忆（以及所有回忆）只有借助内意识具有**延留**能力这一根本性质才得以可能。我的意识之过往行为实际上只有当其没有超出此意识，也即当其被延留性地（但并非在"实项"内在意义上实在地）保持在我的意识中时才能被当下的回忆再生。胡塞尔在其围绕再生的意识行为和被再生的意识行为之意识统一性证明中求助于回忆当中的回忆。回忆当中的回忆应当被理解为对过往意识行为之前摄性界域的探索，而过往

1　Cf. *Hua* XXIII, textes n°s 14 et n° 15 et app. XXXV (1911-1912).

2　Cf. *Hua* XXIII, p. 330, n. 3:"在与所有体验的关联中，内意识都是印象：每个体验都是印象性的。一切再生性变更都是对'以印象性方式'被内在'意识到的'体验之再生，而再生本身则被印象性地意识到。"

意识行为的体验被内意识延留性地保存。确切地说，这涉及——通过一系列回忆的**意向行为**——对属于**内意识**之延留的前摄性界域的探索。

我们还要理解，胡塞尔如何解释我——通过构成当下回忆行为的这种对过往感知的再生性变更——所回忆起的是过往的**对象**而非过往的感知行为。因为，即使实际上有可能回忆过往的感知，胡塞尔坚持认为这和回忆过去的对象不是一回事。为了能够回忆过往的**感知**，比如我曾经感知灯火通明的剧场的方式，回忆这个过去的对象是不够的，而必须在此回忆内部进行一种反思。这意味着在对过去**对象**的单纯回忆中，其本原经验——虽然被再生——却没有明晰地被给予。这种过往的经验只是被**意向牵连**进对过往对象回忆的当下化中。换句话说，回忆是一种通过对过往本原经验的再生来使过往对象当下化的意向性意识，被再生的经验被意向牵连进回忆行为中而没有被其明晰地当下化。但正是这种对其本原经验的内再生才使得回忆对象的当下化成为可能，即回忆对象作为过往对象（而非作为当前“亲身”在场的对象）而实际的（而非虚构的）和本原的（而非在借助图像表征意义上想象的）显现。

在转向由想象的再生性意向性意识所构成的另一种形式的不在场对象的直观当下化之前，我们还需要再强调印象性意识和再生性意识在回忆行为中相交织的独特方式。我们已经看到，以直观方式把过往对象作为过往而当下化的回忆是由主体实际完成的一种意识行为，因此在其当前的进行过程中被内意识印象性地体验。由于这种被印象性体验的回忆行为牵连着对同样曾被内意识本原地、印象性地体验过的过往感知的再生，因此回忆的意向行为作为（当前被印象性体验的）实际再生的意识行为不仅涉及对过往感知行为的再生，同样涉及对其印象性体验的再生。这种在回忆的意向行为中一个印象对另一个的印象的再生之所以可能，这是由于被再生的印象现在和过去都从来并非单纯点状和孤立的印象。当前在回忆中被再生的对过往本原感知的原印象，实际上从一开始就与对其他原印象的（延留和前摄）意识“不可分割地”交织在一起，其他这些原印象与此感知本原持续期间的其他时刻相关联。因此，我们应该说，被再生的原印象原初就已经在运作着对其他原印象的某种（延留和前摄）再生，这先于该原印象成为（其自身也被印象性体验的）回忆**意向行为**的明晰再生对象而发生。

因此，我们可以更进一步指出缺少了（双重）印象就不可能有再生，而且所有印象都已经牵连一种原初的再生形式。如果情况如此，那么这就促使我们进一步思考：在所有感知的本质中，难道不包括从其原初实现起就向在后来回忆行为中明晰再生的可能性敞开？我们无意掩盖这种假设的大胆且与胡塞尔分析之文字的不太一致。该假设将在后文对想象分析结束时所提出的另一个同样不失大胆的假设中获得较自然的延伸，这个假设涉及感知生命和想象生命之间的**相互**牵连。这个新假设将在胡塞尔原本的命题上附加一个新的命题。胡塞尔原本的命题是：所有的想象必然包含对（虚构）感知的变更。我们附加的命题是：所有的感知已经牵连虚构变更的可能性。声称所有感知从其本原实现开始就伴随有对其可能在回忆中被重拾或在虚构中被变更的隐含意识，这并非要否定感知的本原特征，从而（以一种荒谬的方式）使其成为回忆或想象的变更。相反，这是要攻击（指向直观在场对象的）感知经验自主性的预设，是为了让我们注意到笼罩在感知对象明亮的当下显现上不在场的阴影，是为了让我们明白所有感知都向着感知本身无法实现的可能性敞开。

我们对胡塞尔有关过往对象当下化分析的处理不可能绕过《胡塞尔全集》第23卷的大量文本。在该文本中，胡塞尔细致入微地考察了不同信念模式，而回忆行为的实际完成要根据不同的信念模式而发生变化。如果还需要补充的话，这些分析确认了再生性变更完全不同于信念变更。怀疑其自身真实性的回忆显然和可疑的感知不同。但中立的回忆行为与本质上作为中立的再生性意识的想象之间又有什么区别？这个问题十分重要，因为它迫使我们追问那些还能将回忆与想象区别开来的所有特征，虽然两者存在结构上的相类性。当通常伴随回忆行为的信念被中立，这意味着回忆的人避免设定其所回忆的**过往**对象的实存，也就是说，他在面对承认被回忆对象以当前回忆的方式真实发生过的要求时退缩了。相反，在想象行为中，主体悬置其对**当前**想象或虚构对象实存的信念——这并非因为他有疑虑，而是**知道**他只是在对其进行想象。如果我们反思在两种情形中引发信念中立的**冲突**形式，回忆与想象之间的区分还会更加清楚地凸显出来。引发我悬置有关回忆对象以我当前回忆方式真实发生过的信念的原因只能是与另一回忆的冲突，另一回忆反驳或至少质疑我的第一个回忆。面对有关同一过往事件的两种不相容的回忆，我犹豫着并且（至少暂时地）不信任两者中的任何一个。而在想象的情形中，引发悬置被当下化对象实存信念的是另一种秩序，这使得所有想象设定必须被中立。因为导致想象的意向对象实存设定中立化的冲突并非不同想象之间的冲突，而是我所有想象与我所有其他经验（感知、回忆、同感等）之间的冲突。阻止我相信半人马实存的当然不是希腊神话中的女战士，而是我所有关于实在的人和马的经验。半人马和女战士属于想象 - 我的世界，其生命模式和生活世界与实在 - 我（Real-Ich）的模式不相容，尽管想象是实际进行的意识行为并因此被印象性地体验。正如我们马上就要看到的，这意味着想象利用了与回忆不同的对另一种感知的另一类再生，而且还意味着内意识能够意识到这种关键的差别。[1]

4. 虚构对象的当下化与作为中立再生意识的想象

我们已经提及的有关“想象”的内容在本质上涉及胡塞尔所谓的“纯粹”想象，即清除所有实在的沾染——甚至是（外在或内在）图像的实在。这因此涉及自由地产生，或以臆想的方式创造虚构对象或想象世界的直观意识。正如神怪故事或神话故事的例子所清楚展示的那样，这些虚构的对象和世界有其自身一致性的形式。它们产生于一种独特的意识或态度，不仅有别于有关实在生活的**感知**，而且还有别于胡塞尔所谓的**“感知想象”**。感知想象本质上在于**看见**非实在的（即缺乏实存的）某物，例如（在审美注视的特殊形式

1　事实上，先于这种有关想象和中立性回忆之间区分的观念，在 1909 年左右所写的文本中有另外一种理论，将想象所固有的中立之再生作为所有设定性回忆行为得以实现的构成部分（或至少是必要条件）（cf. *Hua* XXIII, n° 3, pp. 212-217; n° 5, pp.229-233, n° 11, pp. 286-288）。能够为这种将回忆奠基于想象的观念进行辩护的唯一论证可能在于：回忆对象与想象对象的给予方式具有同样类型的浮现特征，即同样的非实在的（非亲身的）显现。但我们要立刻补充，没有什么能证明真的有可能让想象的虚构对象当下化是为了随后将其与我过往的实际经验过程相连接，并将其设定为曾经实际存在。完全相反，想要从虚构的变更中得出过往对象的直观给予以及有关其真实实在的信念看起来是荒谬的。

中）看见画的图像 - 对象。如果这种感知想象看起来依然类似错觉，我们绝对无法以此方式看待**纯粹想象**或虚构想象。因此，我们需要明确纯粹想象的直观的——但非感知的——特征以及对其对象实存的中立设定，这些使纯粹想象经验不再与感知的错觉经验相混淆。这不仅要求对纯粹想象、感知想象和感知错觉中各自包含的不同种类**冲突**有更好的理解，而且同样要求对**错觉的假象**和**想象的假象**之间的区别有更好的理解。

根据最常被接受的观念，**错觉**是错误的感知。这包括，比如看见一个真人在那儿，但实际上它只是个人像模型。为了让自己随后意识到我所感知的只不过是错觉，我必须拥有对事物更加准确的新的感知。一旦错觉被揭穿，之前的感知就不再是感知；我既无法再相信其对象的“亲身”显现，也无法再相信其实存。阻止我的正是一个新的实际存在对象的感知给予。一旦我发觉这个人形之物实际上是一个蜡像，我就无法再将其感知为一个真实的人。之前导致错觉的感知并没有因此从我的意识中消失而是被保留为错觉，或者如胡塞尔所言，以“被划掉”的感知形式保留其中。但是，难道不是可以同样设想在判断这究竟是个人像还是真人的问题上我犹豫不决，没办法做出决断，也就是说，我无法决定将我的信念给予这两种显现中的任何一方？在这种情况下，这两个对象对我而言都转变为没有实存的单纯显现，我观看却不相信我所看到的内容，我自发地悬置或中立所有关于这些显现实存的设定。一旦剥离了对那些显现对象的实存设定，这种个别经验就既不是真正的感知，也不是错误的感知（即错觉）。相反，这里涉及的是对两种缺少实在性的，即非实在或想象对象之双重中立（但非被划掉）的感知。除了胡塞尔自己所用的“感知想象”这个术语，没有任何其他名称更适合用来刻画这种悖谬式经验的特征。这类感知想象与纯粹想象都对其意向对象的实存设定进行**中立化**，但又通过自身的**感知**特征与后者区别开来，也就是说，感知想象包含（由内意识印象性地体验的）实际感知而非对虚构感知的再生。

因此，**纯粹想象**中虚构对象的非实在性特征必须既要和产生错觉的感知对象之非实在性，也要和感知想象对象之非实在性仔细区别开来。**产生错觉的感知**对象是我曾经相信其为实在的对象，但由于另一个与该对象实在性相矛盾但却获得证实的对象之感知给予，我必须放弃先前对象的实存设定。这种对错觉的纠正发生在**冲突**经验之后，冲突牵连着两个属于实在世界的感知对象（或者更确切地说，牵连同一个实在对象的两种感知显现）。正是这种冲突迫使我拒绝先前的实存设定而考虑一种新的实存设定。这种情况既不存在于感知想象中也不存在于纯粹想象中。在任何一种形式的想象中，对意向对象实存设定的（中立化）变更都并非来自从外部**强加**于我的**实在对象**的感知显现，而且该实在对象的实存与**想象对象**的虚构存在不相容。因为想象对象不会与实在世界的对象发生冲突：有关半人马的非实在性的意识不会来自对一匹马的单纯感知。这意味着对想象对象实存的中立化变更并非出自实在世界的限制，而是由想象这些非实在存在的主体所**自由**采取的态度产生。更确切地说，它是通过对我实现此想象行为之方式的内意识所产生。

所有想象都是主体**自由**的意识行为的成果。在**感知想象**的情形中，是由我来决定悬置自己对所感知之物之实存的信念以及感知该对象的方式。即使该决定确实不能不和感知对象显现的方式相关联，即使相反，它正是由该对象在实在世界中不确定、易变或不一致的显现方式所**引发**，同样也很确定的是任何一种显现方式单凭自身都不足以使我取消对该对象实际存在的设定。在现实中，没有什么能**迫使**我注视一个非实在对象（比如一幅画的图像－对象）或取消感知对象（比如人像和真人）实际实在的特征。在**纯粹想象**的情形中更是如此，它**不**再依赖由对实在的感知所带来的**直接引发**。在这个意义上，纯粹想象行为的自由可以说是绝对的。即使对虚构对象（比如半人马）的想象通常会利用从对实在的感知中所汲取的要素，我们实际上也不能说正是这种（对人或马的）感知引发了我对虚构对象的想象式当下化。在我对实在的经验中，没有什么能够促使我想象一群半人马与一队希腊神话女战士之间的战斗。

或被引发，或绝对的特点分别构成了感知想象或纯粹想象行为自由的特征。这种特征延伸到这两种类型的想象对各自意向对象的实存进行**中立化**设定的方式中。在**感知想象**中，中立变更被用于感知意识，即被用于由内意识印象性地体验到的感知行为。这样一来，让我们再次使用前面的一个例子，对一幅画非实在之图像－对象的审美感知，伴随有对我在画布上实际感知到的线条和色彩的物质实存的中立化。相反，当我通过**纯粹想象**行为想象半人马的时候，此半人马立即作为一个非实在的直观对象被给予我——对其实存的中立化不需要绕道实际感知的中立化来实现。我从来没见过半人马，因此，我使其成为这种非实在对象的想象表征不可能来自对先前感知的变更。换句话说，半人马的直观给予远非建立在在先被给予、随后被变更的感知基础上，而是我自我给予的一种所予，是我通过自由创作出的半人马的想象表征而创造的所予。因此，这种准－感知的首次出现及其中立化变更是同时发生的。即使感知想象和纯粹想象这两者都存在于我对实在的实际经验的边缘，在对感知对象预先存在的实在性进行想象式转变，和对虚构对象的伪－实在性进行自由创造之间也仍然存在巨大差别。

因此，虚构对象或世界的这种伪－实在性的存在模式既不能与被划掉的实存之存在模式，也不能与被悬置的实存之存在模式相混淆。这意味着，那影响到所有与虚构对象直观关联的意识行为的中立化变更，其结果既不是要否定这些虚构对象的实存，也不是要通过剥夺其各种实存形式来使其脱离存在（在胡塞尔看来，这与一切“对象”的本体论本质相矛盾）。在纯粹想象中，对意向对象实存设定的中立化把**对其虚构存在的断言**作为积极补偿。这种虚构存在的模式是一种特殊的存在模式，它从一种依然有待我们确定其本质的独特的当下化意识之自由中获得其非实在的存在。

那么，意识要如何才能自由地产生虚构对象，以及它如何在这些虚构对象和客观世界的实在对象之间成功做出区分？关于第一个问题，所有的困难都根源于如下事实：纯粹想象是一种**直观**当下化的意识行为，它既不牵连对实际感知的变更（如在感知想象中的情形），也不牵连对过往感知的再生（如在回忆中的情形）——即便我们看到，它通过意向对象实存的中立化而与感知想象相关联，通过其再生性本质而与回忆相关联。因此，应该说**纯粹想象是一种中立的再生意识，它使具有虚构存在形式的非实在对象直观当下化。**纯粹想象的**再生性**特征不仅是这个界定中的核心要素，而且也是唯一一个我们迄今为止尚未阐明的要素。在所有现象中，能够辩护以再生意识来对纯粹想象进行现象学分析的是：纯粹想象如同回忆那样使**不在场对象**直观当下化，也就是说，其对象从本质上区别于被当前实际意识在想象不在场对象期间仍持续感知到的当下在场的对象。胡塞尔由此得出结论认为，在纯粹想象中和在回忆中一样，对不在场对象显现的意识都必须借助当前当下化意识行为中对不在场感知的意向牵连来解释。由此，他认可如下事实，在纯粹想象中，虚构对象——完全在感知世界中缺席——对想象它的意识却如此之显现以至于它**几乎**被感知，并且纯粹想象因此应该被视为"**准－感知**"。这种对不在场对象的准－感知，与借助对**真实在场**图像的**实际**感知而实现的对不在场对象之当下化行为相比，实际上和回忆行为更相近。

但我们的分析不能止步于对纯粹想象与回忆之间这种结构性相似的确认，还有必要继续澄清对想象或虚构感知之再生和对过往感知之再生之间的差别。纯粹想象和回忆之间的这种差别全部集中于"**准**"或"**仿佛**"的特征，被再生的虚构感知是带着这样的特征来被内意识所体验到。"准"的独特存在模式是对如下事实的表达：对虚构对象的所谓感知并非对实在对象的实际感知，也从未在过去对其实际感知过。换言之，有关虚构对象的准－感知是一种对隐含感知的变更，这种隐含感知在经受向准－感知的变更之前还从未实现过。与回忆相反，这里涉及一种再生，是在使其再生的同时**产生**准－感知；这里涉及一种变更，是在使其变更的同时**创造**使其变更为准－感知的感知。这种既悖谬又神秘的活动只有借助胡塞尔的**内意识**学说才能变得可以理解。根据这个学说，所有意识行为——无论涉及当下的意识行为还是当下化的意识行为——的实际进行都必然伴随有对该意识行为的隐含的印象性体验。很显然，纯粹想象（正如回忆一样）是这样一种实际进行并因此以印象性方式如其所是地被内意识所体验，即使该意识行为包含着对从未在以前实现过的不在场感知的再生。在想象半人马与（希腊神话中）女战士之间的战斗时，我在实际地进行想象（甚至是在我只是让自己想象我在想象等的情形中），也就是说，这种纯粹想象的意识行为在其当前的进行中必然被印象性地体验。但是，我这般印象性地体验到的只是我的再生性想象的意识行为——而不是对想象情景的被想象的感知。后者只是作为一种虚构被单纯地当下化。因此，该情景只是被我想象出的——被想象性地再生并被牵连进我当前想象行为中的——感知的意向对象。因此，我们要说内意识在纯粹想象的意向行为进行中所体验到的，是这样一种意向行为的实际进行，该行为再生出想象的感知行为，而该感知行为的对象并不属于实在世界而属于虚构世界。

对纯粹想象行为实现过程的内意识就是对一种再生出想象的意向性意识之实际意向性意识的意识。换言之，**对纯粹想象行为进行过程的内意识，是对意向性意识分化的体验**。在纯粹想象的特殊情形中，意向性意识的这种分化相当于一种真正**分裂**，因为想象的意识和被想象的意识（或者说再生性意识和被再生的意识）具有完全不同的本质。与回忆相反，在回忆中，进行再生的当前意识和被再生的过往意识属于同一实际意向性意识之时间流的不同时刻，并且它们如其所是地被内意识以印象性方式所体验；而进行想象的意识和被想象的意识却彼此永远陌生并且相互分离。一旦再生性想象行为被实现，这种分离便立即在内意识中显现出来。因为想象的再生行为和被想象的感知行为并非以同样的方式被内意识所体验。第一种意向行为被印象性地体验，而第二种现在没有并且过去也从未被印象性地体验到。然而，被想象的意识行为依然是一种其实现过程被内意识所伴随的意识行为，但内意识是以非印象性的方式（即远距离的）将其体验为被变更的感知，被意向牵连进实际的想象再生的意识行为中。因此，内意识既意识到这两种形式的意向性意识之间的区别，也意识到它们在同一再生性的想象意向行为中的结合。它是对两种形式的意向性意识之间不相容性的意识，其中的一种（被想象的感知）永远不能脱离另一种（实际的虚构或再生性想象）。

因此，纯粹想象或再生性想象所遇到的**冲突**发生在**意识自身内部**，并且其意向对象非实在或虚构的特征是由该冲突被内意识所体验的方式带来的**结果**。我们甚至可以说，纯粹想象的正常进行会**排除**想象对象之虚构存在与实在对象之实际存在之间**外在**冲突的出现。因为只要内意识警惕着同一主体在想象的生命和实际生命之间的分离，虚构感知的非实在对象就不可能闯入实在对象的世界。因此我们必须牢记，**对虚构对象实存设定的中立化并非由于该对象非实在的显现，而是相反，正是对我的实在生命与想象生命之间差别的意识，使得被我想象的对象向我呈现为非实在**。

我们关于再生性想象中准－感知的主体性实现模式，以及虚构对象的显现模式所说的全部内容都是如下事实的直接结果，即对进行再生性想象的主体而言，想象具有一种显著的不可还原的他异性印记。我们将会明确这种他异性本质，它刻画了想象再生**的**主体与想象再生**中**的主体之间的关系特征；并且我们还会去评估主张再生性想象代表了他异性经验最基本形式的假定。[1] 目前，我们暂且满足如下观察，与想象意识相关的被想象意识的他异性具有多种表现方式。胡塞尔尤其提到想象情景具有较弱的生动性，或强度以及其有限的持续时间。有的人，如萨特则更加强调想象世界的贫乏及其对有关实在世界之实际丰富经验的借用。我们可以通过补充这些现象学描述而指出，作为想象世界准－存在根源的、具有创造性自由的意识行为使得想象世界永远不能以实在世界的方式被预先给予，而且相反，想象的世界只能相对想象它的人在持续的想象过程中而存在。然而，所有这些有关实在世界与想象世界之间根本差别的不同外在表现，都建立在对不可逾越的差异之内意识的基础上，这种差异把被主体印象性体验到的意向行为的进行与那些现在没有且过去从未被体验过的意向行为的进行区分开来。内意识把握着所有被同一主体印象性体验的意识行为，以便将其统一在由主体的实际生活所构成的这个独一和整体的网中；而那些被再生的意识行为，由于未被主体印象性地体验，它们自身坚决抵制被整合到这个实际生活中的所有尝试。

但在我的实际生活中，对我想象的准－感知及其虚构的准－对象的这种边缘化，并不妨碍那些属于同一个被我想象的准－感知语境之不同的想象意识行为自身形成想象生命的（有限）统一体。同一想象生命持续的这段时间统一体把同一虚构的准－世界或“想象世界”持续期间的统一作为意向相关项。后者因此是这样的世界，

1　另外 Cf. Rudolf Bernet, 《L’analyse husserlienne de l’imagination comme fondement du concept freudien d’inconscient》, in *ALTER. Revue de phénoménologie*, n° 4, Fontenay-aux-Roses, 1996, pp. 43-67。

在其中同一想象的主体或“想象 – 我”实现其想象的生命。这个想象 – 我本身没有任何合理的理由不相信他的想象世界的存在。我们因此可以说，在想象 – 我及其想象的世界之间编织出一种平行的生命统一体，他构成了对实在主体（实在 – 我）在实在世界中实现的实际生活的一种想象式模仿或反照。与实在主体及实在世界相反，这个想象的主体及其虚构世界只能与特定的再生性想象持续相同的时间，比如上演一则神话故事或一部短篇小说的再生性想象。因为我们无法设想一个想象 – 我在其特定的想象世界中的生命，可以和另一个想象 – 我的这种生命以如此方式相连接，以至于我们有可能去谈论同一个想象生命的两个片段。所以，我们同样无法设想不同的想象世界之间有任何共同点，以及半人马横行的世界和白雪公主死一般沉睡于其中的世界可以构成同一个想象世界。相反，每一个想象 – 我都生活在自己的世界里，有多少个想象 – 我就有多少个想象世界。

因此，这种与实际生活以及实在 – 我的实在世界的对比是强烈的，而且也正是由于内意识对这种对比的体验，使得想象 – 我所相信的一切对象都被实在 – 我贬低为虚构的伪 – 对象。与想象的经验相反，同一实在 – 我的所有实际经验事实上都被整合进发生在同一实在世界的同一实际生命的结构之中。想象 – 我及其虚构世界在原则上可以无限增多，而所有实际经验却发生在同一实在世界且属于同一实在 – 我。但由于生活在实在世界和任何一个虚构世界的仍是同一主体，我们应当得出结论：主体可以驾驭双重生命，即一种实际的生命和一种想象的生命。这两种形式的生命——尽管存在我们已经提及的所有那些本质差别——并非完全分离，因为想象的生活连带其想象的主体仍然是再生性想象之实际意识行为的产物。因此，在某段时间中，特定的想象－我的虚构生命与实在－我的实际生命叠合在一起。换言之，被我所想象的多个虚构主体之多重想象生活的那些片段或情节仍然都扎根于我实际生命不间断的脉络中。这种想象物在实在中的扎根远非单纯逻辑或形而上学要求的结果，而是清楚地被主体的内意识所证实。这种内意识实际上是对使虚构对象当下化的纯粹想象之再生性特征的意识。

想象对于感知的这种依赖——所有纯粹想象的意向行为都牵连被再生且被变更为虚构的感知——丝毫没有剥夺想象的绝对**自由**。因为在再生性想象中，被变更的感知远非被预先给予或先于其想象的变更而存在，而是由其想象变更的过程本身所自由产生的。因此，纯粹想象绝不是从**实际**感知而来的派生。一旦这种（确实在胡塞尔的解释者，尤其是批评者中相当常见的）误解被排除，那么我们就要追问，感知与想象之间的这种特殊关联难道不同样适用于一种相反方向的解读。当然，这另一种解读不能贸然认为一切实际感知都是对纯粹想象进行变更的结果。但这丝毫不妨碍我们认为（正如胡塞尔在其他地方非常明确地指出的）一切想象都已经蕴含对被想象对象进行实际感知的**可能性**，至少是一种**理念的**可能性。[1] 因此，我们可以认为，如果只是想要探索感知行为得以实现的理念可能性或意向对象感知给予的纯粹本质，那么我们可以从纯粹想象中学到很多，虽然后者只是在想象一种虚构的感知。这就解释了为什

1　读者可以在我们的第 5 章【译者注：本书的第 10 篇论文《胡塞尔的唯心论：可能或实在对象与先验意识》】找到对“实在的”可能性与“理念的”可能性之间区分更加精确的分析。

么对一切感知行为共同**本质**的现象学研究更愿意使用纯粹想象出来的而非实际进行的感知案例。实际上，从想象的感知事例出发，对感知本质特征的直观更容易实现。这使现象学本质学得以免去明确和费力的还原，这种还原针对感知的实际进行以及与其意向对象之实际存在相关的内容。实际上，所有对感知本质的直观都预设这样一种还原，而这种还原通过纯粹想象行为的进行就自然实现了。正是出于这个原因，胡塞尔毫不犹豫地宣称想象构成了本质现象学的生命要素。[1]

有关感知的本质现象学并非唯一从分析有关单纯被想象的，即被**远距离体验**的意向行为之经验所带来的慷慨教导中受益的案例。我们已经提出，纯粹想象所建立的对想象这种当下化意识行为的印象性体验，和被想象的感知之间的距离可以很好地作为所有其他形式的他异性，甚至外在性的模板，这些都是主体性意识在其各种经验的统一过程中所必须面对的。因此，我们可以不无道理地设想，将实际意识展现－外置（ex-position）给被其自由想象的第二种生命的这种可能性，包含在意识与其自身意向行为**保持距离的**所有其他形式中。因此，如同对实际经验意义的陈述及其语言表达那样，对过往意识行为的回忆也借助意识的想象能力而成为可能并获得中介。毫无疑问，对胡塞尔而言，意识经验陌生意识的方式更是如此。实际上，与另一个主体生命同感（empathie）的各种形式都需

1　但在第 5 章【译者注：本书的第 10 篇论文《胡塞尔的唯心论：可能或实在对象与先验意识》】我们将会看到，当先验现象学不再关注感知的本质，而开始关注我们关于实在世界的经验对象的实存信念的辩护时，感知相较于想象最终还是重新占据了上风，因为这种辩护只有实际感知才能做到。

要想象。只有借助我的想象，我才能设想自己置身于另一个对我而言看不见且无论如何也无法通达的意识之中。但我们必须要承认，这种在陌生意识中的换位始终是我自由选择的展现－外置，而非向一个不可想象也无法追忆的他异性的脆弱暴露。即使想象另一个意识的生命是可能的并且常常特别有用，这种对陌生意识的想象表征也并不一定构成了我与他人相遇的唯一模式或最有意义的模式。

八、胡塞尔论肉身与冲动主体的快感

内在作为外界，外部成为令人窒息的侵入以及两者的翻转。[1]

1. 活的身体之内外交融与肉身感觉

我们必须承认，胡塞尔在《观念二》中关于活的身体的所有现象学分析，[2]无论多么具有革新性，但仍处于“身体”与“心灵”之统一的传统形而上学框架之中。另外，胡塞尔还明确援引了柏拉图和亚里士多德式的概念，涉及心灵的不同层次及其作为身体运动调控原则的功能。[3] 但对胡塞尔来说，身体和心灵的统一体远非两种异质实体相统一的结果，而是构成了一种特殊实在，其中这两个层

1　Maurice Blanchot, *L'entretien infini*, Paris, Gallimard, 1969, p. 65 sq.【译者注：中文译本参考〔法〕莫里斯·布朗肖：《无尽的谈话》，尉光吉译，南京：南京大学出版社，2016。本处正文中的中译文由译者独立完成。】

2　Edmund Husserl, *Ideen zu einer reinen Phänomenologie und phänomenologischen Philosophie. Zweites Buch, Husserliana* VI, La Haye, M. Nijhoff, 1952; trad. fr. par E. Escoubas (时有改动), *Idées directrices pour une phénoménologie et une philosophie phénoménologieque pures. Livre Second*, Paris, P.U.F., 1982（此后引用皆写作《观念二》并首先标注法文译本的页码，随后是德文文本的页码。）【译者注：中文译本参考〔德〕胡塞尔：《现象学的构成研究》，李幼蒸译，北京：中国人民大学出版社，2013。本文中胡塞尔著作的引文均由译者独立完成。】

3　*Idées II*, § 32, p. 193/134.

次不仅是不可分割的，而且（即便不是在他人那里）至少对我而言也同样是无法区分的。对胡塞尔而言，既不存在没有心灵的活的身体，也不存在没有活的身体的心灵。[1] 当我们将心灵从活的身体中割裂出去时，我们就把后者还原为单纯的物质性物体（躯体）；而当我们抽掉其活的身体时，心灵就转变为纯粹“精神”。因此，就人而言，其统一体并非由躯体与精神的相遇所**组成**，并且其心灵与活的身体之原初统一的解体总是带着非人化的风险。但活的身体与心灵的这种统一有多重含义，取决于我们站在自身还是他人的立场上来把握，而且也取决于我们站在自身立场上根据其运行原则还是明确意识内容来把握。我们将通过区分活的身体的如下多重含义来讨论这些差别：活的身体作为“感知器官”和作为被感知到的“身体躯体”，活的身体作为在感性自我触发中被自身体验到的内在肉身和作为在空间中显现的身体——无论是我的双手所触摸的邻近空间，还是允许我的肉身意识移至“那里”并从那里或甚至从“无论哪里”来把握其“这里”的遥远空间。

虽说对胡塞尔而言，活的身体和心灵通过持久性关联关系连接在一起，但它们既不同一也不等价。在所有由主体发起的活动中，活的身体都服务于心灵的意向。[2] 即便离开活的身体的作用就不存在对事物的感知，但相比于活的身体，心灵才更是感知者。对胡塞尔而言，活的身体是感知器官，而感知源自心灵。[3] 同样，在其所

1 Cf. *Idées II*, § 21, p. 142/94 有关“幽灵”的活的身体。

2 *Idées II*, § 21, p.141 sq./94：“各构成部分紧密地交织在一起并相互渗透 [……]。另一方面，很容易辨认出心理的方面具有一种优先权 [……]。”【译者注：本篇论文正文及脚注中的引文皆为法文，中译文按照法文引文翻译，以下不再一一说明。】

3 *Idées II*, § 18a), p. 92/56.

有意愿运动中，活的身体服从心灵的能力（“我能”），并且只是在执行后者意愿：它成为“意愿的器官”。[1] 因此我们可以说，对胡塞尔而言，本质上是心灵作为能动原则使活的身体向世界敞开。但我们不能由此得出结论认为如果失去心灵的指导并听凭自身的话，活的身体将陷入一种无生命的、惰性的和准－物质的麻木。这是不可能的，因为只要活的身体依然与心灵一体（哪怕心灵沉睡了或是陷入被动消沉状态），活的身体就不可能衰退为单纯躯体。之所以不可能，这是因为即使自身运转，活的身体也保留着其全部生命、其感受性及其肉身意识。本己身体根本不是被流放心灵的单纯皮囊。即使失去来自世界的请求和限制，本己身体也仍然能唤醒自身并引起心灵对其肉身生命的关注。另外，我们有恰当的理由认为，如果活的身体无感于自身生命并且因此丧失了感受性自我关联，那么它也将会是拙劣的感知器官。

对胡塞尔而言，如果丧失心灵的调控能力和“立义”，肉身意识也会因此而丧失对于对象的所有意向性表征。单凭自身，活的身体只能**感觉**不能感知；但它并非只是自我感觉，而是也能感觉它所接触到的事物。它感觉事物并感觉自身，这两种形式的感觉如此这般交织在一起，以至于从一种形式到另一种形式无需任何过渡。向来不乏做出区分的胡塞尔至少描述了五种不同类型的肉身“感觉”：①“呈现性”或“质料的”感觉，比如，对红的感觉通过意向性立义来与对象被感知到的颜色关联。②“感受性”感觉，与呈现性感觉一样经过意向性立义来与意向对象的（伦理的、审美的、实用的）

1 *Idées II*, § 38, p. 215/151.

价值关联（为对象的美而愉悦）。③“动觉”感觉或对本己身体运动的感觉。这种感觉依然适合意向性立义，但只限于对我的身体的感知，以及本己身体（意愿的或非意愿的）运动对事物显现加以改变（“引发”）的方式。④“感触”（Empfindnisse）[1]，即源自同一身体不同部位之间或身体与事物之间接触而产生的感觉。即便感触仍然（以从属性方式）适合意向性立义并向我们提供有关（身体本身或事物）表面光滑或粗糙的特征、热与凉、食物的味道等情况，这种感觉也本原地构成了肉身从内部体验其与自身或与触碰它的事物相接触的方式。⑤对“趋向”或“冲动”的感觉，这与身体本身紧张或放松的状态相关联，并且直接通过快感或不适的感受表达出来。这种新的感觉使身体成为快感的肉身，或更一般地说，成为具有性欲感受性的既主动又被动的肉身。正如动觉感觉，这种对冲动快感的感觉也本原地与行动相关联，但与动觉感觉相反，它几乎不再适合意向性立义。

上述对不同种类感觉的简明罗列逐渐将我们从根源于心灵的被视为意向性感知器官的活的身体带到最内在的肉身感受性形式，也即直至活的身体通过自身以及甚至当其只能感觉到自身时所感觉到的核心内容。让我们在有关接触或肉身触摸的感觉方面再停留片刻：它是如此独特，以至于胡塞尔通过将其命名为“感触”而与所有其他的感觉区别开来！在最本原的状态下，这种感触只不过是被

1　法文翻译成“impressions sensibles”（感性印象）。这在我们看来显得过于含混，我们选择保留德文概念。列维纳斯（Emmanuel Levinas）略带犹豫地提议将“Empfindnisse”翻译成“sentance”：“我们不敢创造新词来翻译这个概念：‘sentance’一词也许能够表达出这个概念的弥漫特征。”（« Intentionalité et sensation »：*En découvrant l'existence avec Husserl et Heidegger*，Paris, Vrin, 1994[5], p.157.）

“触摸”时（或强或弱）的肉身感觉。在知道是轻轻擦过（Berühren）还是有意触碰（Betasten），是被用手爱抚还是被抓住之前，甚至在知道是什么在这样触摸我之前，我已经或清晰或模糊地感觉到我身体的**哪里**被触摸。被感触所凸显的肉身感受性不只分辨按压的强度，而且还有其发生的位置。[1] 但我的身体自我感觉到的被触摸位置的空间并非物质事物的“广延”空间，我的肉身对于后者当然毫无观念。相反，这里谈论的是感觉的内在空间，是身体感受性的“展开”[2]——沿着体表蔓延并且有时延伸至活的身体的深层。[3] 然而，我们必须承认，为了能在我的身体的某个（精确或不那么精确的）位置上感觉到被触摸，我的身体必须已经被构建成一个位置系统、一个表面，或者更一般地说，一个身体图示。但在一种特殊情形中，即当我的身体被我自己的手触摸时，对被触摸感的定位与对该触摸的位置和空间之构造相伴而生。因为当我用手抚过自己的前额时，我的前额和我手指的每一个接触点都产生一种感觉的交织，一些感觉属于我的手，另一些则属于我的前额：通过触摸来探索我身体外表面的手的感觉，和由我的前额对被触摸所体验到的内感触构成的感觉。

如何在这样两个属于我身体的不同部位但却如此紧密交织在一起的感觉系列之间进行区分？对胡塞尔而言，原则上，区分总是可能的，因为主动触摸和被动的被－触摸这二者的感受性不完全一

1　*Idées II*, § 36, p.207/145.

2　*Idées II*, § 37, p.212/149：“[……] 事实上，感触的定位与事物的所有物质规定性的广延十分不同。前者当然在空间中展开，以自己的方式覆盖空间表面 [……]。但这种展开以及这种蔓延从本质上明确有别于在刻画物质实体之规定意义上的广延。”

3　Cf. *Idées II*, § 45, p.234/165: “心的感觉”（« sensation du cœur »）。

样。首先，关于主动触摸，我们不难看出这种感觉进一步分化为如下两种：与我触摸到的性质相关联的感觉和与我进行触摸的手（或我自身其他部位）相关联的感觉。[1] 在被动的被－触摸中——当我的身体部位或表面被一个陌生身体触摸时所体验到的单纯感觉中——则没有这种分化。原本，我的肉身的某个（或多或少精确的）部位上这种被触摸的感触丝毫不向我提供任何有关触摸者的特征。然而，一旦触摸者与被触摸者分属我肉身的不同部位或表面时，事情就发生了根本改变。胡塞尔以我的一只手触摸另一只手为例——而我的手挠头、我的两只脚相互摩擦或者我的一片嘴唇抿另一片嘴唇也同样适用。在所有这些情形中，同一肉身（并且只是我的!）同时是触摸者与被触摸者，并同时感觉到触摸与被触摸。这意味着我的左手对被触摸所具有的感触在这里自动地与触摸它的右手的感觉相关联。在这种情况下，我们绝不能说一只手不知道另一只在干什么。正是在属于我两只手的不同感觉的交织中，我的肉身或我的身体图示之连续性和一致性的（至少）一部分才得以构造。但两只手的感觉之间的差别也促使在这同一肉身中体验到器官或部位之间的区分。因此，根据胡塞尔的想法，我的肉身在我两只手相互触摸的地方所获得的感觉总是与两只手相关联。在触摸的手和被触摸的手上，我的身体既从外部探索同时也从内部自我感觉。这也意味着通过肉身的自我抚摸而被铺展开来的空间展开涉及一个双面可感的表面，即我们通常所称的皮肤。

作为早期并尤其关注《观念二》中这部分分析的读者，梅洛－

1 *Idées II*, § 36, p.209/146 sq.

庞蒂没有忘记提醒我们注意，在这个触摸－被触摸的活动中，角色的分配并非一劳永逸。就同一肉身的不同部位而言，被触摸的手能够很轻易地并几乎立即转变成触摸方。当我的右手触摸我的左手时，我两只手之间的这种接触可以随时在肉身意识中颠倒和转换为我的左手触摸我的右手。与表面现象相反，这种随时可能的翻转丝毫不是在证明我肉身的一种纯粹内在的自我触发。不只是左手和右手之间的差别，还有触摸的手和被触摸的手之间，以及一只手从内部获得的感觉和另一只手从外部获得的感觉之间的差别永远不会被取消。这正如在那些两个按键连接在一起的简单机械装置中，一边的按键按下会立刻导致另一边抬起来，而轮到后者被按下时，前者又恢复原位。在触摸－被触摸中所涉及的翻转并非如船的倾覆，而是如梅洛－庞蒂不厌其烦反复指出的，就像在只有两名演员的剧目中其角色变换的“可逆性”。[1] 换言之，为了使我的右手不再触摸而完全变成被触摸（同时通过感触始终保持对其所经受触摸的敏感），只需被我的右手触摸的我的左手通过探索我的右手而变成触摸者。这表明，对两只手之间非重合性的体验，更一般地说，对触摸与被触摸之间非重合性的体验，也就是对这种邻近之中的距离、不可分之中的区分、这种居－间的体验构成了对肉身空间最本原的体验。

因此，我们有必要放弃胡塞尔式的仅仅从被触摸手的感触定位出发来理解肉身空间展开的尝试。但我们也不能由此落入通常归诸海德格尔的另一极端，认为有关一般空间的经验必然先于对特殊位

1 Maurice Merleau-Ponty, *Le visible et l'invisible*, Paris, Gallimard, 1968, p. 189 *et passim*.【译者注：中文译本参考〔法〕梅洛 - 庞蒂：《可见的与不可见的》，罗国祥译，北京：商务印书馆，2016。本处中文翻译由译者独立完成。】

置及其占有者的确认。空间与位置之间的关系正如触摸与被触摸之间的关系。这两种情形都涉及不可分之中的区分、相同之中向他者的敞开、内在的外在性或“**内外交融**”。[1] 被触摸时内在感触的位置难道没有实际上预设活的身体表面的外在性？相反，如果与触摸者接触的位置没有引发感触，这些位置能够具有肉身和感官的意义吗？但是，所有位置难道不是也必然与其他位置保持关联，整个空间难道不是在不同位置之间延伸？这样一来，通过肉身在独自的自我抚摸中建立的自身关联来界定对本己身体可感位置的经验，这是可行的吗？

面对所有这些问题，如果我们想更好理解胡塞尔的立场，作一些分析必不可少。第一，我们应该对胡塞尔的做法致敬，他将触摸的内外交融提升到肉身的原初经验地位。当涉及活的身体的构造时，视觉在触觉之后；因此，一个丧失触觉的主体无法将自身体验为肉身主体。[2] 第二，胡塞尔从来没有说过在独自的自我抚摸中对自己肉身的意识在生成上先于对陌生肉身的经验，也没有说过其足以把握自身的全部意义。相反，他曾附带地指出，例如儿童将对自己声音表达性质的发现归功于其对他人（母亲）声音早熟的敏感性。[3] 而且胡塞尔坚持如下事实，我将自己的身体理解为自然之物必然预设一种内化的目光，而只有他人能本原地将这种目光加之于我。[4] 因此，只是出于方法论原因而非生存论（existentielle）或存在

1　我们借用拉康（Jacques Lacan）的这个概念。

2　*Idées II*, § 37, p.213/150：“一个只被赋予视觉的主体必定无法具有任何活的身体本身的显现。”

3　*Idées II*, § 21, p.143/95, note.

4　*Idées II*, § 46, p.238/169.

论（existentiale）原因，胡塞尔在我体验自己身体的方式上选择了一条从最内在（的确已然是内外交融的）到最客观的道路。他关于我对自己身体“唯我论”经验的描述之目的在于同时探索该经验的合理性及其局限。[1] 因此，在这么做时，他从来没有要将肉身构造的能力仅仅归于我，不管是对我自己身体的构造[2]还是对他人身体的构造。对胡塞尔而言，我们固然不能将我对自己肉身的内在体验还原为与我向他人显现方式相同的方式，但我们同样不能从我对本己身体的体验中推导出他人身体的全部意义。将这两种方法对立起来毫无意义，因为这两者都是不完整的。

胡塞尔这种方法论上的唯我论立场与海德格尔在《存在与时间》中的分析完全一致。对我肉身的唯我论构造的下一步骤也同样如此，在其中，胡塞尔追问我的感性肉身居于世界环境中的方式；在某种程度上我的感性肉身经受着世界环境的法则。这是胡塞尔版本的肉身之在世存在。将肉身的感性实在与一种不同类型的实在联系在一起的依赖关系中最值得注意的是，这些依赖关系所涉及的“境况”一方面关联着肉身所处的环境状况，另一方面关联着肉身自身状况，因为肉身被置入在物质性身体运行的齿轮系统中。所有肉身意识实际上都既依赖或多或少有利于其发展的物质世界的条件（光照、位置、触发强度……），[3] 也依赖肉身的警觉状况或感受性以及大脑的良好运行。在胡塞尔那里，对这些依赖关系的研究服务于有

1　*Idées II*, § 42, p.227/161.

2　*Idées II*, § 41b), p.224/159：“这被我用来作为一切感知手段的同一活的身体本身，在对自身的感知中却成为我的阻碍，而且身体是这样的事物，对其进行的构造会惊人地不完美。”

3　*Idées II*, § 18b).

关我的身体的肉身（且非物质性的）“实在性”的现象学本体论。虽然胡塞尔没有这么说过，但我们大可以将肉身与自身的非重合理解成其向世界敞开的条件，同时也理解成使肉身意识受到世界性和物质性条件支配的缺口。这实际上是因为内在感觉到被触摸的身体同时从外部展现为身体躯体，而后者也可以表现为服从于物理法则和神经生理学法则的躯体。因此，歧义性的范围在不断扩展：正如我感觉到被触摸的手向触摸它的手显现为既是又不是身体躯体，被我手的触摸所探索的我的身体躯体也既是又不是自然科学关注的躯体或物质对象。

即使对专注于《观念二》的读者来说，厘清胡塞尔对活的身体这些“条件”探索中[1]所缠绕的错综复杂的线索也并非易事。这首先涉及通过关注肉身只有在其与环境的相互作用中（还不涉及在其自我触发中）才会表现出的各个方面来扩展对肉身状态、性质及能力的探究。其次，这涉及明确指出使肉身意识依赖物理刺激和神经生理过程的那种功能联系的性质。这尤其要涉及理解隶属于自然科学过程的因果性如何能够影响肉身意识，同时还要捍卫这些过程无法以**因果方式造成**肉身体验及其内容这个现象学－本体论命题。最后，这涉及利用对肉身意识“状态”与自然世界及大脑物质性“境况”之间功能性对应关系的研究来在本体论上确定感性肉身所构成的“实在性”类型。最后这方面的研究毫无疑问配得上现象学本体论的标题，因为它是在观察对应或依赖现象的基础上来刻画活的身体之存在模式的特征。

1　*Idées II*, § 18b), 18c), 32.

关于第一步，胡塞尔看起来并未打算放弃在如下这些条件形式之间做出区分的意图，这些条件或者影响活的身体，或者影响心灵。胡塞尔认为，与活的身体面对从外部对其施加影响之物的感受性相关联的条件性质尤其更具有**肉身性**。与对其产生的物质性起因之观察相联系之感触的内在体验向我揭示出胡塞尔所谓的我的感性肉身之“可感性”（Empfindsamkeit）。[1] 这种肉身的可感性与我活的身体暴露给（同时也提防）来自物理刺激之请求的方式有关，并且它以我活的身体（或暂时的或习惯性的）所处状态（或多或少易感的、正常的或者异常的）为条件。胡塞尔将心灵作为肉身意识的主动性原则，他归诸心灵的条件或来自其肉身的组成部分（“心理物理学的，或者最好说生理心理学的”条件），或来自其先前经验（“自身心理的”条件），或者亦来自社会环境（“交互主体性的”条件）。[2] 所有这些依赖关系都会对**心灵**当前的运行产生影响，也就是说，影响其感知的敏锐度、影响其偏向这种类型而非其他类型感知的倾向、影响其感知对待他人目光的方式等。另外，这种依赖的力量不仅影响心灵当前的状态，还通过不断塑造而成为其习惯性的方式。由于总是生活在同样境况的影响之下，心灵的动态能力最终习惯于根据先前经验过程中塑造的“倾向”来实现。[3] 尽管心灵及其肉身体验之流通过其持续的变化区别于物质性实在，[4] 但它们最终在大多数情况下悄悄溜至提前预备好的轨道之中。

1 *Idées II*, § 40, p.219/155.

2 *Idées II*, § 32, p.194/135.

3 *Idées II*, § 32, p.191 sq./133.

4 *Idées II*, § 32, p.191/133.

这表明胡塞尔在与活的身体或心灵相关联的两个系列的条件属性之间所作的区分并非毫无益处——当然，前提是只要不将两者对立起来。因为肉身的存在模式是其可感性的脆弱性与其应对这种脆弱性的能力，即回应的“**倾向**”之间的混合。这样一来，活的肉身就难以觉察从接受性变成能动性，从潜在性变成现实性。如果胡塞尔在有关心灵“实在”的现象学本体论中不顾肉身意识的持续流动[1]而毫不犹豫地将心灵视为一种“实体”，那么心灵存在的这种恒常性只有通过其与世界境况的条件性牵连才得以显现。这种对实体的功能性理解保证，心灵的持存模式绝不意味着沉浸于封闭的独立自足的骄傲之中，而是相反，凸显了其依赖性、有限性和超越性。根据世界的境况或处境以及神经生理学的限制，肉身心灵的这种可感性和倾向性能力交织在一起的实体性存在模式具有一种可能－存在的本体论形式。心灵的持续存在嵌入在自身心理的和心理物理的条件网络之中，是一种有条件的自由（“我能”）。因此，胡塞尔把心灵的存在模式作为一种“实体性实在”，这丝毫不与海德格尔对“此在”特征的刻画相对立。

但在胡塞尔这里，不仅对肉身意识与世界之间条件关系的考察，而且对肉身意识与**物质性自然**之间“条件”关系的考察也敞开了被海德格尔严重忽视的现象学视角，而这一视角是恰当贴切的并且仍有现实性。因为这种考察承认肉身的“感觉状态”依赖“与其相伴的、肉身在其中进行感觉的实在境况系统”，但并未因此落入

1 *Idées II*, § 20, p.139/92: “无始无终的‘体验’之流”； § 32, p.191/133：“流”（“un flux [*Fluss*] ”）。

一种与现象学的肉身分析不相容的自然主义。[1] 这种实在境况，就其自身而言，毫无疑问属于自然因果性的范围。我视觉感知所依赖的光照、声音的强度或音高以及声音影响我内耳构成部分的方式、一种化学物质（如“蛔蒿素”）影响我的大脑并使我将所有事物都看成黄色的方式，这些都构成科学观察和科学理论的对象；哲学可以追问其前提和局限，但原则上不追问其合法性。而现象学家总在提醒我们注意，我们能够实际观察到的内容局限于肉身体验和这些体验得以产生的物质境况之间的依赖关系，局限于那些具有“‘如果－那么’或者‘因为－所以’”形式的关系。[2] 现象学家还会赶紧补充说，原则上，肉身意识的状态不能直接由物质性活动以因果方式导致。因为，胡塞尔指出，物质性实在意义上的实在事物不能成为本质上“非实在的”心理实在的原因。[3]

因此，胡塞尔似乎想说明，一方面肉身意识要依赖物质性原因，而另一方面由于与物理自然在本体论上的差异，肉身意识必然摆脱这种因果性。由此，他被迫承认，“实在与非实在 [……] 相互排斥，但另一方面，[……] 又在本质上相互需要”[4]。因此，新的区分成为必要。第一种区分强调作为现象学或“感性论”肉身的我的身体和作为被赋予“身体论”属性之躯体的我的身体之间具有数目同一性，但两者在本体论上却是不同的：

1 *Idées II*, § 40, p.219/155.

2 *Idées II*, § 18a), p.94/57.

3 *Idées II*, § 18b), p.102/64.

4 *Ibid.*

> 所有心理物理学的条件必然包含身体论的因果性，这些条件总是直接涉及非实在（即主体性领域的事件）与活的身体之实在的关系，其次间接涉及与外部实在之间的关系，外部实在与活的身体保持着实在的，也就是因果性的关联。[1]

因此，对我的同一的身体可以进行一种视角的反转，而这种可能性从本质上属于该身体。我的活的身体之本质包含着其自我显现为一种“转换点”。[2] 在触摸－被触摸的感受性和空间性之后，我们在此遇到了一种新的而且更具极端形式的交互性，也就是在同一中的差异。

以上，我们考察了将我的肉身与世界之网联结在一起，并将其暴露给物质因果性请求的不同条件关系形式。毫无疑问，对肉身存在模式的唯我论研究由此达到了它的极限。这种唯我论研究带领我们从被－触摸的感触之内在性到肉身作为身体躯体的显现。这些使我的肉身构成物质性自然之一部分的依赖关系不再能被触摸，但却能被实际观察到。在这个以唯我论经验为范围的现象学－本体论研究的结尾，我的身体显现为“一种特殊类型的事物”[3]，一种“主体性对象”[4]。我的身体所成为的这个事物在本质上依然是主体性的，

1 *Idées II*, § 18b), p. 102 sq./65.

2 *Idées II*, § 42, p. 227/161.

3 *Idées II*, § 41, p. 222/158.

4 Edmund. Husserl, *Idées directrices pour une phénoménologie et une philosophie pures. Livre Troisième*, trad. fr. par D. Tiffeneau, Paris, P.U.F., 1993, p. 150/124.（法文译本的页码后面是《胡塞尔全集》第 5 卷中德文版本的页码。）【译者注：中文译本参考〔德〕胡塞尔：《现象学和科学基础》，李幼蒸译，北京：中国人民大学出版社，2013。】

也就是说，使得此事物与其周围所有其他事物区别开来的，是它将所有这些其他事物与自身相关联。对我而言，我的身体－事物永远不能完全融入其他事物的网络中，因为正是通过它这些其他事物才为我存在。当我不考虑身体作为“意愿器官”（并因此也是自由器官），甚至作为“感知器官”的功能时，使我的身体依然保留其主体性的正是它作为中心或者“方向的原点”的作用：

> 活的身体因此拥有[……]如下分明的特征，在方式上是独一无二的，即它承担着所有方向的原点。空间中的一个点[……]总是根据作为最终中心的这里的模式而被刻画[……]。这样，周围世界中的所有事物都拥有与活的身体本身相关联的方向[……]。“远”意味着[……]离我的身体[……]远，“在右边”指向我身体的右边，比如我的右手，等等。[1]

无论去哪里，不管做什么，我的身体－事物总是在这里，永远不会在那里。最终抵制我将自己身体当成一个单纯事物这种尝试的，正是身体在空间中给自身指定的位置，而该位置只属于它并因此永远不会融入客观空间的广延。不仅在我肉身表面的感触展开，而且我的身体－事物超出其身体范围以及超出其当前位置的展开，这些都永远不能脱离这最后的固定点、这个绝对最小化的意识、这一个体化的“形而上学点”（莱布尼茨）、这个由其“这里”所构成的几乎微不足道的绝对。“这里”是使此事物成为我的身体的标志，

1 *Idées II*, § 41a), p. 223/158.

“这里”是最原初也是最肉身化的主体性的名称。

一旦我们放弃这种迄今为止引导我们除了自身不考虑其他肉身存在的**方法论意义**上的人为方法，一切就会发生改变。在对另一个肉身的发现中，对在“那里”的另一个“这里”的新经验被强加于我的肉身。但是，我如何移动到那个远处的位置，那个既不同于我的位置又被牵连其中的位置？在这些本原上相关联却又彼此陌生的本原位置之间的这种交互性，让人联想起在我们前面已经遇到过的同一与他异之间其他形式的交互性结构。我们已经证实，所有交互性或彼此牵连的关系都必然适于双重意义的解读。对我的肉身在其位置上与另一个陌生肉身的位置所维持的关系而言也是如此。实际上，如果足够细致地阅读《观念二》中从 §43 到 §47，我们就足以相信，对胡塞尔而言，我对另一个肉身的构造离不开我对这个陌生肉身在我自己肉身中所引入的变更和扩展的经验。因此，在肉身之间的关系中，所有的“构造”都必然是一种同－构造。因此，肉身交互主体性的现象学不必在谁构造谁，或者在“这里”和“那里”的视角之间进行选择。因为我的“这里”向另一个肉身的“那里”敞开，同时，对于陌生肉身的“这里”而言又是“那里”。然而，正如胡塞尔反复指出的，肉身及其位置之间的这种交互性并不妨碍我的肉身始终停留在“这里”；离开了这个“这里”，所涉及的就不再是我的肉身而只是单纯的物质对象。

根据胡塞尔的观点，如果离开对已经在支配着我的心灵和活的身体之间交往的交互性关系的回忆，我们就无法设想自己移动到另一个肉身的位置。实际上，正是这种对我的肉身意识中差异的内在体验，通过类比，让我通向一个相似但无法进入的属于他人的另一个肉身自我性。如果我没有通过触摸或视觉已经获得有关我活的身体的外感知（另外，我也将此活的身体作为感知器官，并且这也是我获得最内在感觉的地方），我就永远不能凭借自身的力量走出肉身的自我触发，并向陌生肉身的感觉敞开。我的肉身和他人肉身之间的类比，事实上建立在一种感知的基础之上，这种感知使我既注意到我活的身体和其他活的身体向我显现方式之间的差异，也注意到它们之间的相似。差异是显而易见的，因为我活的身体在这里，其感性和意向性的生命如同其外表已被本原地给予我。在触摸－被触摸中，身体的内在生命及其表面，这两者同时被给予；对我而言，它们本原地“同现”。他人身体的显现却远非如此，其本原被给予我的仅仅是其外表。然而，如果我要能在对世界内部物质性物体的感知和对陌生的活的身体的感知之间做出区分，那么更多的内容应该被给予我。如果我与他人之间的类比针对如下事实，我们两者都是在双重显现或本原同现的形式下体验我们的身体，而且如果这种类比必须依赖现象学的所予（而非单纯通过“推论”进行），那么激活了他人身体的心灵应该以某种方式向我展现——即便只能是以**无法通达的所予**、自身撤回的给予形式。

这种以海德格尔式去蔽形式对他人肉身的揭示，胡塞尔是从“表达”现象出发去理解的。[1] 根据胡塞尔的分析，他人的肉身行为显示出一种内部的生命，我永远不能进入其中，也永远不能使其向我本原地显现。但我却能对该内部生命进行立义或“使其向我共现”：“我所看见的正在进行触摸的他人的手向我共现其唯我论的方

1 *Idées II*, § 45, p. 235/166 et § 56g), p. 323/235.

面以及所有必然包含在被当下化的同现中的部分。”[1] 针对两种本原同现情形的我与他人之间的类比再一次带着一种翻转：如果对在我这里的我的肉身意识而言，我肉身的感触要比其在身体躯体形式下的显现更加原初，那么他人的表达性身体的显现却是首要的并且至少对我而言构成了共现其感触的本质条件。如果更仔细地看，在这些相互区别而且常常相互分离的肉身相遇中，我们又注意到第二次翻转。他人的表达性身体不仅是他首先被给予我的内容，而且既理所当然又简单明了的是，它也是作为我遭遇的第一个具有表达性的身体被给予我。因此，引导我从我肉身的同现到陌生肉身同现的类比道路又回到我自身；该类比赋予我的肉身一种类似于我首先在他人肉身的显现中所发现的表达性。我对自己的活的身体之表达力量的熟悉实际上来自与他人的相遇，来自胡塞尔所毫不犹豫地界定为他人肉身表达的“语法”。[2] 根据胡塞尔的观点，[3] 整个语言表达的交流系统都应该被理解为对身体表达力量的扩展，也就是对我们也可以强调本原模仿特征的“表情游戏”的扩展。

早于瓦龙（Henri Wallon）或拉康所发展的“镜像阶段”概念，胡塞尔同样使我们注意到以下事实，我们镜子照出的以及——不管是否愿意——我们都必须认同的我们的影像，重现了我们活的身体向他人展现的外表。[4] 但是镜子或者一张（糟糕）的人物照片也会

1 *Idées II*, § 45, p. 234/166.

2 *Idées II*, § 45, p. 235/166.

3 *Ibid.*

4 “当然，我不可能在镜子中看到自己的眼睛；因为我没有看到我正在看的眼睛，作为能看的眼睛；我通过‘通感’（Einfühlung）将我看到的某物间接地判断为这涉及[……]属于我的事物－眼睛[……]，就如同我看到他人眼睛的方式那样。”（§37，p. 211/148, note.）

带给我们痛苦的教训，让我们体验到他人丝毫不顾及我们身体表达性的目光带来的毁灭性效果。这种冰冷的目光从我们的肉身中剥离掉其灵魂，将其客体化直至变为单纯的事物；这种冰冷的目光也是自然科学的目光。对胡塞尔而言，只有他人或者还有科学仪器的使用能够实现这种将我们的身体变为自然事物的“自然化”，也就是说，抽象掉我们对自己活生生的肉身所具有的内在意识。[1] 因此，他人的目光既能是最好的，也能是最糟糕的：它能唤醒我们的身体对其自身表达力量的意识（比如，让它起舞），它也能为了将身体变成任人操控的对象而取消其心灵的生命。就我们自身而言，我们既不能达到最好，也不会沦为最糟。因为通过我们自己，我们既无法让自己熟悉我们身体的表达语言，也不会将其当成单纯的事物：实际上，我们（通过触摸或视觉）能够对我们身体躯体获得的外感知总是带着我们感触的内在颤动。

2. 驱动力与冲动运动、抑制与去抑制、欲求与愿望

理解了我们的身体是什么以及能做什么并不够，我们还必须要猜测**其想要什么**。（我们已经发现与叔本华惊人相近的）胡塞尔如何解释我们的肉身冲动？他如何既阐明其功能本质，同时又阐明我们对其驱动力和力量波动的内在体验？他如何理解那些我们在亚里士多德、莱布尼茨以及叔本华的著作中不断追问的有关冲动张力的增强、抵制、克制和释放机制？为了回答这些问题，我们只需要转

1　*Idées II*, § 47.

向胡塞尔《关于意识结构的研究》的手稿，[1]其撰写几乎与上一节所依赖的《观念二》属于同一时期。在《关于意识结构的研究》中，胡塞尔主要通过对激活了意愿行为和严格意义的行动的心理**力量**之现象学研究，来着手讨论冲动、冲动体验以及冲动主体。但我们将看到，他并没有因此忽视对情感行为以及与他所谓的“价值”相关联之感受的肉身－冲动基础做出分析。在这两种情形中，正是快感或不适的感觉暴露了实践的、价值的甚至理论的行为在肉身冲动中的共同根基。

首先关于实践行为的现象学，胡塞尔最常提出的问题是，除了主动的，尤其是理性的行动，是否也存在特殊的“冲动运动”，其中人们任凭被无意识的“冲动驱力”所驱使。因此，胡塞尔首先关注自我主动介入冲动过程的可能性，其次才关注更加明确地规定冲动运行的模式及其与激活意向性表征之客体化行为的“趋向”和“兴趣”之间的差别。有关“快感”本质的问题也是如此。在胡塞尔看来，将快感确定为可能的冲动目标，这依赖于在这种冲动快感和精神快感之间进行区分的努力，后者是与价值对象相关联的满足的精神快感，或是“愉悦”的情感行为的精神快感。最后，有关“欲求”和“愿望”行为，它们最先是在与价值相关联的“欣赏”的客体化行为之分析框架中被论述的，并且只是以顺带的方式它们

1　在《关于意识结构的研究》（*Studien zur Struktur des Bewusstseins*）这个标题之下，是由胡塞尔的助手兰德格雷贝（Ludwig Landgrebe）按照胡塞尔的要求安排和编写的他的一些研究手稿的选集。在这本选集的基础上，由梅勒（Ullrich Melle）和冯格尔（Thomas Vongehr）依据原始手稿所编定的校勘本不久会在《胡塞尔全集》中出版。在接下来的部分，我将参考1909—1914年间未出版的原始手稿，这会涉及从这些手稿中提取出来的文本。**【译者注：该手稿选集已于2020年作为《胡塞尔全集》第43卷（共包括三个子卷）出版。】**

才与冲动驱力及其朝向感性快感的导向区别开来。

虽然更晚些时候，胡塞尔认为自己的冲动学说是对“‘弗洛伊德式’精神分析——包括其放入括号中的情感、其‘压抑’，等等——的预期”，[1] 但他对冲动以及快感的兴趣却植根于一个与弗洛伊德完全不同的问题背景。正如在亚里士多德主义者莱布尼茨那里一样，在胡塞尔这里，对冲动的意指以及对“抑制”“抵制”和“释放”机制的意指，绝非为了通过表明自我意识的次要性质或者无能为力来贬低自我意识。然而，我们将看到胡塞尔的冲动学说在很多方面与弗洛伊德的非常接近，而且弗洛伊德精神分析中有时模糊的概念能够从胡塞尔的描述和术语区分中获得巨大益处。甚至与胡塞尔理性主义对立的对人类生命的理解也能从胡塞尔的现象学研究中受益，这是其科学精神之伟大的一个很好的证明。

胡塞尔在冲动问题上最重要的贡献在于他将冲动的特征刻画为一种**意愿**和**行动**。[2] 通过这种初步理解，胡塞尔继承了亚里士多德从潜能（即导向实际运动的力量）方面理解运动，以及莱布尼茨将实体理解为主动的力（并通过抵抗［resistentia］来理解其抑制）的全部遗产，使其服务于有关人类心理动力机制的现象学分析。即使作为人类生命的动力原则，冲动对理论和价值的行为并非没有影响，根据胡塞尔的观点，它最本原地也是在人类实践中表现出来的。胡塞尔使冲动从属于行动或身体运动的实现，这一点在术语上反映为冲动的渴望常常与更加笼统的“趋向”概念相区别，后者也

1 *Ms. B II 3*/16a (juin 1934).

2 *Ms. A VI 12 I*/130a (1914): 冲动意愿（« volonté pulsionnelle »）；另外参见：*Ms. A VI 3*/17a (1914)。

能与意向性表征（比如感知）相关联。[1]

有关冲动的现象学学说的第一项任务自然在于将冲动行动和任由冲动的行动，与主动作为区别开来。根据胡塞尔的观点，真正的行动或主动作为取决于我的意愿决定（一种“命令”），该决定由行动实践可能性的明见性或由对其价值的意识所理性地引发。[2] 胡塞尔认为，我们既无法理性决定采取不可能的行动，也无法理性选定所预期结果缺乏价值或邪恶的行动。然而，对冲动的被动服从和主动作为之间的这种区分并不必然意味着这两者在人类主体的具体生活中始终严格分离。如果说所有理性的作为都源自深思熟虑的兴趣所带来的动机，那么这种兴趣也可以基于一种冲动的渴望[3]——前提是这种“冲动驱力”成为由深思熟虑的自我所专注考察的对象。通过判断冲动动机的理性或非理性特征，行动自我决定“屈从”或相反——拒绝它。由于胡塞尔十分重视这种针对被动的冲动驱力所进行的主动考察，他进一步深入研究了自我对这种冲动驱力的“促进”或其反面“抑制”。[4] 在此背景下，他明确提出“压抑”和“放弃”构成了自我抑制冲动的可能形式。[5]

然而，自我意识在冲动驱力实现过程中的这种干预，只有当冲

1 *Ms. A VI 3*/7a (1914).

2 *Ms. A VI 12 II*/91a (1911).

3 *Ms. A VI 12 I*/131a sq. (1914).

4 *Ms. A VI 3*/11; *A VI 3*/12; *A VI 12 I*/12; *A VI 12 I*/150 sq. ; *A VI 12 I*/129, 131; *A VI 12 I*/130b (1914); *Ms. B II 3*/18a (1934).

5 参见 *Ms. B II 3* (1934)：“‘压制’（zurückdrängen）‘压抑’、新生的需求、逐渐增长的欲求”（18a）；“比如由于危及健康而‘放弃’：懊悔、酗酒、吸烟等。这只是没有把继续实存的欲求转变为行为，因此单纯取消欲求的被动充实或通过反思行为取消其实现（不意愿，不行动）。欲求本身始终没有消除”（19a）。

动作为一种**心理**现象而非纯粹的生理现象时才是可被理解的。但与弗洛伊德完全一致，胡塞尔也承认自我所承受的这些心理冲动刺激（excitations）通常具有无意识性质。[1] 但胡塞尔似乎不像弗洛伊德那样为以下问题感到不安，即一个有意识的自我如何将自身确立为这种无意识冲动的评判者和主宰者。相反，我们可以确定的是这种无意识的冲动渴望来自影响心灵的刺激。和弗洛伊德一样，胡塞尔认为这里涉及一种根源于有机体身体本身的**内**刺激，而且该刺激正如饮食需求一样，按照一种自然的周期性节律被感觉到。至于人类的**性**冲动是否也表现出一种类似的周期性特征，还是像弗洛伊德所认为的那样发挥一种“恒常的力量”，这是《关于意识结构的研究》中没有提及的内容。

与弗洛伊德相反，胡塞尔认为除了这些内冲动刺激还存在外部刺激，即由对象所带来的冲动刺激。[2] 我们是否由此有充分理由担心胡塞尔完全误解了弗洛伊德的学说？后者认为，必须将冲动的来源与其对象，并且将该对象与意向性表征的对象区别开来。完全不必担心！首先，我们有必要提醒：只是在拉康那里而非在弗洛伊德的学说里，我们才能找到有关冲动对象（“objet a”）的令人满意的理论。对拉康而言，这样的冲动对象，比如视觉冲动情形中的目光，必然逃避所有感知，也因此逃避所有表征。而弗洛伊德并不排除满足冲动的对象（比如对婴儿而言的乳房）被感知的可能性。他只是强调，单纯的感知对象既不能在因果关系上导致冲动驱力也不能使其得到满足。这解释了弗洛伊德学说所强调的冲动对象之相对

1 *Ms. A VI 3*/12; *A VI 12 I*/130b (1914).

2 *Ms. A VI 12 I*/131a; *A VI 12 I*/130b (1914).

无所谓或“多变”。就像叔本华所认为的那样，对弗洛伊德而言，对象的表征并不是在因果关系上导致冲动（或叔本华意义上的“意志”）的原因；实际上，它只是唤醒冲动并使其得到满足的“契机”。这同样是胡塞尔所要辩护的立场。胡塞尔有关冲动被感知对象唤醒过程的描述惊人的准确，与弗洛伊德的理论完美一致。就像弗洛伊德所认为的那样，对胡塞尔而言，感知对象不能直接产生一种冲动驱力，其对冲动的影响是通过唤醒对过往的冲动作为以及与之关联的快感体验的记忆来产生的。[1]

因此，对胡塞尔而言，冲动的决定性要素并非其对象而是由**“冲动驱力”**所引起的心理张力，这种张力完全符合弗洛伊德的冲动“推力”概念。[2] 作为这样的冲动张力的可能来源，弗洛伊德和胡塞尔都提到在“困境”或“缺乏”体验中表达出来的身体需求。弗洛伊德所谓的对冲动的“控制”应当被理解为导向“放松”的行动。在这一点上，胡塞尔和弗洛伊德的观点再一次完美一致。但是，胡塞尔比弗洛伊德走得更远，他更加精确地把作为冲动倾向的冲动和该冲动倾向在行动中的实现区分开来。这种区分在术语上反映为“冲动驱力”和“冲动运动”（或者“冲动行动”）之间的

1　*Ms. A VI 12 I*/129b, 131a (1914)：“[……] 当有关对象的视觉作为冲动的刺激发挥作用时，它以再生的方式唤醒一种冲动运动，[……] 这一冲动运动在其实现中完成，因而对于对象的视觉变成‘有效的’刺激，据此，行为本身立即展开。”另外参见 Edmund Husserl, *Späte Texte über Zeitkonstitution (1929-1934). Die C-Manuskripte*, («Husserliana-Materialien», vol. VIII), Dordrecht, Springer, 2006, p.284：“当渴望在朝向其目标的行进中被抑制，无法超越初始的饥渴状态，当饥渴在其未被满足状态中只能不断加强直至变为一种永远更加急切的欲求，这难道不是引发了一种在过往中的沉浸？一种在对饥渴的直观回忆中的沉浸？以及一种在对令人满足的不断增长的享受中之充实感的直观回忆中的沉浸 [……] ?”

2　*Ms. A VI 12 I*/129, 131a (1914).

差别。通过冲动运动而得到的冲动驱力之实现应当被理解为一种张力的“释放”。[1] 冲动渴望在行动中的这种释放或放松往往意味着对“抑制”[2]或“抵制”[3]的克服。胡塞尔在《关于意识结构的研究》的手稿中写道：

> 冲动，不确定的模糊的冲动。在一种“活动”、一种冲动运动、一种冲动变换的形式下冲动的释放。[……]我们不间断地具有一种冲动的意向性，这是冲动驱力的连续性效应，并总是属于该冲动驱力的充实[……]。抑制可能会介入，“不能再走更远”，这是“反对”冲动的事件[……]。这样一来，我们可以，比如直观地解释手舞足蹈的孩子的冲动运动，孩子把他们的脚到处乱伸，以达到“更远的一步”，然后又向后缩回。这是些没有目的的运动，是冲动的变换。[4]

然而，“抵制”和“抑制”并非一回事。[5]“抵制”，用亚里士多德的话来说，大致相当于被动潜能；这与（另外）一种力量或主

1 *Ms. A VI 12 I*/129a 以及 131a (1914).

2 *Ms. A VI 12 I*/129a (1914). 另外参见 *Ms. B II 3*/14b (1934)：“但是，在放松中，难道没有对抑制的克服？整个冲动过程，确切地说，难道没有积极性与消极性、实现（*Erfüllung*）与抑制的构成部分或本质方面（不可分割的环节）？”

3 *Idées II*, § 60a), p. 351/258：“[……]对抵制进行克服的行动，伴随着‘反对’行动[……]。（始终从现象学的视角出发）存在一种抵制和克服力量的渐变：‘主动的’力量面对抵制的惰性。”

4 *Ms. A VI 12 I*/129a (1914). 另外参见：*Ms. A VI 12 I*/131a。

5 参见 *Ms. B II 3*/17a (1934)：“但是，不同冲动之间的竞争是‘抑制’吗——在与冲动行动遭到抵制的相同意义上[……]？”

动潜能在实现活动中实际实现相对立。[1] 主动冲动在其实现道路上所遭遇的一种习惯的惰性力量是这种抵制得很好的例子。相反，冲动的“抑制”通常是由于一种**主动的**反对－力量，它中断冲动驱力或使其之实现变得不可能。这种阻止冲动的渴望在冲动行动中朝向其实现的反对－力量不会只是自我主动干预的结果，也是由竞争性的主动冲动之间的冲突所造成的。[2]

对胡塞尔而言，最典型之冲动行为的情形是非意愿的身体运动，这并非由有意识的自我所发起，而是源自一种由身体的需求所引发的“模糊的”或“无意识的”冲动。它要么涉及自动的行为（比如“‘我将手伸向’我的烟”，或者“机械地点上一支烟，将其送到嘴边，等等”[3]），要么涉及满足感官需要的、自发的、有节律的身体运动。（与弗洛伊德对婴儿吮吸拇指行为的分析相反）胡塞尔并不必然地将这些行为与性冲动相关联。即使是那些由自我后天获得或习得的非自然行为也会变为由一种无意识的冲动机制所引领的习惯性身体运动。必须将这些后天获得的冲动与本原的，即自发的冲动运动区别开来；后者涉及一种无意识的身体行动，在其中，一个有生命的存在**维持生命所必需的活动性**而获得表达和实现。除了已经提到的婴儿的“手舞足蹈”，胡塞尔还多次把“**呼吸**”作为

---

1 *Metaphysique*, Θ, 1, 1046 a 11-16.【译者注：中文译本参考〔古希腊〕亚里士多德：《形而上学》，吴寿彭译，北京：商务印书馆，1959。】参见海德格尔在书中的评论：*Aristoteles, Metaphysik* Θ, 1-3. *Vom Wesen und Wirklichkeit der Kraft*, GA 33, Frankfurt a. M., V. Klostermann, 1990^2. pp. 103-107。

2 *Ms. A VI 12 I*/129a (1914)：“冲动之间的竞争，由于新的刺激带来新的冲动驱力等的出现所造成的其他冲动活动的抑制。”

3 *Idées II*, § 60a), p. 351/258 以及 *Ms. A VI 12 I*/129b (1914).

这种本原冲动行为的例子：

> 冲动行动并不是意愿行动，不是有意图的行动。我遵循着趋向，甚至在行动这个词最显著的意义上没有任何“行动”。确切地说，我都没有在遵循[……]。在晦暗的背景中，趋向出现，趋向得到缓和、得以完成。但我对此完全一无所知[……]。我在呼吸的例子中找到冲动趋向的这种特征：这不是一个简单的过程，在其展开中，趋向的缓和伴随着一种新的张力状态，一种盲目的冲动[……]。[1]

呼吸的例子极具代表性地凸显出，本原的冲动运动、活的－身体——正如弗洛伊德已经强调过的——根据一种外化－内化或循环往复的重复**节律**而运行。在此，我们又一次觉察到亚里士多德物理学分析之潜移默化的影响——不仅观察到自然运动在自身之中包含其起源及目的，而且还将生命的活动性或自然发生确认为一条从自然到自然的道路。[2] 胡塞尔有关内时间意识的研究毫无疑问能够为更好理解这种持续的以及在有节律的重复形式下被表达的冲动过程带来重要贡献。因此，并不奇怪，在其最后有关冲动的学说中，胡塞尔以刻画内时间意识的冲动本质为结尾。更一般地说，将冲动行为与生命的活动性相对照，已然可见于胡塞尔最初的分析中，而在

1 *Ms. A VI 12 I*/130b (1914). 另外参见：*Ms. A VI 3*/41; *A VI 12 I*/150 *sq*.

2 *Physique*, B, 193b 12-13. 【译者注：中文译本参考〔古希腊〕亚里士多德：《物理学》，张竹明译，北京：商务印书馆，2006。】参见海德格尔的评论：“Vom Wesen und Begriff der Physis”, dans *Wegmarken*, Frankfurt a. M., V. Klostermann, 1978², p. 286-291. 【译者注：中文译本参考〔德〕海德格尔：《路标》，孙周兴译，北京：商务印书馆，2000。】

其晚期的著作里只是得到了强化。胡塞尔晚期的著作在冲动的视角下考虑单子间理性普遍目的论。然而，我们或许会担心他有可能又一次混淆其在最初有关冲动的学说中曾相当仔细阐述过的区分。在《关于意识结构的研究》中，只有**个体单子感性的**渴望和行动才算作冲动现象，而且这种感性冲动也清楚地区别于与"愿望"和"欲求"有关的现象。

众所周知，冲动与"**愿望**"（例如，就像在梦境无意识的作用中所进行的那样）之间的这种区分也见于弗洛伊德。对胡塞尔而言，与冲动相反，愿望本原并且必然与一个对象（或事物的一种状态）相关联。它因此建立在意向性表征基础上。当然，愿望的对象并非实在对象而是以一种"单纯的"表征为对象，确切地说，也就是一种不包含对象设定的表征。[1] 即使愿望确实表现出一种动态特征并与冲动驱力的动态性有相似之处，愿望的实现还是与冲动驱力的实现相反，并不源自愿望自身的力量。[2] 不过，虽然愿望无法通过自身得到满足，它却能够引发一种意志力和自我行动，这能够间接导向被期望的事物状态或进程之实现或落实。这可能正是人们经常混淆愿望与冲动的原因。

如果更仔细地考察，愿望超出了对目前还缺乏实在性的未来事物状态的"单纯"**表征**。它也是对这种事物状态的**情感性**预期。胡塞尔以特别恰当的方式将愿望的这种情感性构成部分称为一种"未

---

1 *Ms. A VI 8 II*/70a (1909)："当我许下一个愿望，那么 [……] 所期盼的'事物状态'[……] 并非实在的对象，并非事物的实在状态。[……] 在愿望的基础上，没有未被变更的行为、印象，而只有单纯的表象。"另外参见：*Ms. A VI 8 II*/90b *sq*。

2 *Ms. A VI 30*/222b, 224a (1909/10)："愿望指向，比如事物的实存，指向过程的起动 [……]。意愿朝向实现：[……] 朝向身体运动的执行，等等。"

满足的愉悦”，[1] 也就是说，作为一种与未来的满足相关联的缺乏体验，未来的满足来自具有价值的事物状态的实存并且其价值激发愉悦。我们还必须探讨**快感**和**愉悦**之间的差别，以及这种差别对于更好区分**冲动**与**愿望**所作出的重要贡献。就此而言，值得注意的是，愿望无法通过其自身力量得到满足的无能为力不仅可以通过引发恰当的行动来克服，还可以更简单也更直接地通过对所期望的事物状态的幻觉来克服。不用焦急等待所期望的事物状态的突然出现，人们可以通过感知幻觉的方式来一下子满足自身的愿望。众所周知，这也是弗洛伊德有关梦的理论之核心以及梦通过视觉幻觉满足无意识愿望之方式的核心。

与愿望相反，**“欲求”**对胡塞尔而言是这样一种渴望，在其中，人们所希求的不是作为愉悦来源的状态或过程的突然出现，而是拥有对象。“欲求是一种朝向未来之物的渴望、张力，更确切地说，是一种我能够拥有某物的愿望，是某种令人舒适或美好的事情能够发生的愿望。我祝愿他人好运，但对我自己而言，我欲求好运 [……]。”[2] 这种细微的区分并非不重要，因为它使我们感觉到，与愿望相比，在欲求中冲动的成分要明确得多。因此，欲求与人们自身能够付诸的行动之间也就具有一种更加本质的关系：“但单纯的欲求之于意志的关系并非像单纯的表征与直观的关系那样。[……] 欲求引发意愿和行动 [……]。”[3] 对胡塞尔而言，欲求因此非常明确地处于冲动与愿望之间：它是对快感的**冲动**渴望，这种快感与拥有

1 *Ms. A VI 7*/8a (1909/10).

2 *Ms. A VI 3*/31a (1914).

3 *Ms. A VI 12 I*/131b (1914).

一个对象相结合，并且这种渴望同时被对我们所仍缺乏之幸福的**表征**所引导。

3. 冲动快感、感性快感、满意的感受、激情的愉悦

所有冲动运动的进行都带有一种快感体验。这种**冲动快感**是由与冲动驱力相结合的张力之“释放”所产生的：“在‘行动’中有欲求和推力得到释放也得到满足。[……] 在行动中，我们不仅有对欲求的（完美程度或多或少的）持续满足，而且确切地说还有行动[……]。”[1] 因此，对胡塞尔而言，冲动实现之目的在于行动以及同时产生的快感感觉：“冲动逃离一种不适而转向一种舒适。”[2] 因此，冲动运动不仅具有一种特殊的节律而且还具有一种既消极又积极的导向。在对这种双重冲动导向的理解中，胡塞尔显然从亚里士多德对欲求的规定中得到启发，其中同时包含逃离和追求的运动。[3] 如果快感是冲动驱力放松的结果，那么我们可以猜想，胡塞尔和弗洛伊德完全一致认为，冲动运动所逃离的不愉快或“不适”无非是与未实现或被抑制的冲动驱力相结合的张力。但对胡塞尔而言，这并不妨碍与冲动行动相伴的快感超出对不适的单纯取消，也就是说，它同样是对冲动**完成**的经验，是这种完成向行动过渡的结果。

1　*Ms. A VI 12 I*/131a (1914).

2　*Ms. A VI 12 I*/129a (1914). “我们是否可以说：所有的冲动都追求‘快感’，在整个冲动的过程中，快感的感受一定会出现，在所有冲动的挫败中都存在不适和不适的感觉？”（*Ms. A VI 3*/9a; 另外参见 *A VI 12*/130）

3　*De anima*, 432b, 30.【译者注：中文译本参考〔古希腊〕亚里士多德：《论灵魂》，陈玮译，北京：北京大学出版社，2021。】

除了这种冲动快感或在冲动驱力的实现中所获得的快感，胡塞尔同样描述了一种“**感觉快感和体验快感**”。[1] 它包括与感觉[2]和意向性体验的内意识相结合的感性快感。这样，听见悦耳的声音、看见一位“美丽的女性”，想象或设想都可以作为快感的承载者。无论这些不同形式的感觉快感或意向性体验之快感建立在什么基础之上，我们可以确定的是：它们总是产生于主体性经验或体验而非出自对象的表征。因此，感性快感不仅区别于冲动快感，而且正如我们马上就要看到的，它还区别于与对象或意向性事物的状态相关联的“满意”或“愉悦”。感觉或体验的感性快感也要比冲动快感更加原初，因为它并不包含一种使预先存在的冲动张力得以释放的**行动**。但这并不妨碍，相较于满意和愉悦，冲动快感还是与感觉或体验快感更为接近；因为它是在对冲动行动的**体验**中所获得的快感，在其中冲动驱力得以实现。因此，感觉或体验的感性快感与冲动快感之间的共同点在于它们都不要求任何意向性表征。相反，这两种类型的快感都包含对内意识内容的经验或感性体验（属于感受层面）：“因此，感性感觉只不过是一种（构造了时间性事物的）内意识”；“[……] 对感受的感觉 [……]，‘快感’与‘不适’是与其他感觉一样的感觉”。[3] 因此，作为内意识内容，所有快感或不适的感觉（无论与感觉和体验，还是与冲动行动相关联）都与内时间意识有一种本原关联，也就是说，这些感觉被体验为具有某种时间的延展

1 *Ms. A VI 8 I*/76b (1911): « *Empfindungslust und Erlebnislust* ».

2 *Ms. A VI 12 II*/67b (1911)：“从感觉内容中所感到的感受（从美味中获得的快感，‘从’这种美味中，‘在’这种美味中）。”

3 *Ms. M III 3 III I*/16a; 以及 *A VI 12 II*/27b (1909/10).

性、具有显现和消失之节律性特征的印象，并且，这些感觉是在超出当前印象界限的前摄性预期和延留性维持的形式下被体验。

尽管作为感觉，快感的感受自身在本质上缺乏所有客体化意向性，但它却能与意向性的表征相结合，因此也就以间接的方式与对象相关联。[1] 这正是胡塞尔在如下两者之间作出区分的原因：与感觉内容相关联的快感感觉和另一种与意向性体验之进行，同时（间接地）与其意向对象相关联的快感感觉。有关第一种类型的快感，即感觉快感，我们又可以区分出与当下感觉（视觉、嗅觉等）相关联的快感和另一种与动觉（对自身运动的感觉）相关联的快感。后者即伴随着动觉的快感感受是一种特别有趣的情形，因为它涉及一种能够具有冲动特征的感觉快感。小孩子在手舞足蹈中获得的快感就是对此很好的说明。或许在广义上可以被称为冲动快感的，也包括与意向性体验之进行相结合的，更确切地说与表征活动的节律，比如胡塞尔所提到的研究工作，相结合的感性快感。[2] 最后，从来都不乏区分的胡塞尔还指出了这些（类型多样的）感性快感的感受与他所谓"**享受**"之间的区别。后者应该被理解为一种"作为状态的快感"，在其中主体明确地和反思性地转向其自身的快感感受。[3]

让我们来做个总结：感性快感的感受有两大类，即**感觉快感**和**意向性体验的快感**。而这两种情形都涉及内意识——经历和体验意识内在时间性内容的原印象性意识——的一种情感形式。对胡塞尔而

1　*Ms. A VI 30*/230a (1909)："快感并非一种［意向性］意识，快感只是随后才与对象相关联。"

2　*Ms. A VI 12 II*/135a (1911).

3　*Ms. A VI 12 II*/71b (1911); 另外参见 *A VI 12 II*/131 *sq*。

言，感觉作为意向性体验实际上正是这种内意识的内在内容。因此，这两种类型的感性快感之感受只能通过它们所关联的内意识内容来进行区分。所谓的“体验”快感是从意向性表征的实现中所获得的快感，并且这种快感通过该表征也间接扩展到其意向对象。相反，第一类感性快感的感受，即所谓的“感觉”快感，不要求任何形式的意向性表征。因此，我们有很好的理由认为，源自冲动行动的快感并非与意向性体验相结合的快感，而是也应该被理解为感觉快感的一种类型。实际上，难道不是对冲动张力放松的**感觉**（而非单纯的冲动行动本身）在满足着冲动快感？因此，在广义上这不仅是由一种（具有呈现或动觉性质）舒适的感觉所带来的快感，而且还是与由冲动行动所引起的放松感觉相联结的快感，可以被视为感觉快感的形式。说到第二类快感感受，即“体验”快感，它似乎还需要一种二级区分：实际上，它要么会涉及与意向性表征的实现相结合的快感，要么涉及与对意向性价值统握的实现相结合的快感。

因此，这种对价值统握的实现也可以作为快感的来源。然而，我们要避免由此就得出结论，即价值 - 对象就是快感 - 对象。如果是这样的话，对道德价值而言，这会将我们无可救药地带向一种享乐主义类型的伦理。同样，如果一个对象的美或其他审美价值都只不过是我们主观满意的反映（或投射），那么所有对美的分析都会和一种情感美学相混淆。或许正是为了避免这些看起来致命的后果，在《关于意识结构的研究》中，胡塞尔非常细致地在各种形式的感性快感和“满意”快感之间做出区分，后者与带有意向性价值的对象相关联。我们在接触一个美的对象并欣赏其美时所感觉到的满意显然不同于我们性欲身体的单纯的“痒”。遵循胡塞尔在术语上的选择，让我们保留冲动的感性快感、感觉快感和体验快感这些具有不同类型特征的“快感”概念。就像胡塞尔叮嘱我们的那样，要避免将“愉悦”（来自对一种价值的欣赏）等同于一种单纯的感性快感。但是，我们也不要因此忘记，可以从“欣赏”的意向行为的进行中（即从“体验”中），甚至从对由此产生的愉悦或“满意”的（并非感性的，而是情感的）经验中获得一种感性快感。

根据胡塞尔始终坚持的概念，“欣赏”的体验必然与具有价值谓词特征的意向对象相关联。在一些情况下，它也可以直接和价值本身相关联。因此，完全毫无价值，也即缺乏所有积极价值的事物不可能被“欣赏”。胡塞尔同样总是坚持认为价值谓词本原地属于对象或事物的状态。因此，它并不像比如本体论信念的谓词（是确定的、是成问题的、是可疑的）那样只是出自与意向对象的主体性关联。对价值属性欣赏的主体**感受**，因此是客观地建立在“价值统握”意识行为的意向**对象**基础上的情感式“设定”，[1] 而价值统握的意识行为又建立在对于该对象的意向性感知基础上。当然，价值的谓词并非如事物实在的属性那样被单纯地感知，但它们是在对这

1 我们不能忽略胡塞尔看似偶然地重新追问在价值的统握和情感上的“欣赏”之间的这种本原统一性：“但是，我可以有时生活在对象连同其价值属性被构造的统握之中，又有时生活在明确采取的情感态度之中，生活在情感的自发性之中。[……] 我看见一位美丽的女性，有时我会陶醉其中，有时她却让我无动于衷，尽管我同样觉得她很漂亮。”（*Ms. A VI 8 I*/45a［1911］）在类似段落的基础上，胡塞尔将价值的统握和愉悦区分为同一体验的“两面”，然而，我们可以猜想，上述引文中“明确采取的情感态度”不应该理解为“欣赏”，而应该是由具有价值的欣赏对象所引起的“愉悦”的状态：“应该分离意识行为和情感吗？还是说我们必须比如在同一欣赏意识中区分出‘两面’：接受一种价值的满意和［另］一可以增强的构成部分，即愉悦和愉悦的冲力成分，这通常随着赞同行为的持续时间和数量而增强？”（*Ms. A VI 12 II*/128b［1911］）

些属性的感知基础上被主体主动构造出来的。[1] 因此，对胡塞尔而言，价值属性既不是纯粹客观的也不是纯粹主观的，而且出于这样的原因，它可以作为胡塞尔“构造”观念的教科书式的案例。作为**奠基**于感知的**价值**统握的对象，价值不能作为纯粹感性的对象，虽然它（比如，与高阶的逻辑 - 范畴的对象相对）**直接地**被统握 - 为价值。欣赏总是伴随着这种积极价值的统握，是一种情感设定，是面对这种价值的感受。作为对价值的感受，它必然和直接与价值 - **对象**相关联。这涉及对客观价值的**意向性**感受。由此，这种欣赏的感受从本质上与冲动的感性快感、与感觉的感性快感并且与体验的感性快感区别开来，后面这三者缺乏意向性。（冒着重复的风险，让我们再一次强调：欣赏作为对价值的意向性感受的实现，完全能够像表征的意向行为之实现那样，还带有一种感性快感，属于有关意向性“体验”的内意识。）

根据胡塞尔的观点，除了快感（在其不同类型和变更中）的感性感受，除了欣赏的意向性感受（伴随着对客观价值的统握），还存在第三种类型的积极感受，即他所谓的**“愉悦”**。除了情感反常的情况，我们总是为所欣赏的事物感到愉悦。愉悦因此必须被理解为面对欣赏或满意的具有价值的 - 对象而产生的一种情感反应，欣赏或满意本身已经是（意向性的）情感。我们带着审美的满意欣赏一片风景的美，由此所产生的愉悦反应并不是必然的。但是，如果

1 *Ms. A VI 30*/229b, *A VI 12 II*/34a (1910/11)：“我完成一项评价：我喜欢雪茄，一种欣赏的意识行为在这种［感知的］统握基础上完成。但是，雪茄现在是作为一支‘有价值的’雪茄。[……] 但这种存在并非新的感知，并非第二级的感知。价值确实不是‘被给予的’，它不以任何方式被给予；并非像在感知中那样 [……]。”

这样的愉悦情感占据了我们，那便必然预设了风景令我们满意。[1] 因此，愉悦是被我们欣赏的、我们从情感上觉得具有积极价值的对象所激发的一种“热情”、一种“陶醉”。[2] 正如欣赏的意向性体验，愉悦是一种**意向性**情感，它因此必须被仔细地与感性快感区别开来。愉悦和欣赏还同是与实存的意向对象相关联的情感。正如只有具有实际价值的对象才能“被欣赏”，我们也只能为实际存在、为对象或事物状态的实在而真正感到愉悦。缺少对其真正实存的信念，“单纯”表征、想象或愿望中的虚构或仅仅可能的对象，确切地说，既不能被欣赏也不能使内心愉悦。根据弗洛伊德的观点，我们试图借助想象和梦来实现我们的愿望，它们能产生快感却无法产生满意或愉悦的情感。

虽然具有这种本质上的相近关系，欣赏和愉悦的意向性情感却并不必然同时产生。欣赏当然属于所有价值统握的本质内容，但由价值－对象所引发的愉悦状态却并不必然和自动就属于欣赏行为。[3] 我们可以却并不必须为所欣赏的具有价值的对象感到愉悦。[4] 胡塞尔认为，这种差别通过如下事实得到了说明：欣赏作为情感设定必然属于指向价值－对象的意识，而愉悦则是一种情感状态，

1　*Ms. A VI 12 II*/127a-128a (1911)：“但我们要区分满意和使我颤抖的愉悦等。满意、意识行为不会使我颤抖，但会在自我之中引起至高幸福的战栗。满意，更确切地说意识行为[……]，是愉悦情感的来源，是满足、幸福、快乐情绪的来源。”

2　*Ms. A I 16*/7b (1911).

3　*Ms. A VI 12 I*/132a (1911)：“愉悦本身的意向性有别于作为其基础的价值统握的意向性，这难道不是很清楚吗？[……] 美并不带来美的－发现。[……]‘状态’是被激发的。[……]‘意识行为’不是被激发的。[……] 愉悦不具有设定的模式，并非这种‘设定’。它是被某些统握和设定所激发的一种状态。”

4　*Ms. A VI 12 II*/128b (1911)：“我们进行评价，在此意义上，进行欣赏，却毫不被打动，毫不感到愉悦，这难道不是可能的吗 [……] ?”

来自（“被激发”）对被设定为值得欣赏的对象之非强制**反应**。愉悦既不是对象性的情感（如欣赏）也不是主体性的情感（如感性快感的不同类型），而是一种反思性或者更应该称为被反思的情感。我们不是（在很多自然语言中）都说某事物使**我们**感到愉悦（*se* réjouir）[1]吗？

作为对值得欣赏的价值 – 对象的情感反应，愉悦不仅拥有增多或“增强”的可能性，而且还拥有超出其确切起因或对象的“溢出”或“扩散”可能性。[2] 胡塞尔带着未加掩饰的快乐向我们描述了愉悦的情感状态如何“以如下方式传播，好的情绪使所有事物都展现在美好的阳光下，使我们倾向于到处都发现愉悦 [……]”。[3] 愉悦是会传染的，胡塞尔试图借助“情绪”概念（情感氛围）来认可这种蔓延的和膨胀的愉悦。[4] 这种情感情绪与对背景或**界域**的表征意识具有相似之处。但情绪“溢出”能力的观念通过其时间维度的整体化倾向与界域意识的空间模型相背离。情绪不仅会溢出到环境中，它还会**持续**——即使当唤醒它的起因要追溯到已经消逝的过去。我们说，清晨信箱里带来的令人愉悦的消息会让一整天都变得美好：

与对象相关联的陶醉 [……] 消失了，我不再身处其中。另

1 【译者注：法语中有一类动词叫代动词，指带有自反人称代词的动词。代动词的用法之一是表达自反的意义，即动词所表示的动作及于主词本身；se réjouir 就是一个表达自反意义的代动词，如果主语是“我”（Je me réjouis de ...），即表示愉悦的情感占据我，我为某事感到愉悦。】

2 *Ms. A I 16*/7b, 8b (1911); 以及 *A VI 12 II*/71 (1911).

3 *Ms. A VI 8 I*/45b; *A VI 12 II*/72a (1911).

4 *Ms. A VI 12 II*/72 f. (1911); 以及 *A VI 12 II*/126b; *A VI 12 II*/74b (1911).

一方面，它或许继续存在于一种愉快的情绪中，这是事后的效应，一种感受溢出到意识的内容中，将所有的对象都染上其光芒，并同时使所有快乐的刺激都变得易于接受（或使不适的刺激不易于接受）。[1]

虽然，确切地说，我们只能为具有价值的实在意向**对象**感到愉悦，但愉悦和愉悦的情绪在某些方面却像一种与感性快感的感觉相关联的“享受”。这两方面实际上都涉及一种来自情感反应也即次级表达的情感状态——在第一种情形中指向值得欣赏的对象，在第二种情形中指向快感感觉。通过现象学描述来确定愉悦类型的意向性感受通常带有感性快感的感觉，这不仅是可以设想的而且也是很容易证明的。如果说所有意向性表征的实现（对内意识而言）就已经可以作为感性快感的来源，欣赏的体验当然更值得作为感性快感的来源，而愉悦的状态或情绪尤其如此！[2] 我们只要想想神秘主义者的证词或者比如想想贝尼尼（Bernin）建造的圣特雷莎雕像！这类例子直观证明了天堂的愉悦如何能够引起肉身的一种出神状态。我们必须要避免让对价值 - 对象的愉悦或欣赏依赖这种感性快感的感受。因此，当胡塞尔写道：“满意的强烈度不同于人们在感官的享受中所感觉到的强度”，他乏味的常识仍保留着自己的权利。[3]

审美的激情状态和感官享受之间的这种差别不仅（甚至并非在

1 *Ms. A VI 8 I*/50a (1911).

2 *Ms. A VI 12 II*/71b (1911)：“我带着享受凝视着影像，那至福像一阵战栗一样穿过‘我’。穿透自我（Me traverse moi）：一阵快感经过我的身体，我在心中、在胸中感觉到这种至福，战栗一直蔓延到我的脚趾，等等。”

3 *Ms. M III 3 II I*/115a (1911).

本质上）取决于精神价值和感受性价值之间的规范性区别，它还源自适合产生这两种类型积极感受的契机之间的差别。愉悦和享受并非以同样的方式在我们身上发生。通常我们只需要转向价值－对象来体验满意的感受以及一种愉悦的状态，但突如其来的感性快感的感觉则经常固执地逃避主体的力量。与欣赏、满意以及愉悦相反，感性快感很难被利用。虽然快感是我们所欲求的并且我们尽己所能地要获得它，它却总是以附加的方式，有时还会以出其不意的方式到来。这对原初的冲动行为来说已然如此，比如婴儿的吮吸，像我们已经看到的，在其中快感的感觉必须依靠对先前满足的（境况的）回忆。在胡塞尔提及的婴儿手舞足蹈的情形中，冲动快感直接产生于身体运动的重复，看起来不求助任何人（?），并且除了这种单纯的冲动行动，没有任何其他目的。甚至在这种情形中，冲动快感也承受着疲劳与厌倦的风险。对于其他一些活动，一些更为复杂的，同样缺少外在目的并且我们所谓的“游戏”活动来说更是如此。即使当我们“为了快感”而玩游戏时，我们都体会过快感并不总是如期而至。感性快感同样逃避所有意向性表征以及所有将其作为行动的直接和唯一目的之实践策略。如果确实如此，那么享乐主义就会陷入不利的境况而且不是出于道德的原因。

九、既无主体也无对象的意向性生命?

很久以来，主体生命的意向性理论成为能够将现象学家集合在一起的标志。除此之外，他们追求的兴趣非常不同，并且在有关现象学方法的观念上彼此对立。而我们知道，这种意向性理论先于现象学的创立，我们也知道，现象学家们越来越少、参与有关此概念的现实讨论。在下文中，我想展示，虽然意向性研究的诸多方向同时在现象学运动的内部和外部展开，但胡塞尔在《逻辑研究》(1900/1901)和《观念一》(1913)之间的著作却始终至少以虚焦点的形式在场。实际上，海德格尔、古维奇、萨特、梅洛－庞蒂以及亨利(Michel Henry)对意向性分析的发展，在根本上仅仅是对胡塞尔20世纪初逐步确立的表征论的客观主义和自我论的主体主义提出疑问。那些展现为对胡塞尔彻底批评的观点常常是胡塞尔自己曾经辩护却又随后放弃的立场。因此，有关先验意识的非－自我的本质、表征的意向性和情感的意向性之间不可逾越的差别、受动的感觉相对于意向性意识之独立性的学说，在胡塞尔的著作中都有其先例。胡塞尔固然远离了那些通常直接从布伦塔诺的著作中受到启发的最初立场，并且在其意向性概念中强调主体主义和客观主义，但这并不意味着他忽视了所有那些缺少对象或反思性主体的意向性形式，也不意味着他忽视了尚未达到“体验”(vécus)之意向性的主体生命形式。通过引入延留和动觉性自身意识，并且通过发展其预先给予先于所有意向对象给予的世界概念，胡塞尔已然与他的后继者和批评者处于同一片场地之中。

我们将对 1900 到 1913 年这一转折时期的胡塞尔意向性理论之多变边界作简要分析，其目的在于让胡塞尔发言，以重新建立其与诸后继者或诸先辈之间的对话。这个目标使我们不用再重新详细介绍胡塞尔意向性概念中那些自《逻辑研究》开始就没有再经历重要变化的方面，比如意识行为的“题材”（matière）和“质性”之间的区分、感知中对感觉材料的统握立义、对部分或整个空的意向之直观充实。因此，我们也将不再关注这种意向性概念在意义理论、真理论以及先验构造理论中的延伸。

我们将从胡塞尔的“效果史”出发来追溯其理论源头。这种考察将使我们两次与胡塞尔的后继者和批评者对质，因为我们想要研究胡塞尔意向性概念中主体主义和客观主义的理由。因此，我们的研究将尤其关注先验意识的自我概念的引入，以及客体化表征与情感之间差别的逐渐消除。事实证明，这种新的主体主义远非要认可一种潜在的唯我论，而是相反，源于意识到主体间性的重要；而主导情感分析的新客观主义是出于胡塞尔的批评者几乎没有考虑到的对伦理秩序的担忧。我们随后将指出，这种客体化的理性扩张从来就不是毫无争议地普遍出现在于胡塞尔的所有著作中。相反，胡塞尔的思考涉及一种先于所有自我同一性之客体化的自身意识形式，并且描述了一种主体与对象之间尚未具有区分与对立的意向性交织形式。他在这些方面都取得了决定性突破。这种本原的意向性以其他名称更广泛地为人所知，比如“运行（fungierende）意向性”（芬克)、“在－世－存在之超越性”（海德格尔）或者还有“感知信念”（梅洛－庞蒂）。然而，通过构思这样一种非客体化的意向性理论，通过继续以布伦塔诺和弗洛伊德的方式考虑意向性表征与前意向性感受相结合的命运，胡塞尔从来不会像亨利那样认为主体性的本质是一种与任何形式的意向性都没有本原关联的感受性（affectivité）。如果说先验主体的生命确实不能被还原为客体化的意向性，甚至也不能被还原为对世界的前意向性依附，那么对胡塞尔而言，同样确定的是体验其自身的主体从未完全逃离出意向性的框架。

1. 胡塞尔著作中逐渐强化主体主义和客观主义的理由

从那些通过与胡塞尔相区别而来表明自己思想的现象学家出发，去重新阅读胡塞尔，我们会收获许多惊喜。尽管他们的批评看起来或许很有道理，但我们在重读胡塞尔同时也注意到他们所忽视的方面。他们通常所做的不过是，当胡塞尔把我们留在开放的发问之中时，当胡塞尔单纯为我们展示现象在解读上的歧义性时，这些批评者则做出斩钉截铁的断定。针对胡塞尔的意向性理论，人们最常见的指责涉及其自我论的、内在论的（intimiste）以及唯心论的主体主义或者其理智论的客观主义——但却很少关注这两种指责之间的关联，也没有关注胡塞尔所采取的立场之内在一致性。是什么促使胡塞尔放弃了非自我论的意向性意识？而这正是萨特的先验现象学所要指向的。亨利所不断批评揭露的逐渐使情感向外感知模式看齐的动机是什么？萨特和亨利的这些批评要么扎根于一种没有自身内容而作为纯粹意向性的意识概念，要么扎根于一种退出所有意向性来感觉其生命脉搏跳动的意识概念。这两种批评难道不属于构成法国现象学特征的同一种迷恋，即对尚未达到或在笛卡尔式主体之下的主体性形式之迷恋？

（1）自我论主体主义的起源

通过辩护其在《自我的超越性》[1]中的论点，并且通过批评《观念一》提出的先验意识的自我概念，萨特实际上将我们带回到《逻辑研究》的立场。而《逻辑研究》只是重新申明了布伦塔诺在《从经验立场出发的心理学》中的分析。因此，萨特、早期胡塞尔以及布伦塔诺都赞同如下观点，即意识的统一性——无论涉及同时进行的不同经验之统一还是“意识流”之统一——完全是自身构造的，也就是说，不求助于一个悬于意识生命之上的作为统一原则之自我。因此，意识的这种自发统一在本质上是联想性的，它属于由非独立的各部分所构成的整体这种逻辑。对此，布伦塔诺、迈农以及胡塞尔对在时间中展开的对象，比如音乐的旋律之语境作了出色的探索。即便《逻辑研究》[2]将这种意识的统一称为“现象学的我”（§ 4），事实上它丝毫没有自我的部分，因为它仅仅是经验性

1 Jean-Paul Sartre, *La transcendance de l'ego,* Paris, Vrin, 1966 (1936¹).【译者注：中文译本参考〔法〕萨特：《自我的超越性：一种现象学描述初探》，杜小真译，北京：商务印书馆，2010。本文中萨特著作的引文均由译者独立完成。】

2 Edmund Husserl, *Logische Untersuchungen. Zweiter Band, Erster Teil. V. Über intentionale Erlebnisse und ihre « Inhalte », Husserliana* XIX/1, The Hague-Boston-Lancaster, Nijhoff, 1984 (*Recherches logiques,* t. 2: *Recherche V,* Paris, PUF, 1972).【译者注：中文译本参考〔德〕胡塞尔：《第五研究 关于意向体验及其“内容”》，出自《逻辑研究》第二卷第一部分，倪梁康译，北京：商务印书馆，2018。本文中胡塞尔著作的引文均由译者独立完成。】

的我（§ 2）之单纯的“体验束”[1]（§ 12b），经验性的我是由这种意识以及经验性身体所构成的。这种经验性的我实际上是一个超越对象，“就像普通的物理事物，就像一座房子或一棵树，等等”[2]（§ 4）。因此，现象学的我只是经验性的我的精神性部分，与康德和纳托普的“纯粹自我”，也就是说与“将构成我的意识的所有内容联系起来的主体性的中心”（§ 8）没有任何共同之处。胡塞尔认为这种纯粹自我毫无用处；另外他也承认“我根本无法找到它”（同上）。我们有必要立即明确，一种体验对于变动不居的意识统一体的归属以及这个统一体自身都是真实的现象，只不过这些现象只有借助反思行为才能显现。当胡塞尔从 1907 年起引入现象学还原的概念并由此明确了这种反思的地位时，他对自我论的意识概念的反感起初甚至变得更强了。既然这种还原要清除意识的所有经验性统握以及与经验性自我的所有关联，他非常合乎逻辑地得出结论，纯粹意识不属于任何“个人”。[3] 当萨特将意识视为一个“先验的场域”（74）、一种“**个体的和非个人的**自发性”（78）时，他说的是同样

1 “体验‘束’”的表达（在引号中）是对休谟的一种影射，胡塞尔的同时代人都很熟悉李普斯（Theodor Lipps）对《人性论》的德文翻译，因此能毫无疑问地直接辨认出来。每当涉及刻画休谟的自我学说的特征时，这同样的表达（或者更恰当地说，这种引用）还存在于大部分胡塞尔这一代德国作者那里。同样，比如在卡西尔那里：“当休谟把自我解释为一‘束感知’时……”（Ernst Cassirer, *Philosophie der symbolischen Formen*, I, Darmstadt, Wissenschaftliche Buchgesellschaft, 1964, p. 36)。【译者注：中文译本参考〔德〕恩斯特·卡西尔：《符号形式哲学》第一卷，李彬彬译，北京：中国人民大学出版社，2022。本处脚注为德文引文，中译文由译者独立完成。】

2 Cf. Jean-Paul Sartre, *La transcendance de l'ego,* p. 70：“这只意味着：自我是一种意向相关项的统一体……一棵树或一座房子的实存与之并无不同。”

3 Edmund Husserl, *Ding und Raum. Vorlesungen, 1907, Husserliana* XVI, La Haye, M. Nijhoff, 1973 (*Chose et espace. Leçons de 1907*, Paris, PUF, 1989), § 13.

的道理。

然而，如果胡塞尔在一段时间里在有关自我的超越性以及先验意识的匿名性问题上与萨特看法一致，他这么做却是出于不同的原因。如果无法“发现”纯粹自我，这完全只是因为胡塞尔不需要借助纯粹自我来理解**感知**意识的统一性。这个纯粹自我最终将会在胡塞尔转向对其他形式的意向性意识，比如同感（intropathie）分析时向其显现。相反，对萨特而言，纯粹自我不仅“无用”而且“有害”（23）。纯粹自我向主体担保一个世界之外的虚幻之隐退处，而自我的超越性却指出个人和世界构成自同样的材料（85 sq.）。也许更严重的是，对纯粹自我的引入会通过在意识中引入一种损害其“内在性”之“不透明性”而导致先验意识概念自身的变质（23，66）。这样，纯粹自我就充当了使匿名的先验主体感到安心的庇护所，而该先验主体的内在生命事实上毫无内容（“一种虚无”[74]），因为其内在生命就在于将自身投射进意向性对象的世界之中。[1] 与胡塞尔相反，萨特在理解先验生命时，从一开始考虑的就是非人格性的历史主体，而人类个体只不过是其副反映或其结果。相当悖论却不容置疑的是，恰恰是萨特对胡塞尔的这种马克思主义式的解读为拉康发展其“无意识的主体”概念提供了典范！

1　在此，我们要注意萨特与海德格尔之间的对比。对萨特而言，先验生命的匿名是焦虑（angoisse）的来源（82 sq.），而对此种意识的自我统握使人安心；相反，海德格尔认为，在“众人”之中的非本真生存的匿名是使人安心的，而面对本真生存的孤独和此在的唯我论才令人畏（angoissante）。

1910/1911 年，在其课程《现象学的基本问题》[1]中，胡塞尔在对纯粹意识的描述中引入了纯粹自我。然而，这并非如萨特的论证可能使人们误认为的那样，胡塞尔是出于其对一种**唯我论的**唯心主义的偏爱。恰恰相反，正是对**主体间性**，由此对不同意识流的分析使得意识统一性的自我概念成为必要。[2] 因此，纯粹自我概念从一开始就将自身变格为复数的纯粹意识，其中每一个都拥有其自身个体性的和独特的纯粹自我。此外，令人意味深长的是，这种对同感的讨论是融入更大的对当下化意向行为分析的框架中，其中包括回忆和想象的意识行为。这根本不是"在场形而上学"的征候，不是要颂扬自我相对于自身的在场。相反，纯粹自我于 1910/1911 年在当下化行为的基础上被引入，而当下化行为包含着意识的分裂（想象）、意识与自身在时间上的远离（回忆）或者意识与另一个意识的遭遇（同感）。纯粹自我被用来作为意识统一原则，是因为意识能够自身分裂、离开自身以及投射到另一个意识中。因此，胡塞尔非常接近弗洛伊德。对弗洛伊德而言，自我明确承担的任务在于，黏合由经验引起其分裂的分裂主体之各部分。[3]

---

1 Edmund Husserl, "Grundprobleme der Phänomenologie", in *Zur Phänomenologie der Intersubjektivität, Texte aus dem Nachlass, Husserliana* XIII, La Haye, M. Nijhoff, 1973, pp. 111-194 (*Problèmes fondamentaux de la phénoménologie*, Paris, PUF, 1991).【译者注：中文译本参考〔德〕胡塞尔：《现象学的基本问题》，出自《胡塞尔文集 · 共主观性的现象学》第一卷（1905—1920），耿宁编，王炳文译，北京：商务印书馆，2018，第 159—263 页。】

2 胡塞尔著作中这种对先验意识之自我概念的逐渐的、不断增强的肯定，在马尔巴赫（Eduard Marbach）的著作中被充分地引证和分析。Eduard Marbach，*Das Problem des Ich in der Phänomenologie Husserls*, La Haye, M. Nijhoff, 1974.

3 Sigmund Freud, Die Ichspaltung im Abwehrvorgang, in *Schriften aus dem Nachlass, 1892-1939, Gesammelte Werke,* XVII, Frankfurt a. M., Fischer, 1972.

值得注意的是，在1910/1911年的课程中，纯粹自我在同感中所扮演的统一角色是在与回忆类比的基础上被分析的。然而，在回忆中，纯粹自我确认的是我的过去和我的现在之间的统一性，而在同感中纯粹自我却强调我的意识与他人意识之间的区分。但我们不是同样可以说，在这两种情形中，由纯粹自我所推动的统一性是个体的同一性，并且这种同一性只有在面对他者时才能表现出来，哪怕这个他者只是过去的我自己？确实，我的过去与他人的意识不以同样的方式向我显现；过去“本原地”（但并非“亲身地”）被给予我，而他人间接地并通过其肉身之媒介被给予我，其肉身以表达符号的形式表明其在场。但同样不可否认的是，纯粹自我的统一角色即使在回忆的情形中依然是需要的，这恰恰是因为我的过去对我而言变得陌生了，我的意识流的统一性弱化了并且不再能通过邻近的体验之间简单的自发联想来保证。属于我自身的内容（“归属的领域”或“原初的领域”）只有在与他者显现的对比中才会如此这般向我显现；而在回忆中向我显现的我自身是被不在场和陌生感所穿透，故必须由纯粹自我来使我确信这依然是我自己。因此，我们倾向于认为，是回忆产生了纯粹自我的个体同一性，而非由预先存在的纯粹自我使得回忆中对自身的认识成为可能。胡塞尔使纯粹自我成为（在当下化意向行为中）被构造的统一体而非所有构造的来源，这使他至少暂时重返萨特有关自我超越性的概念。但胡塞尔同时接受先验意识内部的分裂、距离和疏远，也即其实存与被感知之间的不一致。因此，他非常明确地承认先验意识的不透明性，这又使他远离萨特。

在《观念一》[1]中，通过放弃对纯粹自我与当下化行为之间优势性关联的断定，并通过赋予所有意向性体验——包括当下化意识行为、单纯当下意识行为或者也包括价值的和实践的体验（§ 28，34）——自我论结构，胡塞尔完成了补充性的一步。同时，纯粹自我根本不是经验的结果而是成为其最后的根源：所有的意向行为都是在“我思”的形式下进行的（§ 35），也就是说，所有明晰和专注地转向意向对象的意识行为都出自一个纯粹自我（§ 80）。即使其他那些像“背景直观”这类尚未明晰化的、非现时的以及非专注的意识行为也依然是潜在的自我意识行为（§ 35）。因此，纯粹自我不再是意识的一种单纯的体验“束”，而是这些体验生命的共同基础。纯粹自我是发出所有意向辐射的中心，所有意向的本质在于对世界采取立场。罗蒂[2]所钟爱的文字游戏将“I”（我）与“eye”（眼睛）联系起来——纯粹自我作为精神之眼，这完美契合《观念一》的立场。在此，自我实际上被展现为意向性注视的起源，将“目光-朝向”对象辐射的中心（§ 37）。

确实，后来胡塞尔在其意向性自我主体的概念中赋予这种视觉比喻以较少的重要性，但他却极度扩大纯粹自我的应用场域，使之囊括所有被动的生命形式，尤其是冲动的意向性。因此，我成为一

---

1 Edmund Husserl, *Ideen zu einer reinen Phänomenologie und phänomenologischen Philosophie. Erstes Buch: Allgemeine Einführung in die reine Phänomenologie*, *Husserliana* III/1, La Haye, M. Nijhoff, 1976 (*Idées directrices pour une phénoménologie et une philosophie phénoménologique pures. Tome premier: Introduction générale à la phénoménologie pure*, Paris, Gallimard, 1950).【译者注：中文译本参考〔德〕胡塞尔：《纯粹现象学通论——纯粹现象学和现象学哲学的观念 第一卷》，李幼蒸译，北京：中国人民大学出版社，2013。】

2 Richard Rorty, *Philosophy and the Mirror of Nature*, Oxford, Blackwell, 1980.【译者注：中文译本参考〔美〕理查德·罗蒂：《哲学和自然之镜》，李幼蒸译，北京：商务印书馆，2011。】

个同样也会被印象所触发，被欲求和兴趣所驱动，被冲动所裹挟的主体。这难道意味着胡塞尔最终接近亨利及其关于意识的理解，即意识之存在原初仅在于被其本己生命运动所触发？并非如此！［如果说胡塞尔逐渐承认由意向性主体所采取的行动往往以其所遭受的经验之被动性为先行，但他永远不放弃如下观点，即主体真实的生命在于以完全之清醒来应对触发请求，在于以批判的眼光对后者进行考察并由此决定顺应其请求是否合适。］先验生命，包括理论的、价值的或实践的生命，对胡塞尔而言总是在于“采取立场”，用《观念一》的话说，其意向性总是具有“信念的”本质。因此，冲动的意向性是一种要求，要求在主体能够完全主导的意向性中被重复或掌握：经受多种印象和联想的主体必须转变为进行多重意向性设定的主动性的根源。因此，经受的诱惑或听到的召唤必须变成对于对象专注的考察，所有对象必须随后被置于完美对象的目的论视域中进行仔细观察，哪怕这个完美对象是主体自身之完善性的某种理念。

因此，胡塞尔纯粹自我的概念看起来在1910/1911年的课程和《观念一》之间有了很大的发展。在后一文本中，纯粹自我不再简单被视为经历碎片化或与其他意识相混淆危险的**当下化**意向性意识的统一性和个体性原则；相反，纯粹自我成为所有意向行为，包括单纯感知的**当下**意识行为所由以产生的绝对根源。但是，这并不意味着纯粹自我先于所有这些意向性体验：相反，胡塞尔明确指出，它只是先验意识同一性的一种形式或单纯的一极，离开这些意向性体验，它什么也不是（“完全空无的”，§ 80）。虽然与其体验不可分离，但纯粹自我不同于这些体验，既不特别与其中任何一次体验相重合，也不与其整体重合。实际上，它在意识的不停流变中始终保持同一。因此，更确切地说，它是“一种内在的超越性”（§57）；是非时间性的，但又不能离开诸体验之时间性而存在；是目光的源头，但又不能离开供其观看的自身给予之物而存在。因此，要求纯粹自我之恒常在场的、要求纯粹自我之在场以造成统一和安定的仍然是主体内的各种断裂点：意向性注视的多样性、活的主体的兴趣之分歧、主体对严格的时间法则——当下在不断更新并在驱逐先前当下中树立自己——的遵从。因此，《观念一》比初看上去要更加接近 **1910/1911 年的课程**；而且没有什么阻止我们继续将纯粹自我理解为既内在同时又超越先验意识的环节，理解为一种同时是构造者与被构造者的所予，以及通过意向性生命之主体与对象这双重形式来获得显现之所予。

但是，我们必须承认：有关纯粹自我之现象学显现的关键问题变得有点更加不确定了。因为这不再只涉及描述当一个意识面对该意识的过往片段（回忆）或另一个意识（同感）时我如何显现，而且涉及描述所有意向性意识的根源如何显现。《观念一》的文本暴露了胡塞尔的困惑：纯粹自我被认为是“难以描述的自在存在和自为存在”。而接下来的文本指出：“但这并不妨碍可以对其展开多方面的重要描述。”（§80）作为所有意向行为的唯一和普遍的根源，一旦对象出现，纯粹自我便被牵连其中；但是，显现的是这个对象，而非这一显现的自我论本原。就像《观念一》在大多数时候所坚持的那样，只要我们坚决认为所有显现的内容都是在意向对象的形式下显现，那么，纯粹自我就只能在事后以反思对象的形式显现。可以说，作为意向性生命根源的纯粹自我永远无法在活动之当下显现。因此，我们也就不会奇怪萨特和亨利（还有他们之前的海德格尔）想要补救的这种情况：前者通过使我显现为一个由反思以无中生有方式产生的超越性对象，而后者则通过断言主体生命永远无法以意向对象的超越性形式显现。

（2）客观主义的起源与对情感的意向性分析

依然是在亨利那里，我们可以看到最严厉但毫无疑问也是最关注客观主义立场的批评。该客观主义立场尤其体现在由《观念一》提出的对情感的意向性分析中。[1] 胡塞尔充分认识到，情感、感情（émotion）、趋向、冲动以及其他情感领域的体验都在前意向性的感觉或“质料的”（hylétique）内容中有其本原。尽管如此，在该文本中，胡塞尔急于将意向性意识的形式应用于此方面，由此使有关感受性的分析向对表征对象之意识行为的分析看齐。但让我们感到惊讶的是，亨利的好奇心居然没有促使他同样去考察一下《逻辑研究》的分析。在《逻辑研究》中，胡塞尔在认识到确实存在着意向性情感的同时，还非常明确地关心非意向性感受的自主存在。我们将对比考察《观念一》和《逻辑研究》的不同学说，因为这将使我们更好地理解致使胡塞尔把感受性置于客体化或“信念式”单一理性的评判之下的原因。

通过将情感（sentiments）作为信念行为来考虑，《观念一》使其成为与相应的价值对象，即一种价值的（确定的、可疑的等）实存相关联的意向性行为。因此，在情感中——完全如同在表征的意向性行为中——我们可以观察到体验与其意向对象之间、意向行为

1　特别参考：Michel Henry, “Phénoménologie hylétique et phénoménologie matérielle”, in *Phénoménologie matérielle*, Paris, PUF, 1990, pp. 13-59。

与意向相关项之间完美的关联。因此，为了研究感受性的实存及其显现，现象学家在意向性意识或价值对象之间做出选择。但感情体验的意向行为与意向相关项的结构却并不完全与表征行为的结构相一致，因为情感行为是被双重意向所激活的，该双重意向指向双重对象，即被赋予价值的事物以及价值自身（§ 95, 37）。因此，价值体验是复杂的意向性体验，但这种复杂性丝毫没有削减其客体化特征。表征行为与价值行为之间这种结构上的同一性也使得胡塞尔能够断言，这两种类型的行为可以经历同一套信念变更方式，其语言表达的形式也是完全一样的（§ 127）。胡塞尔由此得出结论而指出，理论的、价值的以及实践的行为是被同一种信念理性所激活，我们因此可以设想一种按照形式逻辑之模式运行的形式价值论和形式实践论（§ 117）。感受性因此被还原为一种客体化的意向性形式，其对象具有来自心灵的补充。

然而，《观念一》中的客观主义，或者更确切地说，客体化理性一元论的这首凯旋进行曲还依然带有某些迟疑的迹象。一方面，胡塞尔确实声称，意识中发生的任何行为都无法逃脱意向性的影响，意向性“就像一个普遍环境，最终将所有体验甚至那些不具有意向性特征的体验都纳入自身之中”（§ 85）。非意向性的感觉（无论是表征性的还是感受性的）看起来只是理论的、价值的或实践的意向行为实现的单纯刺激（incitation）。另一方面，在同一段落中，在谈到“感官体验［……］比如颜色材料、触觉材料、声音材料［……］快感、痛苦、痒的感觉等，以及‘冲动’领域的感性时刻”时，胡塞尔提到“没有形式的质料”的可能性并且非常明确地提出如下问题，即“这些感性体验是否处处并必然带有某种‘将其激活的立义’”（同上）。即便胡塞尔只是回答说“这里并非做决定之处”，我们却认为在《观念一》的这处文本中听到了来自《逻辑研究》第五研究中如下段落的遥远回声，那里写道：“快感和痛苦的感觉可能会持续，即使创建于其上的意识行为的特征已经消失［……］（快感的激发）不再作为令人舒适的性质之表征物起作用，它从此以后只是单纯与感觉到它的主体相关联。”（§ 15b）

当然，这种有关感受性印象的“质料现象学”并非《逻辑研究》有关情感本质的最后定论。即便这处文本实际上为感受性感觉之自主存在的可能性留有一席之地，并承认它只揭示以某种方式被自身触发的意识的状态，对意向性情感的分析还是在这个文本中占据主导地位。然而，《逻辑研究》确实对这些意向性情感的主体－相关特征表现得非常敏感，并因此拒绝像《观念一》那样赋予其自成一类的意向对象。因此，《逻辑研究》仍然非常接近布伦塔诺的立场。布伦塔诺认为情感构成所谓的“反应式”心理现象的一部分，在这些现象中，主体在与表征的意向对象之关联中采取感受性的立场。布伦塔诺甚至进一步提出如下假设，即所有表征都带有这样一种感受性“色彩”，[1] 而且我们在其弟子弗洛伊德那里也看到同样的主张，即有关对象的表征与属于主体冲动状态的（快感和不适的）感受之间的本原结合。

对《逻辑研究》而言，情感通过如下事实与其他意向性行为区别开来：前者不仅指向对象的在场，并且同时以一种明晰的方式

1　Franz Brentano, *Psychologie vom empirischen Standpunkt*, Erster Band, Hamburg, Meiner, 1973 (1924[1]), pp. 203-218.【译者注：中文译本参考〔德〕布伦塔诺：《从经验立场出发的心理学》，郝亿春 译，北京：商务印书馆，2020。】

指向主体的一种状态。根据人们对感受性体验这两方面构成的某一方面的强调，情感或者显现为一种复杂的客体化行为，或者显现为主体与其自身的一种相遇。在第一种情形中，胡塞尔指出感受性感觉与表征性感觉相结合，并且这两者一起参与到对对象的意向性立义的构成中。这或者会导致对象感知被一种感受性氛围所笼罩，或者一种新的情感的意向行为利用客体化表征以便在与其对象的关联中采取感受性立场。[1] 在第二种情形中，胡塞尔首先提出，情感不对意向对象做任何断定，随后（正如在《逻辑研究》第六研究的第九章中）得出结论说，情感行为通过其语言表达形式以及其所能够——或者更确切地说，不能够——主张的真值而与其他意向行为从根本上区别开来。感知判断是直接与被感知事物状态相关联的意义表达；而情感却是类似于怀疑或质询的主体态度，它不能直接表达，而必须通过与这些态度相关联的反思性判断才能够表达（§ 70, 68）。因此，感知判断直接针对该感知的对象，其真值通过语词断言与客观实在之间相符合的准确性来衡量。相反，情感判断是一种**有关**情感的判断，其对象是由情感在反思行为中的显现所构造的，而且正是这种反思行为获得了语言表达。因此，我们在此必须说“真诚”而非“真实”（同上）。我们不能要求情感判断与某种客观实在相符合；即使在最好的情况中，也仅仅是一种对主体状态的真诚和忠实的表达。

1 参见《逻辑研究》第五研究，§ 15b：“因此，比如对一件幸福之事的愉悦当然是一种意识行为。但这种意识行为（……）在其统一性中不仅包含令人愉悦之事的表征以及与之相关联的快感意识行为的特征；而且与表征联系在一起的还有一种快感的感觉（……）：事件向我们显现为带有玫瑰色的光环。因而，如此这般的事件，像这样被快感所着色，仅仅变成快乐的依恋、满意、激情状态的基础（……）。”

因此，在以下问题上《逻辑研究》的立场呈现出巨大的摇摆：情感的本原特征到底是主体性的还是客体性的？将情感同化为客体化意识行为有何好处，又有何不利？一方面，胡塞尔似乎在赋予价值体验自成一类的意向对象（比如价值）的观点面前退缩；而另一方面，他又不愿意放弃如下想法，即存在一种感受性类型的意向性，以一种朝向意向对象的感情依恋的方式展现。萨特和亨利又一次急于在胡塞尔最初无法决定的地方当机立断：亨利断言情感所具有的强烈的主观性特征，强行排斥人们依然将其视为意向性体验；而萨特则否认感情的意向性显著地区别于感知的意向性，因此认为不应为其赋予其他的意向性体验所缺少的自我论的或自我中心的形式（38–43）。我们已经看到，在第一阶段的犹豫不决之后，胡塞尔从《观念一》开始坚决选择一种对情感意向性相当客体主义的分析，另外还同时断言其自我论特征。但我们还远没有理解这种选择的动机。

看起来，倾向于把情感意向性客体化的决定，是在《逻辑研究》和《观念一》出版之间的这几年中重新被采纳的，而且该决定是由对伦理学的现象学基础的考虑所引发。[1] 尤其是在这段过渡时期的伦理学文本中，胡塞尔强调必须对伦理情感及其意向性指向的伦理价值进行旨在探索其理性特征的批判性研究。因此，似乎正是这种对**伦理**情感进行理性辩护的需要，使胡塞尔将**所有**情感都视为客体化的意向行为。

胡塞尔所形成的理性（rationalité）观念使其坚信不可能存在着

1 Cf. Ullrich Melle, Objektivierende und nicht-objektivierende Akte, *in* Samuel Ijsseling (éd.), *Husserl-Ausgabe und Husserl-Forschung*, Dordrecht-Boston-London, Kluwer, 1990, pp. 35-49.

不同类型的理性，每一类都有其特有的志向和要求。相反，对胡塞尔而言，只能有唯一的理性和唯一的理性有效性形式：理性之显现的基础是主体采取的（理论的、价值的或实践的）立场，而这种主体立场的理性证明，总在于表明主体所采取的立场与被主体（如此这般）设定的意向对象的直观所予相一致。因此，根据胡塞尔，“关于理性的现象学”要关注包含在所有意向性体验中的这种对理性的主体性要求——这种设定或“信念”的有效性。这种对信念设定之理性特征的辩护发生在胡塞尔所谓的“充实综合”之中，并且该综合赋予诸如“明见性”和“真实性”这些概念以现象学的含义。这种充实综合从意向对象的直观给予中获得其有效性的全部力量。胡塞尔将对象的这种直观给予理解为一种直观类型的意向性体验，其特殊性在于完全依赖质料材料来指向对象。通过立义，这些质料材料成为意向对象的直观“侧显”或显现。为此，胡塞尔提出通过意向行为对对象进行直观“立义”或“统握”。有关充实综合，从那时起便清楚的是，它具有在两种客体化意识行为之间（以及在其意向相关项之间）的同一化综合形式，而这两种意识行为的直观性构成“内容”（teneur/Gehalt）是不同的。因此，通过直观充实而使主体性设定得以合法化的方式，总是具有对意向对象进行直观统握的形式。

不难预见，对于**伦理类型**设定之有效性的现象学分析而言，这种通过直观充实综合来对意向行为进行理性辩护的观念意味着什么。如果对伦理设定之理性特征的辩护要通过两种客体化意识行为之间的充实综合来实现，这意味着：(1) 伦理情感被理解为一种特殊类型的客体化意向行为并导向特殊的意向对象；(2) 这些伦理对象——完全如同表征行为的意向对象——能够在直观统握中被立义，能够作为伦理设定的直观充实。[1] 这种对价值的直观统握可以被设想为对表征对象直观统握或感知的严格类比。这体现在胡塞尔使用的术语之中，即他将这种对价值的直观统握称为“价值统握”（Wertnehmung）[2]。这样，我们可以更好地理解《观念一》中的学说，它仅仅是对这种伦理情感分析的普遍化：现在**所有**情感都被视为（复合的）客体化或“信念式”意识行为。于是，情感拥有与（表征的）理论信念行为相同的语言表达以及理性辩护形式（§ 127, 139）。

的确，如果胡塞尔不那么关注情感的直观充实，那么情感的意向性处理会有所不同。正是由于胡塞尔在《逻辑研究》中尚未关心这个问题，所以该文本还较为忠实于非意向性的感受现象，这些现象显示主体的状态而非事物的状态。此外，这种更多对现象的忠实也扩展至对意向性感受的分析；意向性感受在被视为意向行为的同时，却还没有毫无保留地被同化为客体化行为模式。我们可以设想，如果相比于伦理情感胡塞尔更关注审美情感，如果他要尝试分析康德所谓的崇高体验这些完全非典型的体验，那么我们可以试想

1 参见 1908/1909 年有关伦理学课程的这个段落：“以某种凡是，我们的确必须认为，在价值行为中也有某物显现，其中显现‘有价值对象’，而且不单纯是具有价值的对象而是价值本身。……我们拥有美观显现、美丽显现、舒适显现，等等……正如表征可以是空的也可以是充实的，价值也同样如此”。【译者注：本处脚注为德文引文，中译文由译者独立完成。】Edmund Husserl, *Vorlesungen über Ethik und Wertlehre, 1908-1914, Husserliana* XXVIII, Dordrecht-Boston-London, Kluwer, 1988, p. 323.

2 【译者注：德文术语 Wahrnehmung（感知）包含真（Wahr）和统握（nehmen）这两个词干部分，而 Wertnehmung（价值统握）则由价值（Wert）和统握（nehmen）两个词干部分组成。因此从术语的构型上也可以看出胡塞尔将价值的直观统握与感知进行类比。】

胡塞尔有关情感的分析又会是怎样!

2. 胡塞尔对主体主义和客观主义的超越

如果说客观主义确实逐渐占据了胡塞尔对情感的意向性分析，对于另外一系列研究而言情况却有所不同，相反，在其中表现出要承认一种非客体化的意向性形式，即承认“**一种没有对象的意向性**”的要求。然而，这种非客体化的意向性并非与客体化的意向性不相容。相反，这两种形式的意向性从来不能脱离彼此而存在。非客体化的意向性既隐秘地融入意向对象对主体显现之中，也融入该主体以反思对象的形式向自身显现之中。对象的显现难道不正是以世界的预先－给予为先行并通过后者成为可能？世界不再以对象的方式显现，但其显现仍然预设一种特殊形式的意向性，芬克（Eugen Fink）和梅洛－庞蒂称之为“运行意向性”，海德格尔则命名为“此在在－世－存在的超越性”。同样，在反思中以对象形式显现的主体生命难道不正是以该生命在肉身性和时间性自我－触发（auto-affection）形式下向自身的显现为先行，并通过后者成为可能？关于主体生命向主体显现这个问题，亨利接续了胡塞尔开启的对动觉式和延留式自身意识中非客体化意向性的分析。但是，他在这样做时认为必须与胡塞尔以及海德格尔和梅洛－庞蒂保持距离，因为他将这种由自身所带来的主体性生命的自我触发视为纯粹印象意识的事情，因而不与任何形式的意向性或任何超越性相关联。但这难道不意味着肯定一种将主体和世界对立起来的本体论二元论吗？这岂不意味着亨利成了萨特的追随者，尽管这绝非其所愿？至于我们，我们绝不愿将印象意识与意向性意识对立起来，我们很乐意将一种对具有**印象意向性**形式的自身意识之发现归于胡塞尔。

现在我们将要探讨世界的预先给予和自身的预先给予。在这一探讨中，我们将首先阐明一种没有对象的意向性。我们将看到，这一阐明对于主体的自我特征以及对于“一种没有自我的主体意向性”问题也并非无关紧要。

（1）与世界相关联的非客体化意向性

确实，在胡塞尔那里，“在先被给予的”世界这个观念并非始于对所谓的“发生”现象学的引入。但实际上，正是在发生现象学中，它才获得了自己特有的先验地位。因为只要世界——在一种所谓的“静态的”现象学之中——被理解为现实的或者可能的意识相关物，它就依然是一个对象，尽管是一个非凡的对象，因为其无所不包并且是整体性的。《观念一》第 49 节中提出的“世界之消除”的假设，正是这种将对世界的经验同化为对感知对象的预设性经验的最好例证。为了摆脱想要使世界一直以对象方式被揭示的预设，指出所有经验对象都被一种可能对象的界域所环绕，并且像胡塞尔常做的那样，随后断言世界是“界域的界域”是不足够的。在《观念二》[1] 中，胡塞尔开始感兴趣于文化对象的世界或“精神世界”的特殊本质并且阐释这个世界的历史传承。这些对于动摇世界的客

1　Edmund Husserl, *Ideen zu einer reinen Phänomenologie und phänomenologischen Philosophie. Zweites Buch: Phänomenologische Untersuchungen zur Konstitution, Husserliana* IV, La Haye, M. Nijhoff, 1952 *(Idées directrices pour une phénoménologie et une philosophie phénoménologique pures.* Livre second: *Recherches phénoménologiques pour la constitution,* Paris, PUF, 1982).【译者注：中文译本参考〔德〕胡塞尔：《现象学的构成研究》，李幼蒸译，北京：中国人民大学出版社，2013。】

体化观念而言是非常有必要的。正是从对文化世界——很快被称为"生活世界"——的人化实在这种新的兴趣开始，发生现象学被视为一种"生成论"，它不仅追问现象意义的构造而且还追问意义的连续变化：有关其亲缘关系和结合关系，有关其衰落以及减弱的后果。通过更多关注意义的历史以及意义的网络，而非目光与其对面对象的无声对质，胡塞尔的先验现象学逐渐拥有了面对"生活困境"的方法。面对此困境，先验现象学比单纯的世界观起初会更感到无能为力。[1]

文化传统的世界对胡塞尔而言依然是被构造的世界。但是，其意义在历史传承的过程中被不断重新－构造。另外，胡塞尔很快理解到，这种知识传承的模式不仅在代际的继承中发挥作用，而且已经在个体主体的生活过程中发挥作用。以此方式对胡塞尔显现出的有"惯习的被动性"之先验意义，以及尤其是经沉淀而获得的意义之非客体化在场，后面这种意义持续作用于主体当前的生活及其对未来的预期。我们所谓先验主体生活经验的这种被给予以及文化世界的这种被给予，要先于主体所有实际的、现时的对象构造活动。而且当断言这种主体知－行和这个在先被给予的文化世界既是构造者又是被构造者时，我们并没有歪曲胡塞尔的想法。它们对主体的当下显现区别于对象的当下显现，因为它们实际上（在这个词的真正意义上）"被给予"主体。主体因此成为该在先被给予的馈赠

1　Edmund Husserl, Philosophie als strenge Wissenschaft, in *Aufsätze und Vorträge (1911-1921), Husserliana* XXV, Dordrecht-Boston-Lancaster, M. Nijhoff, 1987, p. 56.【译者注：中文译本参考〔德〕胡塞尔：《哲学作为严格的科学》，出自《文章与演讲（1911—1921 年）》，托马斯·奈农、汉斯·莱纳·塞普 编，倪梁康译，北京：商务印书馆，2020。】

注定要留给的人，而寓于其生命中的意向性也体现在其接收此馈赠并发挥其丰富作用的能力之中。因此，此种馈赠所要求的本原回应更多是一种梅洛 – 庞蒂称为“感知信念”的信任式接受而非构造活动。与对象相反，世界是绝对确定的，并且这种不可动摇的确定性在所有的怀疑态度中被预设。因此，向世界这种新现象的敞开必然引起对自我以及由此对笛卡尔式主体性概念的质疑。只要抛开对于仅仅是现实的、“现成的”对象的感知所予现象的最初迷恋，现象学家也就迈出了在与“生活世界”的关联中，以及在与自身前反思性的关联中对非客体化意向性进行思考的第一步。

（2）与自身相关联的印象意向性

现在，当我们转向对前反思性自身意识的研究时，我们将看到这种刻画了主体与在先被给予世界之间关系特征的非客体化的意向性，也同样在主体与自身的关联中发挥作用。我们已经提到，从布伦塔诺开始，这种对于自身意识的分析就在有关意向性和意识的现象学理论中占据绝对中心的位置。**布伦塔诺**引入了“内在表象”和“内在观察”的区分，[1] 也即只是“伴随着”（外在或内在）对象感知的“内意识”，和使意向性意识成为自身（反思的）意向对象的“内感知”之间的区分。实际上，布伦塔诺正是通过这个区分确定了对自身意识进行意向性分析的主要核心。对布伦塔诺而言，不可能存在无意识的心理现象：所有的意向性意识都伴随着一种前反思性的内意识，而后者则能够引起反思性的自身意识。这种前反思性的自身意识被认为是一种意向性意识，其对象处于“次要的”地

1　Franz Brentano, *Psychologie vom empirischen Standpunkt*, Erster Band, p. 180.

位，也就是说从属于感知“首要的”意向对象的显现。这种次要对象缺少有关其存在的明确断定（布伦塔诺称为：“判断”），因而无法成为首要对象。这也正是为什么这种前反思性自身意识依然还只是一种“单纯的表象”，而非一种内感知或反思性的自身意识。然而，这种对自身的前反思性表象远非与自身保持着一种“漠不关心”（209）的联系。布伦塔诺毫不犹豫地断言，它通常带有一种对自身的“情感感受”（203）。

如果概括布伦塔诺的立场，我们可以说所有对自身的反思，或者所有对自身及其本身体验的内感知都以对自身的意向性表象为先行，在该表象中自身以次要对象的形式被呈现和被感受。这种本原的自身－显现已经被一种表象和感受的意向性所激活，但它依然从属于首要感知对象的显现，首要对象即是最能引起主体兴趣的对象。（这丝毫不妨碍这个原初对象可以是内感知的对象，因而伴随着它的内意识是对于有关自身的反思性意识的非反思性意识！）实际上，我们在《逻辑研究》和《观念一》中见到同样的有关自身意识的观念，胡塞尔的原创性贡献尤其在于澄清“原初对象”与“次要对象”之间的关系。对胡塞尔而言，与自身的前反思性关联属于一种界域意向性，这种意向性以缺少“被主题化的”明确对象为特征。在胡塞尔看来，前反思性自身并非“次要对象”而毋宁是前－对象，即一种等待成为反思活动对象的被给予。因此，我们不能对其主体而言真正谈论一种非客体化的意向性。而萨特则更进一步，更加明确地在非反思性、非自我的“自我意识”（Conscience [de] Soi）和反思性的“自我意识”（Conscience de Soi）之间做出区分。但他并不否认反思使自身成为意向对象，尽管这一反思总是事后的和“从眼角看”的。[1] 然而，当萨特将“自身（的）意识”中作为“虚无”的“自身”仅仅视为朝向意向对象的“冲力”时，他和布伦塔诺以及胡塞尔便彻底区别开来。虽然是“自为的存在”，这个“自身”对于自己而言却什么也不是并且也几乎不再配得上其名称。

并非在萨特那里，而是在胡塞尔自己的文本中，我们可以找到最令人信服的替代方案，不再把前反思意识的自身视为等待被把握的对象。胡塞尔开始关注在感性肉身中的具身化意识之本质以及在同一意识流中逝去的意识流向自身显现的方式。这些足以使非客体化的意向性被置于所有自身关联的中心和本原。在得出结论之前，我们想简要回顾一下这些学说中最重要的方面。

（3）肉身的自身－显现

有关身体主体向自身显现的方式，或者更确切地说，感受为“活的身体”的方式，我们必须立即明确：胡塞尔一直是在对空间事物的感知这个分析框架中关注这一问题。但这并不意味着我的肉身存在以空间对象方式本原地向我显现，而是说，它在空间事物显现的同时被给予我。正是在感知一个空间事物的同时，主体意识到其进行感知的肉身的前－空间性，正是被感知事物的显现成为作为“感知器官”的肉身之前－显现的契机。胡塞尔将进行感知的肉身的这种自身－感觉归为一种特殊类型的感觉或印象，他称其为“动觉的”。对于19世纪的心理学而言（贝恩 [Alexander Bain]），动觉是由身体的肢体运动所因果造成的肌肉感觉。通过将动觉视为对于运动的原印象，胡塞尔为其提供了一种完全不同的解释。这

1　Jean-Paul Sartre, *La transcendance de l'ego*, p. 70.

些原印象远非以身体本身及事物的表征为前提，它们不表征任何内容，而是所有空间对象表征的条件（“引发”所有空间对象的表征）。[1] 因此，动觉所表明的运动从本原上既非事物的运动也非身体本身在空间中的运动，而是由看不见的肉身，即其肉身 – 存在触发的感知主体的触动（émotion）。从来没有体验过其肉身状态的人永远无法感知在空间中延伸的事物。但胡塞尔补充道，那不进行感知的人，也就是说不能利用其肉身来探索世界的人，也没有机会感觉肉身的存在。

因此，感知的主体就是肉身主体；而感知就在于使其肉身运动或工作，[2] 但却并不将其作为感知对象。是谁让肉身工作并将其作为“意愿器官”？[3] 我们必须承认，对胡塞尔而言，始终是纯粹自我能够支配其肉身，因为纯粹自我的存在并没有在这种具身化中被穷尽。尽管如此，这种利用肉身来感知对象的自我意向性依然依赖肉身的良好运行，而且肉身在由感知主体的“我能”占据之前就已经按照其固有的方式在运行了。胡塞尔在“感觉场”[4] 及联觉构造的标题下详尽讨论了肉身的这种良好运行。联觉都源自感觉之间相互交织的（特别是联想式的）关联。而为了描述这种关联，我们难免要使用悖论性的术语，如“印象或质料的意向性”。感觉场的被动构

1 “它们使得呈现成为可能，而自身却不呈现”(Edmund Husserl, *Ding und Raum. Chose et espace*, § 46)。【译者注：本处脚注为德文引文，中译文由译者独立完成。】对胡塞尔有关感觉和动觉场及其在肉身、空间事物和空间显现中的作用学说的首次阐述，参见：Rudolf Bernet, Iso Kern, Eduard Marbach, *Edmund Husserl. Darstellung seines Denkens*, Hamburg, Meiner, 1989, pp. 121-130。

2 *Ms. orig. D 2*, p. 3a (1933).

3 *Ideen..., Zweites Buch* (*Idées...*, Livre second), § 38.

4 *Ding und Raum (chose et espace)*, § 25, 34-35, 48, 60.

造就像由生命的颤动所贯穿的不可见之肉身的延展。另外，这并非胡塞尔所提及的有关肉身意向性的唯一案例。其他文本也提到“冲动意向性”，其驱力并非指向一个对象，而是指向一种“目的”。[1] 这与弗洛伊德的冲动理论建立联系并非不可行，而且我们可以确定的是，冲动意向性的目的首先是肉身的感性状态，随后才指向世界中的事态。

因此，所有对广延事物的感知都诉诸双重的意向性：在感觉之间往来的印象意向性，以及使感觉之网与世界中的事物相关联的客体化意向性。与这种双重的意向性相对应的是显现的双重模式：肉身印象性显现或触发性显现，以及事物的感知显现。如果说这两种意向性和显现方式不可分割，本原的自身意识毫无疑问只有在动觉的印象意向性中才能实现，动觉向主体揭示其自身肉身生命的运动。相反，客体化的意向性则完全转向世界的景象而忽视了作为肉身的自身。因此，我们应该说，离开为了世界中事物之厚实与可见呈现而退隐和遮蔽，不可见肉身的感性揭示就无法进行。尽管如此，这两种形式的显现不能被混淆，肉身作为世界中对象的存在不能被视为本原性的。这种由不可见肉身的显现到世界中事物的（自在）呈现的转变是次级转化，或者说对肉身原初的自身 - 显现进行把握的结果：这种转变把“活的身体”“客体化”，从而使其成为“身体躯体”乃至成为物理世界中的“物体”。

---

1 Cf. Edmund Husserl, *Zur Phänomenologie der Intersubjektivität. Texte aus dem Nachlass. Dritter Teil: 1929-1935, Husserliana* XV, La Haye, M. Nijhoff, 1973, p. 595.【译者注：中文译本参考〔德〕胡塞尔：《胡塞尔文集 · 共主观性的现象学》第三卷（1929—1935），耿宁编，王炳文译，北京：商务印书馆，2018。】

（4）意识流的自身－显现

然而，这种对其自身肉身－存在的感觉并非胡塞尔所考察的印象性自身－显现的唯一形式，因此也并不是非自我式本原自身关联的印象意向性的唯一案例。因为主体的生命在前时间性的“流动”中实现，正是通过被生命不停歇的脉动所印象性地触发，主体才以一种本原的方式向自身显现。即使我们不考虑——但极为重要——主体生命的肉身性自身－显现和时间性自身－显现如何关联的问题，我们也不得不惊叹于胡塞尔在讨论主体自我性这两种本原显现形式时如何极力强调它们之间的相似性。正如事物的客观空间性只有借助肉身主体才能被感知，对该事物的时间性特征的感知也同样归因于主体生命所具有的不可磨灭的“内在”时间性特征。正如主体的肉身－存在只能与物质世界中事物的可见显现一起被揭示，“绝对意识流”的自身－显现同样也可以说与时间性对象的显现“不可分割”。另外，正如主体肉身－存在的本原自身－显现是在印象意向性中实现的，主体流逝的生命同样通过依赖“原**印象**”的“延留”**意向性**得以显现。[1]

1　Cf. Edmund Husserl, *Zur phänomenologie des inneren Zeitbewusstseins (1893-1917), Husserliana* X, La Haye, M. Nijhoff, 1966 (*Leçons pour une phénoménologie de la conscience intime du temps* (trad. partielle), Paris, PUF, 1964).【译者注：中文译本参考〔德〕胡塞尔：《内时间意识现象学》，鲁道夫·波姆编，倪梁康译，北京：商务印书馆，2017。】在此，我仅限于回顾胡塞尔对时间性分析的几个要点。我在别处对胡塞尔的时间性分析有过较为深入的研究，参见：Rudolf Bernet, Die ungegenwärtige Gegenwart. Anwesenheit und Abwesenheit in Husserls Analyse des Zeitbewusstseins, in *Phänomenologische Forschungen 14 (Zeit und Zeitlichkeit bei Husserl und Heidegger)*, Freiburg-München, Alber, 1983, p. 16-57;【译者注：这篇论文是本书收录的第6篇论文】Rudolf Bernet, Einleitung, *in* Edmund Husserl, *Texte zur Phänomenologie des inneren Zeitbewusstseins (1893-1917)*, Hamburg, Meiner, 1985, p. XI-LXVII。

忠实于其构造分析的逆退式风格，胡塞尔在其《内时间意识现象学》的课程中引导我们从自然事件的“客观时间”，经由体验（例如感知意向行为）的内在时间性，到朝向绝对意识的前时间性的流动。居于此分析中心的是“当下”这个概念。这个概念应同时在现在所显现的内容以及现在自身之显现的双重意义上来理解。根据胡塞尔的观点，一种体验之现在的显现不再是现在自身，[1] 而是被称为“原印象”。因此，它是现在之显现的一种**印象**形式。但这并不妨碍原印象与“延留”和“前摄”的时间性界域不可分割，而后两者“**意向性地**”导向已经逝去或尚未到来的其他原**印象**。正是得益于原印象的这种延留和前摄的界域，所显现者的当下呈现和显现自身的当下呈现才能在时间中延伸并且构成 “当下场”。因此，伴随着每一个原印象所呈现的不仅是一个单独瞬间，而且是一段体验的“延续”（durée），以及显现或“拥有”该体验延续的“准 – 延续”。如果我们考虑到原印象仅仅是从绝对意识流中“抽离出的”一个时刻，也即它被这同一意识流的其他原印象所占先或追随，那么这些原印象中的每一个都给予另一个原印象该体验延续的“时间性侧显”，以及显现之流的准 – 延续的“时间性侧显”。因此，这种流动使内在体验的延续及其自身的准 – 延续共同显现。用胡塞尔的话说，绝对意识流被印象性的“双重意向性”所激活，一种指向体验时间性的“横意向性”，而另一种则指向绝对意识流自身的“纵意向性”。[2]

我们不想更加精确地描述这种双重意向性在绝对意识流中的

1 Cf. Edmund Husserl, *Zur phänomenologie des inneren Zeitbewusstseins*, p. 333.

2 *Zur Phänmenologie...*（以及 *Leçons...*），§ 39。

实现方式，也不试图去理解为什么胡塞尔唯独在延留的框架中处理这种印象性的双重意向性。对我们而言，唯一重要的是纵延留意向性，它从原印象出发，在其已逝去的准－连续性中回顾绝对意识流的所有阶段。这很好地体现出作为时间性－存在的主体之本原显现。如同在肉身－存在的情形中那样，在此，主体的这种时间性－存在依然是在运动或变化的经验中被揭示。然而，非自我论以及变动自身的这种自身－显现——作为一种非客体化的和印象意向性的成就[1]——并未脱离与另一种形式意向性的所有关联，后者通过意向性体验的显现而指向和表征真正对象。这又一次证明印象意向性的自身－显现并没有穷尽自身－存在，因为自身－存在也被一种使世界中的事物得以显现的客体化意向性所激活。

3. 结论

我们必须承认，我们的研究并没有证实“没有主体的意向性”这个假设。倒不如说，我们意识到，无论是有关自我论的主体概念还是有关客体化的意向性概念都应当被重新审视。但我们确实成功地表明，在胡塞尔那里存在着“没有对象的意向性”。这种意向性既在主体与在先被给予的世界之关联中，也在主体与自身的印象意向性之关联中发挥作用。这种与自身印象性关联的意向性远非作为一种客体化的意向性服务于被构想为“生命根源”的纯粹自我；相反，在我们看来，它是主体生命本身，即其肉身存在和时间性存在

1　胡塞尔指出这涉及“一种特殊类型的意向性”，*op. cit.*, app. IX。

的本原显现。然而，这种主体生命却并不局限于印象性的自身－显现，因为其意向性同时也将其带向世界中的对象。一种完全与其自身－显现相重合的生命将几乎不再有权被称为“主体性的”。我们实际上已经注意到主体生命如何被双重的意向性所激活，后者在确保主体在向自身显现的同时使得世界中的对象显现或者被这些对象触发。对胡塞尔而言，主体的存在意味着被分裂的存在，也就是作为双重意向性和双重触发的主体存在。因此，主体向自身显现为超越自身朝向事物，主体也在其与世界中事物的区分中向自身显现。

因此，亨利有理由强调主体生命自身－显现的印象性或触发性，即不可见的特征，并使其成为一种独特的显现模式。但他可能没有充分注意到主体生命的这种本原的自身－显现仍然需要借助一种并非与这种自身－显现的印象性特征不相容的特殊意向性来实现。与胡塞尔一道，我们也相信亨利错误地认为这种自身－显现比世界中事物的显现更加本原并以某种方式构成显现的本质。事实上，这两种模式的显现不仅必须相互伴随，而且主体并不与其生命的自身－显现相重合。我们要辩护的是胡塞尔的意向性之分裂主体的概念。这在列维纳斯那里找到了共鸣。通过坚持“实存者”与“实存”的本体论差异，列维纳斯说明了实存者自身的实存如何只有当其与实存者明确区分的条件下才能向后者显现。[1] 正是通过体验到其实存作为一种负载（charge）——作为其所“有（a）”来承

1 Emmanuel Levinas, *De l'existence à l'existant*, Paris, Vrin, 1947.【译者注：中文译本参考〔法〕列维纳斯：《从存在到存在者》，吴蕙仪译，王恒校，南京：江苏教育出版社，2006。】另外参考来自弗兰克（Didier Franck）富有启发性的评论：“Le corps de la différence”, in *Philosophie*, n° 34, Paris, Minuit, 1992, pp. 70-96。

担其所不“是（est）”——实存者被其实存的显现所触发。这种与其自身实存拉开的距离也使得实存者向世界和他人敞开。这当然不意味着主体能够担任自己生命或他者生命的“中立旁观者”。如果说主体并不与其生命相符合，他也无法逃避其生命以至于将其作为世界中的对象。因此，主体与其生命（显现）的关联成为“内在中的超越”这个胡塞尔意向性理论之关键的一种补充形态。

十、胡塞尔的唯心论：可能或实在对象与先验意识

众所周知，出版于1913年的《观念一》[1]是胡塞尔明确为一种现象学唯心论做辩护的第一本著作。同样广为人知的是，这一立场迅速引起了惊讶、带来了争议，而且这种争论一直延续至今。一方面是胡塞尔弟子及其早期读者的诧异，另一方面是《观念一》从未在字面上使用“唯心论”一词来刻画先验现象学性质。这两方面事实可能会使人们认为，对胡塞尔而言，此书涉及一个突然的或者至少是匆忙的转变，而非一个深思熟虑的命题。《胡塞尔全集》中刚刚出版的一卷汇集了胡塞尔有关先验唯心论的主要文本，[2]它使人们认识到胡塞尔的现象学唯心论立场之本质内容可以追溯到1908

---

1 Edmund Husserl, *Ideen zu einer reinen Phänomenologie und phänomenologischen Philosophie*. Erstes Buch: *Allgemeine Einführung in die reine Phänomenologie, Husserliana* III/1, neu herausgegeben von K. Schuhmann, Den Haag, Martinus Nijhoff, 1976.【译者注：中文译本参考〔德〕胡塞尔：《纯粹现象学通论——纯粹现象学和现象学哲学的观念 第一卷》，李幼蒸译，北京：中国人民大学出版社，2013。本文中胡塞尔著作的引文均由译者独立完成。】

2 Edmund Husserl, *Transzendentaler Idealismus. Texte aus dem Nachlass (1908-1921), Husserliana* XXXVI, in Verbindung mit R. Sowa herausgegeben von R. Rollinger, Dordrecht/Boston/London, Kluwer Academic Publishers, 2003.

年。同样，胡塞尔 1930 年为《观念一》撰写的著名“后记”[1] 清楚显示，直至其生命的最后几年，胡塞尔仍然坚持唯心论——但同时明确指出《观念一》非常错误地提出将这种唯心论与对先验主体性的唯我论理解关联在一起。

正如在“现象学的基础考察”中所显示的，《观念一》的现象学唯心论是对客观实在本真认识之可能性条件的现象学研究之结果。对胡塞尔而言，由于这些可能性条件的确立并不涉及对理性的逻辑性质的探究，而是要考察客观实在被直观给予意识的方式，因此对“外”感知这一显著经验的分析在其中扮演着重要角色。正是这种感知（而非判断）“设定”了事物以及世界的实在性，而且，还是这种感知——由于其是有关事物自身、“亲身”给予的经验——承担起辩护有关世界实存的信念。但是，这种借助感知意识来实现的对客观实在的辩护，只有在明确满足如下条件时才能避免心理主义的误读，即用来对客观实在实存进行合法性辩护或认识论证明的意识自身并不属于这种实在。这就是为什么在赋予感知意识辩护或者“构造”超越性经验实在的实存这个任务之前，“现象学还原”的任务在于涤除此感知意识中所有作为经验实在的统握。

对于作为“认知批判”的现象学而言，只有当客观实在同时以直观现象的形式在“纯粹”意识中被证实时，该客观实在的实存设

1 Edmund Husserl, « *Nachwort* », in *Ideen zu einer reinen Phänomenologie und phänomenologischen Philosophie.* Drittes Buch: *Die Phänomenologie und die Fundamente der Wissenschaften, Husserliana* V, herausgegeben von M. Biemel, Den Haag, Martinus Nijhoff, 1952, pp. 138-162.【译者注：中文译本参考胡塞尔：《纯粹现象学通论——纯粹现象学和现象学哲学的观念 第一卷》“《观念一》后记”，李幼蒸译，北京：中国人民大学出版社，2014，第 401—419 页。】

定才会被认为是合法的；世界实存的意义必然依赖于先验意识。在本质上，现象学唯心论无非是对如下依赖关系的郑重宣告：世界实存设定的为真性价值，依赖对该世界的意向性的、感知的和纯粹的意识。因此，这种唯心论对独立于先验主体之设定和认识——也即外在于主体认识实在对象[1]的意图以及外在于由构成纯粹意识实际行为的感知对该意图的辩护——的世界实在性无所言说。

如果说《观念一》不满足于对此命题的说明——只要人们接受其前提，该命题就是相当平庸的——这主要是因为任何外感知，以及任何彼此一致的外感知的有限序列都无法最终向我们保证一个超越性事物的实际实在。由于缺乏事物的相合给予，我们在断言事物的实际实在要依赖于纯粹感知意识时必然有所保留。这种保留提请我们注意，意识对事物实际实在的证实只是暂时的。即使在我们之前的经验过程中没有任何可预见的迹象，但在原则上永远不排除后来的感知可能与先前对事物的感知相冲突以至于取消我们有关此事

1　根据术语使用惯例，我们将实际实存的（wirklich）对象称为“实在的”（réel）或“实际实在的”（effectivement réel），从而区别于只是可能的对象或者虚构的对象。也许如下提醒并非毫无用处：这种实际实存意义上的“实在”并非胡塞尔自己所谓“实显的”（real）的同义词。在胡塞尔的意义上，“实显的”首先与经验或感性**事物**（res）相关联，因此无关于**理念**（idéal）对象。这样，一个虚构的感性对象对胡塞尔而言是一个“实显的”对象，虽然它不具备任何实际的或“实在的”实存。其次，“Real”意味着经验一个对象的**可能性**，由于此经验建立在一种已经实际（wirklich）完成的经验之基础上。这种有关对象经验的“实在”（réelle）可能性（reale Möglichkeit）区别于“理念”可能性（ideale Möglichkeit），后者是纯粹想象而非实际经验的产物。实在可能性与理念可能性之间的这种区分同等适用于有关经验对象和有关理念对象的经验。但我们看到理念对象与经验对象之间在其实际存在（Wirklichkeit）方面具有根本差别：一个具有实在或理念可能性的**理念**对象只能作为在本质世界中享有“实际存在”（或有效性）的对象；而对**经验**对象的理念可能性甚至实在可能性之经验都永远不足以使我们确信其在经验世界中的实际实在。依据惯例，我们将“实在”（réalité）或者“实际实在”（réalité effective/Wirklichkeit）一词留给实际实存的**经验**对象（即“实在的”/réels）及其世界。

物实存的信念。我们是否应该像《观念一》那样毫不犹豫地由此得出结论，现象学家唯一能够绝对确定的事物是纯粹意识的存在，正如其在“内”感知中被相合给予的那样？我们是否能够从上述理由中正当地得出合适的形而上学结论，意识——与充满超越性事物的世界之实际实在不同——是一种“无需任何‘事物’而实存”[1]的持续存在者？这难道不是将特殊**事物**（预设）形式的实存与**世界**的实存形式相混淆？这难道不是取消了意识的先验特征，即其构造超越性实在的能力？这难道不是将现象学研究的领域重新封闭于意识，而意识只能被给予唯一对其有内感知的自身？

接下来，我们利用大致与《观念一》同时期的另一文本来指出，胡塞尔是如何发展出其他版本的现象学唯心论的，这个版本更加清晰且困难更少。这个版本的巨大优势在于它不再依靠以下笛卡尔式对立：我的本己意识的内在领域与超越性实在之间的对立，对于前者我可以毋庸置疑地确信，而后者的实际实存却永远成问题。在这篇来自对《逻辑研究》第六研究的改写计划文本中，[2]相较于笛卡尔，胡塞尔将更多从莱布尼茨那里受到启发（至少是隐含地）；他会将超越性世界实在性的实际给予分析为（用弗洛伊德学说信奉者的话说）“转入现实性”的结果，或先于并且预先决定对实在实际实存之经验可能性得以“实现”的结果。由于对象的（理念或

1　Edmund Husserl, *Ideen I* (*op. cit.*), § 49.

2　Edmund Husserl, *Logische Untersuchungen. Ergänzungsband. Erster Teil. Entwürfe zur Umarbeitung der VI. Untersuchung und zur Vorrede für die Neuauflage der Logischen Untersuchungen (Sommer 1913), Husserliana* XX/1, herausgegeben von U. Melle, Dordrecht/Boston/London, Kluwer Academic Publishers, 2002.（在下文中，所有对此著作的参考一律简单地在括号中要么标注段落数，要么标注页码。）

实在）**可能性**毫无疑问必然依赖意识对该可能性形成表征的能力，无需再过多去论证可能对象对有关其可能性的意识之依赖。这就是为什么有关认识的现象学理论会将其全部努力花费在考察关于对象可能性的空假设和合法假设之间的差别。因此，胡塞尔的兴趣从对内在性与超越性之间关系的分析转向分析通过设定行为的直观充实来辩护有关可能或实际实在对象的设定。通过依次追问理念可能对象、实在可能对象以及被直观给予的实际实在对象在现象学意识中的被给予，胡塞尔永远不会质疑意识行为与其对象之间的意向性关联，并且也不再有任何理由混淆对象存在模式对直观意识的依赖与该意识相对于其意向对象的独立。这种对现象学唯心论含义的新思考在如下考察中达到顶点，即同时区分和关联两种直观意识的内容，一种直观意识使我们从现象学上确信一个经验对象仅仅**可能的**实存，另一种直观意识使我们确信其**实际的**实在。由此，胡塞尔将不仅在广义和狭义的现象学唯心论之间作出区分，他还会指出使我们确信世界实际实在的先验意识必须同时是肉身的和主体间的。

1. 可能和不可能的对象

在改写《逻辑研究》第六研究的写作框架中，胡塞尔勾勒出新的现象学唯心论概念。这个概念本质上源自一种新的有关**可能性**之意向性意识的现象学分析。1913 年 7 月和 8 月的文本用一个全新的章节讨论可能性与不可能性（171—230），它取代了先前在《第六研究》中题为“相容性与不相容性”的第 4 章。正如题目上的变化已经显示出的，胡塞尔从对于可能性与不可能性的**本体论**分析转向了**现象学**分析。按照先前的将可能性视为相容性的本体论理解，其研究主题是各部分可以被融入一个整体的方式。因此，“相容性”涉及的是“一致性”问题，并且这种将各部分结合进一个整体中的可能性或不可能性被形式本体论法则以及质料本体论法则所支配。鉴于《逻辑研究》将所有对象都视为可能意指的对象，这种各部分与整体之间相容性的理论同样适用于形式语义学尤其是纯粹语法。

然而，抛弃对可能性的本体论处理而转向一种现象学处理，这并不意味着转换讨论的主题，而是以不同方式来谈论同一件事情。更准确地说，对直观意向性意识模式的**现象学**分析——在其中一个对象或一种意义本原地被给予为可能或不可能——被用来澄清意义以及辩护一种**本体论**或语义学上的相容性或不相容性的有效性。如果不是太过于偏离我们的意图，指出这种对可能性的现象学分析如何顺带导致讨论述谓逻辑的认识论基础也是极为有趣的。在改写的《逻辑研究》第六研究中，这种逻辑学的现象学基础就已经采取了生成论的形式，正如人们在更晚些的著作《经验与判断》中所看到的那样。事实上，有关可能性或不可能性各种模式的意识正是引导我们做出**判断**的**经验**，无论所涉及的判断是肯定或否定、断言或疑问、假设或逻辑推论关系。在我们讨论的有关可能性的文本中，胡塞尔写了一个很长的“关于假设、前提和结论的补论”（§ 56[1]）来讨论这些问题。

接下来，我们将重点研究这种有关可能性的新现象学研究如何

1　【译者注：原文误作 § 65。】

为阐述**实际实在**的现象学基础以及（与之相关联的）现象学唯心论作了准备。我们将看到，实际上，一个对象的**实在 - 存在**获得辩护(193)的直观意识只是对**可能性**的直观意识的“实现”。两者都涉及直观意识与其意向对象之间的“**相关性**”问题，这种相关性被用来解释对象可能的或实在的存在模式。[1] 因此，胡塞尔依次考察了在直观意识中理念 - 可能的 - 存在、实在 - 可能的 - 存在以及被给予的实在 - 存在。我们将看到这些存在模式原则上规定了所有类型的对象。因此，同一个经验对象或者可以是理念可能的，或者是实在可能的，或者是实际实存的。同样，一个理念对象或者可以是理念可能的，或者是实在可能的，或者是实际存在的——虽然对于这样的理念对象而言，可能性与实际存在（或者有效性）之间的区分不再具有同等重要性。这意味着我们将首先考察的**理念可能性**既会影响经验对象的给予也会影响如本质这样的理念对象。如果我们再补充以下观察，即理念对象可以要么是本质要么是本质个体性，我们就拥有了对胡塞尔现象学唯心论进行反思所需要的全部概念性工具。

根据《逻辑研究》的整体学说，胡塞尔所考察的**可能 - 存在**首先涉及**意义**。但由于意义可能性的现象学基础依赖其对象直观给予的可能性，因此胡塞尔将更多的关注放在**对象**的可能性上。另外，对现象学而言，既然这涉及追溯可以用作可能性断言之认识论辩护的明见性经验，胡塞尔从一开始就将可能性与直观在现象学上的等

1 “所有存在模态都归于……存在概念之下……在最广的意义上，存在概念必然与意识相关联。在意识中存在也许会以不同可能的充实程度被给予并作为特别被设定或被把握的存在。离开可能的意识，任何一种存在，存在一般，本质上都是不可思考的。”(256)【译者注：原文脚注全为德文引文，此处翻译由译者独立完成。】

价视为理所当然。[1]

为了更加准确，让我们与胡塞尔一起在**理念**可能性和**实在**可能性的情况之间作出区分！**理念**可能是所有我们能够以某种方式想象但不相信的情形，但它却可能实际存在、成为我们熟悉的世界之实在性的一部分。对胡塞尔来说，这种类型的（仅仅）理念可能之对象的例子是半人马。这种有关**经验**对象的理念可能性必须与其他**一般的**理念可能性区别开来，后者涉及本质并且要求一种“理念化”类型的直观。在这两种理念可能性的情形中，想象，即一种使对象当下化的意识行为扮演着关键角色，这种意识行为通过其直观给予的模式，以及通过对意向对象实存设定的中立化而与相应的（感性的或范畴的）感知行为区别开来。因此，理念可能性是想象的**自由**领域，这个领域不仅包括想象的经验对象，例如半人马，而且还包括逻辑科学和本质科学的理念对象。此外，这种一般的理念可能性正是现象学的关注对象，现象学“作为本质科学与‘一般意识’相关联”（181）。[2] 相反，对**实在**可能性的确立带来了额外的限制，因

1　“每一直观本身都是其中被直观对象之可能性的本原根源。而且正如我们所说的，是直观‘本身’；这意味着直观是独立于直观与质性模式（intuitiven und qualitativen Modus）的根源。”(177; 以及 184)【译者注：原文脚注全为德文引文，此处翻译由译者独立完成。】

2　为了更加准确，我们有必要做如下补充：此种现象学所研究的是属于意识本质的与对象发生关联的理念可能性，这里的对象或者是理念可能的，或者是实在可能的，或者是实在实存的。虽然我们将看到想象行为并不足以表明一个对象的实际实在，虽然现象学确立起实际感知行为与实在对象关联的必然性，但这依然要涉及一种**理念的和一般的**必然性。这种实际存在的实际感知之必然性以理念化或“本质直观”行为的形式给予现象学家；对于这种意识行为而言，对有关实在之实际经验的想象构成完全充分的出发点。换句话说，想象构成现象学“生命要素”的事实，丝毫不排除该现象学被导向指出想象这种类型的直观行为无法辩护经验对象的实存。确切地说，辩护这样或那样的经验对象实存的任务并不属于现象学，胡塞尔的现象学在本质上满足于指出这种辩护要求何种类型的经验。

此要付出减少或限制想象原初自由的代价。[1] 换句话说，不是所有的想象物都是**实在**可能的——即使所有实在可能之物毫无疑问都自然是**理念**可能的。从一种**理念**可能性转变为**实在**可能性还必须附加什么条件？

胡塞尔指出实在可能性表现出如下特征，即"它不是一种单纯的可能性，而是得到事物（根据情况）以或强或弱的方式支持的可能性"[2]。在实在可能性的情形中，是什么在提供支持，又是什么得到了支持？很清楚，这种支持的作用在于可以把可能的对象整合进实在的场域。但对于现象学而言，如果实在不是我们在先前共同的经验过程中已经确立为实存——即已经辩护了我们对这种实存的信任——的对象总和，那实在还能是什么？因此，实在可能的对象是我们能够作如下假设的对象：如果此对象被实际给予，它将被和谐地整合进作为我们共同的经验场这种实际实在之中。因此，实在可能的对象还不是实际的对象，但已经超越理念可能或**纯粹**想象的对象。因为，对于实在可能的对象，我们虽然还不能**设定**其实际

1 如果**所有**对可能性的直观给予都牵连想象意识行为，并且有必要在理念可能性和实在可能性之间作出区分，那么我们应该得出结论：这两种类型的可能性不能源自同一种想象。因此，有必要像胡塞尔在其讨论纯粹想象和想象的文章中通常所做的那样，在"纯粹的"或"绝对的"想象（即解除与有关实在世界的实际经验之间的所有引发关系），和不纯粹的想象（即被始于有关实在的感知经验的产生方式沾染）之间做出区分。为了完全准确，我们还必须做如下补充：将一个对象**设定**为具有**实在**可能（即可能实际存在）的意识行为必然超出作为其基础的不纯粹的想象行为的中立。有关实在可能性的本原意识因此是某种设定类型的不纯粹想象，即胡塞尔所谓的"假设"或"假定"。

2 « (...) dass sie nicht bloss Möglichkeit überhaupt, sondern eine Möglichkeit ist, "für die etwas spricht" und bald mehr, bald weniger spricht » (178).【译者注：此处脚注中的德文引文对应正文部分的法文译文。本处正文中的中译文按照法文正文翻译。】

实存，但有恰当的理由至少可以**假定**其完全可能的实存。[1] 如果不是我们之前的经验过程，那么还有什么可以为这样一种完全可能的实存进行辩护？实在可能的对象因此是我们将其实存设定为完全可能的对象，而且这种设定建立在我们之前实际经验的基础上。实在可能的对象是这样一种其实存的可能性被我们已感知的事物所“**引发**”的对象。

事实上，这种先前的实际经验不仅是在**辩护**我们对一个对象感知所予之实在可能性的信念，而且它也在**激起**这种信念：对一个对象完全可能实际实存的“假定”已经是对先前经验向我们发出邀请的回应。[2] 因此，一个实在可能的对象要满足如下条件：其给予不仅能和谐地被整合进我们的实际经验场，而且这种给予还将完善和丰富我们之前的经验。很显然——即使胡塞尔不坚持这一点——实在可能性，由于其被**过去**经验所引发，也将带有对**未来**经验的预期。

因此，从实在可能性转变为实际的实在只需要跨越很小的一步，而且使这种可能性得以实现的这一步，在胡塞尔看来，是**充实**意识行为的实现。在超越性的经验对象情形中，这种实际实在始终是预设性的。在进一步考察实际实在的地位前，介绍胡塞尔对理念可能性和实在可能性的区分并非毫无用处。

要成为一个**理念**可能的对象，能对其进行想象就足够了。这丝毫不需要假设该对象可以作为如我们所知的实在世界之一部分，也丝毫不需要设定理念可能性的想象行为由我们先前经验的实际过

1 “每个假定都**决定**为实在可能性。”(179)【译者注：原文脚注全为德文引文，此处翻译由译者独立完成。】

2 “对实在可能性之存在的本原把握要求一种本原给出的要求作为基础。”(185, 还有179)【译者注；原文脚注全为德文引文，此处翻译由译者独立完成。】

程所引发。这种**理念**可能的对象或许随后被证实是**实在**可能的或**实在**不可能的。当我们先前的所有经验使我们相信这个对象**能够**（或者甚至即将）被实际感知，并且这不会从根本上对我们所知实在世界的实存提出疑问，那么该对象就是实在**可能的**。一个理念可能的对象在如下情形中也可以是实在**不可能的**，即其实际的给予要么与某个被证实的个别实在对象的本性不相容，要么与我们实在世界的实存不相容。因此，正是与我们和谐的感知经验的实际过程或局部或总体的冲突，可能性向我们指出实在的不可能性，也正是这种对实在与可能之间冲突的明见性使我们得出实在不可能性的结论。因此，要成为一个**实在**不可能的对象，在先前的经验中没有任何内容使我们假定其实存是不足够的。因为它还必须满足：我们先前的所有实际经验与其实存的可能性相对立。一个对象显现而我们没有预期到，或者它以异于预期的方式显现都是不足够的，**它必须无法实存**。在最极端的情形中，我们称之为总体的冲突，实在的不可能性等价于（我们通过先前实际经验所认识到的）实在世界的可能毁灭。例如，虽然布什先生购买一卷《胡塞尔全集》作为其私人藏书这件事几乎不是实在可能的（我们对该人物的过往经验丝毫不能辩护这种可能性），但这并非实在不可能的，而且毫无疑问它是理念可能的。这个例子也表明，在实在不可能性和实在可能性之间有一块广阔的灰暗地带，值得更加认真的考察。它同样使我们了解到，不可能性不同于且远远超出对可能性的简单否定。[1]

1　“不可能性作为同等合法的理念与可能性连接在一起。不可能性不仅要被定义为对可能性的否定而且要通过现象学特有的材料来实现。”(173) 【译者注：原文脚注全为德文引文，此处翻译由译者独立完成。】

这些有关对象**可能－存在**的反思已经暗暗确立起**现象学唯心论**的基础。**为了使对象在现象学上成为可能，它必须能够被直观地给予**。缺少对象直观意识的可能性，对该对象可能－存在的断言将缺乏基础，因而**在现象学上**是不可能的。我们已经看到不同模式的直观意识对应不同的可能性形式和不同类型的对象。但透过这些差别，总断定的是同一个命题：有关对象的存在模式与直观意向性意识行为的施行模式之间严格的相关性。毫无疑问，对这种相关性的断定是现象学的而非形而上学命题。胡塞尔并未谈论一种先于或超出我们认知模式的（可能的或实在的）存在的意义。他只是说，能够对可能性之断定进行**辩护**的唯一事物是这种可能性的直观给予。由于现象学明确以建立此种类型的辩护为任务，它只能在自身的框架内承认那些它曾经在直观充实的形式下展现的可能性才是**真正**可能的。现象学唯心论断定对象之可能－存在的模式依赖直观意识，因而没有超出对直观意识与对象之真实－存在，即被认识存在之间具有必然**相关性**的断言。因此，这涉及一种**认识论**类型的唯心论，它仅关注认识与被认识者之间的关系。假设能够存在无所认识的认知意识，这对于现象学而言，其离奇程度，就如同假设意识能够意向性地关联于一个其自在实在完全为不可认识的存在。

2. 实在对象的实存

让我们通过以下三点详细说明来开始有关对象**实在－存在**的分析！**第一**，对胡塞尔而言，一个对象的实在－存在根本不是其实在性的特殊化（cf. 197）。这意味着除非对象被实在给予，否则人们无法把握该对象的实在性，并且对其实在性的断言仅仅是对实在对象直观被给予的一种概念性明晰化。[1] 因此，作为一个对象本质特征的实在性完全依赖该对象的直观及实际给予，而该对象作为实在之被给予根本不是实在性本质的一种特殊情形。**第二**，在所有实在可能对象中，对**超越性经验对象**——我们通常称之为“事物”——的**实在性**或实存进行现象学辩护，这提出了最严峻的问题。超越性**理念**对象的存在——例如先天科学所指向的事态——没有任何特别问题，因为存在就等于其实在可能性。至于**内在**对象，单纯的直观被给予足以确证其存在。在这种情形中，“内感知”这唯一的行为就可以做到。而就“外感知”的对象而言情况却有所不同；我们的反思也将主要着眼于此。如果没有任何外感知，甚至也没有任何有限系列的相互契合的外感知足以辩护一个事物的实际实存，那么是什么将此事物的**实际实在**与其**实在可能性**区别开来？**第三**，正是针对这些超越性的经验对象，**现象学唯心论**的意义问题被最为尖锐地提出来。对内在于意识的对象，承认我们对这些对象的实际直观意识足以为其实在－存在辩护，这没有人会感到困难。但对那些不仅不存在于意识之中，而且其实存不能彻底地被无论多么广泛的实际直观意识所辩护的事物，情况也是同样的吗？

在胡塞尔看来，使实在可能性成为实际实在的“实现”过程相当于**直观充实**的过程。我们在胡塞尔这里遇到的情形有点类似于当莱布尼茨想要解释上帝如何在所有可能的世界中进行选择而创造了

1 “实在性只有通过实际经验来确证。而且在程度上，这种确证作用延伸的与经验本身同样远。换言之，实在性正是以与实在物本身同等范围而被给予。”(198)【译者注：原文脚注全为德文引文，此处翻译由译者独立完成。】

实在世界。胡塞尔写道："我们当前经验的每一步都是在此前彼此等价的无限可能性之系列中完成一种选择。"[1] 一种可能性的实现因此相当于认知的一种进步，这种进步既存在于要实现的可能性之选择中，也存在于对其他实在可能性之实现的疏远或推迟中。在进行选择时，意识又一次同意对其自由进行一种限制。我们还记得，从**理念**可能性到**实在**可能性，意识已经付出了同样放弃其部分自主权力的代价。实际上，对意向性意识而言，在所有其能够**理念**可能地进行想象的对象中，只有那些被整合进其协调一致的感知经验实际过程中的对象才是**实在**可能的。在所有能够实在可能地进行预期的对象中，只有那些在感知中被**实际**给予意识的对象才配得上"**实在**"的称呼。[2]

因此，我们必须牢记，并非一个自主的主体而是和谐经验的实际过程在可以实现的可能性之间进行选择。这正是胡塞尔谈论限制主体自由的理由。我们同样必须牢记，实在可能性只有在实际的、直观的和设定性的意识行为中才能实现向实在的转变。[3] 因此，一个对象作为实际实在的现象学权利依赖于不仅可能而且**实际存在**的

1 « In jedem Schritt aktueller Erfahrung vollzieht sich dabei eine Auswahl aus der vordem gleichberechtigten Unendlichkeit von Möglichkeitsreihen (...) » (194). 【译者注：此处脚注中的德文引文对应正文部分的法文译文。本处正文中的中译文按照法文正文翻译。】

2 或者，从另一端来把握这个持续的选择过程，人们可以说："只要当下现实的经验可以从无限多和无限多义的单纯可能性中切掉事物的唯一实际实在性，切掉完全确定的'自在'之物的唯一实际实在性。"(198)【译者注：原文脚注全为德文引文，此处翻译由译者独立完成。】

3 "只有当下现实感知的进程或其他当下现实经验（例如直观式回忆）的增援创立起新的本原权利，并丰富已经由起始经验敞开的权利根源。"(193 sq.)【译者注：原文脚注全为德文引文，此处翻译由译者独立完成。】

直观和设定意识。我们必须要明确这种现实和实际意识的本质，并且衡量其在为现象学唯心论辩护的讨论中所发挥的作用。但我们有必要首先尝试更好地理解，依据何种标准实际经验选择实现某种特定的实在可能性，而非所有其他实在可能性。我们还有必要尝试理解什么样的实在性地位适合于超越性的经验对象，即适合于无法以相合方式被实际和直观给予的对象。我们马上将看到这两个问题的交汇。

胡塞尔认为，在实在可能性的实现中，选择的标准实际上只能是对实在对象的一种更好的认识。对事物认知的这种进步是根据对这同一事物相合认识的理念来衡量的。因此，这涉及一种规范类型的关系，但这种规范并非从外部强加给认识过程。完全相反，规范从一开始就是和谐的实际经验过程所固有的，因为它仅仅是对事物“本身”之相合所予的预期。在一种目的论原则的形式下，这种预期支配着这一经验过程。但我们依然需要更加准确地理解，事物相合给予的理念——尽管事实上，这不仅是不可实现，而且还与事物本质相悖，事物的本质要求事物只能以侧显的形式被给予——如何依然能够支配事物经验的实际过程。换句话说，**不可实现的理念如何能支配实在可能性的实现**？再或者说：如果，一方面事物的实在性只能通过实际经验过程来保障，而另一方面在该经验过程中事物的整体不可能被实际地给予，那么我们如何确信一个事物的实在性？

我们知道在《观念一》中胡塞尔是如何走出由这些令人生畏的问题组成的迷宫的。他所有的尝试都汇集在“康德意义上的理念”概念中。因此毫不奇怪，改写的《逻辑研究》第六研究文本——撰写于《观念一》出版后的几个月内——依然在很大程度上借用《观念一》的这种解决方案。但我们不要忘记，在改写的框架中，考虑到《逻辑研究》对相合理念在我们对超越性事物感知中所占地位之分析的失败，上述那些问题的提出就带有特殊的紧迫性。[1] 我们也将看到，通过明确“康德意义上的理念”与空间事物的“本质”之间的区分，**改写**的文本实质上精练了《观念一》的学说。

在其所改写的《逻辑研究》第六研究第 4 章的文本中，胡塞尔写道：“应该得出结论：事物的实际实在是康德意义上的‘理念’，并且这种理念是感知的‘特定’进程的‘理念’之相关物，该进程不仅永远无法完全被提前确定，而且相反它可能采取无限多而不同的方向并被无限丰富。”[2] 因此，**实在**事物或“事物本身”是在**实际的和相合的直观**中如其所是地被给予的事物。由于任何有限系列的局部的、实际的和协调一致的感知经验都无法明确向我们保证事物的这种实在性，作为数学家的胡塞尔要求助于通向无限的道路。因此，对于一个事物的实在设定只有在一个实际的、感知的和协调一致的**无限**经验过程的终点才能被认为绝对正当。即使在事物实际实存的明见性增加的程度上，实存的设定随着每一次新的经验变得更加坚定；如下情形也并非不可能，即一种不协调的实际感知经验突

1　有关《逻辑研究》第六研究和《观念一》中对“事物本身”的处理之间更加精确的对比，我冒昧推荐参考：Rudolf Bernet, *La vie du sujet*, Paris, PUF, 1994——尤其参考“感知的有限与感知的目的论”这一章。

2　« Danach ist Wirklichkeit eines Dinges eine ‘Idee’ in Kant’schem Sinn, Korrelat der ‘Idee’ eines ‘gewissen’, aber im voraus nie vollbestimmten, vielmehr unendlich vieldeutigen Wahrnehmungsverlaufs, eines ins Unendliche erweiterungsfähigen (...) » (197).【译者注：此处脚注中的德文引文对应正文部分的法文译文。本处正文中的中译文按照法文正文翻译。】

然出现，它不仅具有对事物这样或那样的规定性而且还对其实存重新提出疑问。这种可能性——丝毫不由先前实际的、感知的和协调一致的经验过程所引发——只能是一种**理念**可能性。即使没有什么促使我们走向这种可能性，如下情形依然是可以设想或想象的：和谐的经验过程突然遭遇一种不可逾越的冲突，对事物的实际实在提出疑问。如果这种纯粹**理念**可能性出乎意料地最终实现，这将同时抹除先前的**实在性**以及有关的**实在可能性**。

因此，这会是一种新的出乎意料的实际实在取代先前熟悉的实在。这意味着认为冲突的理念导致**所有**实际实在的消除，即导致**世界消除**的这种假设是有问题的。世界之消除并非一种理念不可能性，但在胡塞尔所界定的意义上，它从来不是一种实在可能性：在我们先前有关世界的实际经验过程中，没有任何内容促使我们预想整个世界消除的这种可能性。我们至少可以说，没有必要将这种极不可能的假设作为现象学唯心论的论据（正如胡塞尔似乎依然在《观念一》第 49 节中所做的那样）。如果说唯心论的关键在于说明世界的实际实在如何在**现象学意义上**依赖意识的实际实在，即纯粹经验的**实际**过程，那么世界之消除也就相当于与此世界相关联的所有意识的消除。[1]

然而，让我们回到有关**个别**事物的实际实在之地位问题！我们已经指出，有关个别事物实际实在的彻底现象学辩护之**可能性**，同

1　这就是为什么在改写的《逻辑研究》第六研究中，针对现象学唯心论反思的部分，人们可以读到："如果我们设想所有事物被抹除，那么我们也就将所有有关事物经验的意识从现实中抹除了。而证明事物的经验进程要在意识中出现或按照规则被添加。"(270)【译者注：原文脚注全为德文引文，此处翻译由译者独立完成。】

时伴随着实现对事物实在性的辩护所要求的相合直观给予的**不可能性**。胡塞尔所有的论证都在于指出，这种不可能性仍然带有一种特殊类型的可能性。实际上，我们可以对以下事实拥有一种相合的明见性：对事物之实存的绝对必然辩护，要求涉及该事物的实际的、感知的和协调一致的无限经验过程。但这难道不是重新混淆有关**个别**事物实存的明见性与另一种明见性，后面这种明见性关涉**所有**超越性经验对象的**本质**，而且意味着这种本质要求对这些对象实存的辩护需要一个实际的、感知的和协调一致的无限经验系列？为了避免这种混淆，我们有必要在如下两者之间作出区分：一方面是对事物相合给予（如其在对特殊事物之经验中运作的那样）的预期；而另一方面是知道所有事物的本质包含对事物实存之经验要求一个无限的经验系列。第一种情形涉及特殊事物的实际实在，以**康德**意义上的理念形式呈现；第二种情形涉及对所有事物实际实在的现象学本质的直观。虽然，在这两种情形中，人们都求助于无限经验过程的理念，但不能因此混淆康德意义上的理念和经验实在之本质意义上的理念。[1]

什么是这一微妙区分的关键？**第一**，断定以下事实，即康德意义上的理念——与经验实在的本质相反——永远不能成为相合直观的对象。换句话说，我以一种绝对必然和相合的方式知道，所有事物的实在性都在一系列经验中被给予，而且根据先天必然性该经验系列是无限的。我以同样方式知道，因为我们无法拥有这种无限经验，事物的实在性永远都既不能被相合地给予，也不能以一种绝对必然的方式被确立，因而永远停留于一种预设中。正是我具有的这

1　“个别的经验性真理和经验性的（实在）存在一样，都是康德意义上的理念，而非种属统一性意义上的理念。”(265)【译者注：原文脚注全为德文引文，此处翻译由译者独立完成。】

种有关事物给予之现象学本质的相合认知告诉我康德意义上的理念永远无法实现。**第二**，康德意义上的理念与经验事物的本质之间的区分使我们注意到，在有关特殊事物的实际经验过程中扮演着规范或被预期的目的论理念角色的并非事物的本质，而是这一特殊事物自身，用胡塞尔的话说，也即“物自身”。因此，康德意义上的理念是物自身的理念，而物自身意味着每一次新的、实际的、直观的和协调一致的经验都在使我更接近，但却永远无法完全达到的事物之完全给予。因此，远非**本质**意义上的理念，康德意义上的理念是一种特殊的**实在性**理念。正是这种理念规定着我对事物经验的无限推进。我们也可以说，康德意义上的理念是特殊实在的相合给予的理念。而且虽然这种无法达到的理念不具备实在可能性的地位，但却构成了一切有关实在事物实际经验，以及一切与之相关联的实在可能性被纳入其中的界域。

3. 新的现象学唯心论概念

尽管表面如此，但在胡塞尔这里，作为康德意义上理念的特殊事物之实在性概念丝毫不意味着赞成其同时代**新康德主义**哲学家们所辩护的立场。尽管“物自身”的实在性排斥具有对事物相合实际直观形式的绝对确然的辩护，但它并非一种虚构，即一种单纯的**理念**可能性。[1] 作为康德意义上理念的“物自身”——即使是不可实

1　这正是胡塞尔通过如下内容非常明确地提醒注意的：“对超越性实在事物认识的单纯理念可能性从来不可能与实际现实存在等价（……）。”(267)【译者注：原文脚注全为德文引文，此处翻译由译者独立完成。】

现的——依然是一种**实在**可能性，即对有关事物当前感知经验进行无限和谐延伸的可能性。尽管每次实际感知都只是部分性的，但正是事物自身在其中被“亲身”给予。每一次新的、协调一致的实际感知都带给我们对该事物实际实在的补充明见性，它使我们更接近事物本身的完整给予。因此，我们不应该混淆虚构与事物本身完整给予的理念，该理念在局部给予中发挥着作用。我们也不应该混淆单纯的**理念可能性**与事物本身**实在性**的预设特征，也就是这种**实在性**永远不能以一种绝对确然的方式被确立的这一事实。与理念可能性相反，对事物实在性的（必然是不完整的）辩护不能通过简单的设想或想象行为的方式来实现，它要求对事物自身的实际感知。

因此，让我们牢记，对胡塞尔而言，事物**实在－存在**的现象学意义等同于通过实际感知而对此事物实际实在的设定所进行的直观充实。[1] 换句话说，事物的实际实存依赖于——就其现象学意义的辩护而言——意识，意识不仅仅是可能的而且是实际的，或者用胡塞尔的话说，是“现实的”(actuelle)。只有“经验的”或“实际的”(factuelle) 的意识才能辩护有关经验事实的实存设定。[2] 这是否意味着现象学严格意义上的“纯粹”意识概念，即通过现象学还原方法被纯粹化的意识永远无法说明一个经验事物的实存？这将是灾难性的，因为这会使现象学退回到新康德主义者虚构中。为了使有关经验事物实在－存在的现象学辩护成为可能，我们有必要强调直观

1 “（……）只有在实际现实经验形式下的实际现实意识才能辩护实在的具体存在(Dasein)（……）。”(270)【译者注：原文脚注全为德文引文，此处翻译由译者独立完成。】

2 经验真要求“与意识复合体的经验关联（……）后者是事实而非理念”。(265)【译者注：原文脚注全为德文引文，此处翻译由译者独立完成。】

意识存在的“纯粹性”与其“实际性”相容。这正是胡塞尔要努力说明的。为此，他写道，经验实在性或“超越性的真实”，“在其存在中包含着被感知的实在可能性，也因此同样包含经验自我主体的实在可能性［……］。离开实际的意识连同其实际的纯粹自我，这是不可设想的［……］。构成实在世界支撑的纯粹意识，即被现象学还原的意识，并非单纯的可能性，而是实际的意识”[1]。这段引文让我们一下到达新的**现象学唯心论**概念之核心；在《逻辑研究》第六研究改写稿中题为“明见性与真”的第5章里，胡塞尔阐述了这一核心思想。在之前引文中，我们也已经大量借用了第5章的那种新概括，它出现在第4章研究“可能性与可能性意识”之后。

因此，从现象学辩护的视角来看，如果没有与实际实在以意向性方式关联的直观的、纯粹的和“经验性的”意识（或对于此意识而言，这种实在性是被直观给予的），作为经验实在的对象或世界就根本不存在。我们知道，“**纯粹的**”意识是一种去自然化的意识，这在本质上意味着去除所有经验性统握。如果作为经验实在现象学基础的意识必须同时是“纯粹的”和“经验性的”，那么，它必须在不与其纯粹性相矛盾的意义上是“**经验性的**”。正是沿着这样的思路，胡塞尔断言有关经验实在的意识可以在与这种实在性本身完全相同的意义上被称为“经验性的”（但并非“实显的”），即它应是一种“事实”。为了确信一个事物的当下实存，我们必须实际地、

1　« (...) zu ihrem *esse* gehört die reale Möglichkeit eines *percipi* und damit die reale Möglichkeit von empirischen Ichsubjekten (...). Dies aber ist undenkbar ohne wirkliches Bewusstsein mit seinem wirklichen reinen Ich (...). Das phänomenologisch reduzierte reine Bewusstsein nicht als mögliches, sondern wirkliches, ist Träger der realen Welt (...) » (264)【译者注：此处脚注中的德文引文对应正文部分的法文译文。本处正文中的中译文按照法文正文翻译。】

现时地感知到它。

然而，如果不是这种感知“此时此地”地进行的话，什么能更加精确地将这种现实的实际感知与仅仅可能的感知区分开来？实际上，胡塞尔在其新写的第5章最后一页写道：“实际的超越性实在的存在是康德意义上的理念［……］。存在一个事物，但该事物却不被其与当下规定该事物者之此时此地（方向中心）的关系所规定，这是不可设想的。”[1] 换言之，向我们确保一个经验事物实际和现实实在性的纯粹意识必须位于本质上既是空间又是时间性的方向中心处。为了能够辩护事物实际和现实实在性，感知行为必须于现在和这里进行。“这里”？如果没有活的身体，纯粹的感知意识如何能够拥有“这里”？如果对经验实在的实际和现实实存的现象学辩护要求纯粹意识的“此时此地”，那么我们就必须承认这种为事物和世界的实际实在所依赖的纯粹意识是一种肉身意识。**通过断言经验实在的实存依赖既纯粹又实际的意识，现象学唯心论由此被迫接受这种纯粹意识在本质上是肉身性的。**

确实，在改写的《逻辑研究》第六研究的文本中，这一结论尚未以文字形式被明确表达。但它能够从胡塞尔对现象学意识“此时此地”的坚持中必然地引出。胡塞尔在另一篇写于1921年题为《先验唯心论的论据》[2] 的文章中以更加明确的方式认识到这一点。极有意义的是，这篇文章不仅坚持有关经验实在之感知意识的**肉身**性

1　« Das transzendente wirkliche Sein ist eine Idee im Kant'schen Sinn (...). Es gibt kein erdenkliches Ding, das bestimmbar wäre ohne Beziehung auf das *hic et nunc* (die Orientierungszentren) des jewilig Bestimmenden (...) » (271)【译者注：此处脚注中的德文引文对应正文部分的法文译文。本处正文中的中译文按照法文正文翻译。】

2　Edmund Husserl, *Transzendentaler Idealismus (op. cit.)*, Texte n° 9.

质，而且同样坚持其**主体间**特征："只有当我拥有超越性的肉身，并且将他人表征为心理物理意义的自我时，我才能表征另一个自我主体。"[1] 胡塞尔的论证差不多类似于如下想法：除非我可以将他人的肉身感知为我自己肉身的**类比物**，否则就不存在同感。因此，在现象学的明见性上，他人之存在只能被给予一个肉身意识，一个具有肉身的自我。此外，如果对自然客观实在性的现象学构造无法通过单独的和唯一的肉身意识来实现，那么就不应该只是我借助自己的肉身而拥有对另一个肉身主体存在的经验，而也应该是我们作为肉身共同体一起建立实际的自然实在。因此，现象学唯心论不仅不通向唯我论，而且完全相反，包含主体间性而且还包含肉身主体的主体间共同体。

但让我们回到整个反思过程所依靠的《逻辑研究》第六研究的改写文本！在这个几乎与《观念一》同时期的文本中，胡塞尔不仅指出，对所有实际经验性实在的现象学辩护所依赖的纯粹的、实际的和感知的意识必须在本质上是**肉身的**，而且他还毫不含糊地断言，这种对经验实在进行现象学构造的任务是由**主体间**共同体承担的："一种超越性的真实的客观性必然依赖主体间性（……），在其存在中包含被感知的实在可能性，因而也同样包含多个经验自我主

1 « Ich kann ein anderes Ich-Subjekt nur vorstellen, wenn ich einen transzendenten Leib habe und den Anderen als leiblich-seelisches Ich vorstelle (...) » (*Transzendentaler Idealismus*, 161)【译者注：此处脚注中的德文引文对应正文部分的法文译文。本处正文中的中译文按照法文正文翻译。】还有："只有当两个主体都是心理物理主体，与同一自然相关联，两者才是共可能的，能够同时存在的。"(*Transzendentaler Idealismus*, 160) 【译者注：脚注此处的第二条引文全为德文，此处翻译由译者独立完成。】

体的实在可能性（……）。”[1] 按照我们之前所说的，这种由“经验自我主体”所构成的主体间共同体必须是肉身主体的共同体。如果超越性实在的实存的现象学意义和有效性要依赖肉身意识的存在，而且如果作为这种超越性实在特征的客观性意义要求一个主体间共同体的存在，那么，这个共同体实际上必须由通过肉身彼此交往的肉身主体所构成。因此，就其专注于从现象学上辩护我们有关超越性世界实存的自然信念而言，先验唯心论只能断定此世界对于由肉身主体构成的主体间共同体的实际存在的依赖。

4. 结论

那么，这种由《逻辑研究》第六研究的改写所提出的新版本之现象学唯心论含义是什么，以及这种新版本在哪方面超出了《观念一》对该问题的看法？胡塞尔在广义的唯心论与狭义的唯心论之间作出的区分是富有启发性的。从**广义**上而言，现象学唯心论等于说所有的**可能性**必须由直观意识或者通过——对胡塞尔而言这是一回事——该可能性的直观给予而在现象学上被确立。我们已经看到，这种对可能性的直观意识不如说是一种设定性想象行为，它绝不是感知。我们感知实际的实在而非可能性。因此，像这样源自对仅仅可能对象的现象学分析，广义的唯心论并没有超出对象的可能性与

1　« Eine transzendente Wahrheit hat ihre Objektivität notwendig in der Intersubjektivität (...), zu ihrem *esse* gehört die reale Möglichkeit eines *percipi* und damit die reale Möglichkeit von empirischen Ichsubjekten (...) » (263 sq.) 【译者注：此处脚注中的德文引文对应正文部分的法文译文。本处正文中的中译文按照法文正文翻译。】

对象直观意识之可能性之间必然的意向相关性这个命题。**狭义的**唯心论则关涉**经验实在性**。它断言，经验性实在 - 存在的意义以及我们有关其实存信念的有效性，对现象学而言，依赖实际的感知，或者更准确地说，依赖有关这些实在的协调一致的实际感知行为之无限系列。这意味着实在存在的意义在现象学上的合法性是实际之感知意识的事情。而且我们也已经看到这种意识从现象学上看是纯粹的、肉身的和主体间的。因此，狭义的唯心论在其有关对象对意识依赖的断言中比广义的唯心论走得更远。它对超越性对象的实在性或“物自身”作出判断，使其实存依赖肉身主体的实际存在。实际上，如下两种说法并非一回事：离开设想事物的意识就不存在可被设想的事物（广义的唯心论），以及离开对超越性经验事物拥有实际和现实经验的多个肉身主体就不存在超越性经验事物（狭义的唯心论）。

人们会从哪些方面试图批评这种狭义的唯心论？人们最主要的指责会是，这种唯心论把能够得到现象学辩护的经验实在场域缩小到实际的和现实的感知行为对象中。但是，胡塞尔迅速反驳了这种批评，它属于将其现象学唯心论与各种形式的现象主义相混淆：“另一方面，对事物的实际经验并非必不可少。因为存在这样的事物——或者无论如何可能存在这样的事物——（……）它并未被当下现实地经验。”[1] 因此，对现象学家而言，所有配得上“实在”称呼的事物不必实际地和现实地被感知——即使我们依然可以说，在

1 « Andererseits wirkliche Erfahrung von dem Ding ist nicht nötig. Denn es gibt doch bzw. es kann geben (...) Dinge, die nicht aktuell erfahren sind » (268. 另外参考 264 和 266) 【译者注：此处脚注中的德文引文对应正文部分的法文译文。本处正文中的中译文按照法文正文翻译。】

没有任何内容实际和现实被感知的情况下，没有任何实在能够持存。因此，我们可以说，仅仅是实际实在的“核心”必须作为现实实际感知的对象；而在这个核心基础上，我们有可能在**实在**可能性形式下接受更广泛实在的实存。这种实在的核心根据实际经验的过程和丰富性，以及根据参与其构造的不同肉身主体的贡献而有所变化。但即使缩减为最小化的所予，对现象学家而言，这个被实际感知到的超越性实在的核心依然仅具有一种暂定的有效性。

简言之，胡塞尔的研究计划在于思考何种类型的意识对应何种模式的对象存在。因此，他理所当然地认为，所有存在模式都是对象的特征，而且这些存在模式是主体性意识所采取立场的意向相关物。但改写的《逻辑研究》第六研究中的现象学并不限于强调理念可能性与设定性想象行为之间，再或者经验实在性与感知之间的**相关性**。通过断言对象存在的意义依赖其直观给予，而直观给予是意向性意识的作为，这种现象学把意识提升到在所有有关存在的事务中最高评判者的角色。在我们刚刚考察过的文本中，即便胡塞尔从未断言意识相对于其意向对象的独立，但毫无疑问他在努力强调对象的性质及其存在模式对于直观意识行为的依赖。现象学唯心论在本质上仅仅是肯定这样一种依赖关系。因此，就像我们所阐述的那样，它是关于认识的现象学理论计划的合乎逻辑和不可避免的结果。我们走不出这种唯心论，除非我们走出胡塞尔的现象学——要么我们简单地离开现象学，要么我们质疑胡塞尔认识论预设的现象学依据。这也意味着所有将胡塞尔唯心论含义延展到其认知现象学界限之外的尝试都会面临最糟糕的谬论。

十一、现象学还原：从自然生活到哲学思考

“你在忏悔书中说了什么？”

“说了我以前说的：我没有本钱去相信。在我的工作范围内，我不得不把信仰搁置起来。信仰是放纵，是奢侈。它是障碍。”

“真的吗？有些人会说，我们无力负担的奢侈是没有信仰。[……] 没有信仰——享受一切可能性，浮游于两极之间——是闲暇的存在的标志 [……]”

库切《伊丽莎白·科斯特洛——八堂课》[1]

摘要

现象学家持续探讨必须不断被重新演练的现象学还原的本质。在能够澄清现象学悬搁或还原与本质或先验还原的关系之前，人们必须弄清楚，普遍的哲学思考如何与自然生活相关联。本文作者认为，哲学问题与隶属于自然生活的问题之间的关系同时包含连贯

1 〔南非〕库切：《伊丽莎白·科斯特洛——八堂课》，北塔译，杭州：浙江文艺出版社，2004，第 259 页（翻译有改动）。

性和一种彻底的断裂。现象学还原以消极和积极的方式关涉这一断裂：它把哲学家从自然的思维方式限制中解放出来，并且赋予她一种自由来全新地、思辨地思考（而不只是描述）现象学现象。这一自由包含了一种新的责任，它同时涉及严格的哲学思考以及它对自然生活的意义。在说明现象学哲学如何可能改变自然生活时，我们也应当谨记现象学还原何以标划出两者的差别。

1. 导论

为何现象学还原的本质和意义依旧在现象学家那里引起如此之多的讨论？这是由于还原更多地关乎个人体验或实践，而不是一种真正的方法？这是由于现象学还原的理论是遵循（不同类别的）实践的反思，而并不建立和引导它？这是由于现象学家无法清晰区分悬搁、现象学还原、本质还原和先验还原？随着这些问题而来的是另一些更为普遍的问题：哲学思考如何与自然生活相关？哲学思考本身是一种（更高）形式的生活吗？

“还原”这一术语或许要为关于现象学还原之本质的争议负一部分责任。尽管针对自然生活之本质和意义进行的哲学反思或许要求对其自然进程加以悬置，但它似乎无法合理地追求把自然生活还原为哲学这一目标。哲学思考和自然生活是不同的，而且哲学无法消除这种差异。但在“跃”离了自然生活之后，哲学家常常带着改变或改革自然生活的愿望想要回来，这一点始终是事实。如果哲学思考完全吸收了自然生活，那么就不会有任何东西需要被革新了。也不会有任何自然生活能够抗议哲学思辨对其意义进行的肆意阐释。一些现象学家试图绕开这一问题，他们把现象学哲学的任务限定为如其显现自身的方式那般描述自然生活，把它作为“现象”。然而，这似乎太微不足道了点，也不够具体。心理学或社会学，尤其是文学，难道不比现象学哲学能更好地完成这一描述吗?

另一些现象学家宣称，现象学还原的任务恰在于首先把哲学思考和自然生活间的区别设定或原初地确立为一种（辩证的）区别。但哲学思考真的源于与自然生活相区别的决定吗？人们难道不应该说，哲学问题已经出现在自然生活之中了？对于后一种观点而言，现象学的任务在于以一种更合乎逻辑和系统的方式对自然生活进行哲学追问。现象学还原由此成了一种为此目的而设的方法。同样，人们会问，这是否太微不足道，是否不够具体。当现象学还原被认为仅仅变更了在先被给予的自然哲学兴趣而非提出完全外在于自然生活的新问题时，哲学和自然生活之间的基本区别又在哪儿呢?

自然生活和哲学之间的区别只是现象学还原问题的一方面。还需要说明，现象学还原如何与**哲学**相关。现象学还原本身是否已经包含它所应允的哲学思考？如果并非如此，如果现象学还原允许不同的哲学思考样式及风格，那么不仅在现象学还原与自然生活之间，也在其与哲学思考之间存在同样大的区别。人们应该说，现象学还原并非发生于现象学哲学思索的道路之**初**，也并没有完全确定它的**目标**，而是处在一个位于其开端和结尾**之间**的场域内。如此看来，现象学还原为先于它的哲学追问开创了一个新的开端，这一新的开端并没有完全规定它所允许的哲学思索的样式。建立一个新的开端是一件令人兴奋却又沉重的工作。一方面，现象学还原把哲学家从自然生活和思维的限制中解放出来，给予了他进行开放式提问思考的全新自由。另一方面，这一新的自由需要哲学家担负起沉重的责任。

以上我在这篇文章中想要辩护的观点。我想要表明，现象学还原确立了一种新的哲学思考的规则，而不是确立其内容。它的规则要求哲学家独自思考，并在其自身体验的基础上思考，这一体验关乎现象学还原如何让新的现象通过其自身而来显现。为哲学思考建立这一新的开端并不是一件纯粹主动或被动的事情。毋宁说，现象学还原完成了下述活动，即回应先前的探询以及打开它无法预见的新的现象之路。它是哲学思考确认自身的自由、却并不宣称对其开端或目的具有完全所有权的活动。作为这一自由的活动，现象学还原永远不可能完全被先于它以及可能追随它的事物所*激发*。在哲学思考中建立新的开端却并不知道它将走向何方，这是唯有思想者对完整性和责任有着巨大关切才可充分激发出的自由之活动。需要考察的是，是什么让渴望确认其思想之自由的哲学家同样也承担起随之而来的沉重责任。

2. 自然生活中的问题以及哲学的问题

在自然生活产生的无数问题中，哪些更适合于哲学的重述和分析？人们通常会说，是那些关乎个人体验之意义以及如何体验的问题：这件事物，这种人类行为，我们所生活的世界之意义是什么？普遍说来，这类问题是从对意义缺失的体验而不是纯粹的无意义（nonsense）中产生的。只要人们没有遭遇到某个事物不确定或矛盾的意义，他就不会被这些问题困扰。也就是说，自然生活通常并不提问，其中大部分事情都顺理成章，它们的意义不言自明。意义缺失的体验以及继而追问的行为**打断**了顺畅的自然生活。然而，并非一切中断或迟疑都是由意义缺失所引起的；不期然的意义之出现所产生的惊讶，或是由无法全然掌握的过多意义所造成的惊奇，也有着同样的效果。然而，在所有这些自然的体验中，问题都是关乎意义的。人们因此会得出如下结论，由于哲学追问来自自然生活的体验，它必然总是关涉意义。哲学的任务因而在于澄清或批判自然的意义，并且提供自然生活无法赋予自身的意义。

什么是自然态度中可能会成为问题的意义？显然，这些问题有关事情的原因和性质，有关事件和事物。“为什么这会发生？”这一问题和“这是什么？”同样常见。人们会问，一个行为的动机或者社会、经济和历史情境的原因是什么。人们也会问，自然现象的原因是什么——尤其当它们对日常生活有着直接影响时。有关动机和原因的问题依旧与意义相关：理论和实践的意义。自然生活对于这一区分鲜有察觉，这暗示着在自然生活中，即便是理论问题也往往会在实践的境况中出现。但所有这些自然生活中的问题都具有同等的哲学意义吗？只有哲学能够回答这一点，并且是在理解其自身本质及过程的基础上来回答。因此，我们有理由怀疑，哲学追问如何从自然追问中产生——这一问题可能会使我们原地打转。因而哲学思考从自然生活中产生从不是自然而然和直接的。

那么我们应当如何理解特定的**现象学的**哲学形态和自然生活之间的关系？比起其他哲学，现象学与自然生活更为亲近吗？自相矛盾的是，那些如此主张的人通常是想把一切有关自然原因的问题排除在现象学之外的人。对他们而言，自然生活提出的一切有关事件原因的问题都完全隶属于科学的范围。这看起来难以令人接受。这些现象学家不仅认为关于原因和意义的问题是完全不同的一类，对于现象学的纯粹性之关切也使得他们对一切有关因（和果）的论辩置若罔闻。这将排除任何涉及欧洲科学之危机、暴力和战争之因（和果）、我们的环境恶化和气候改变之因（和果）的现象学研究。更加合理的观点在于，存在着不同的对因果性的理解进路。并不是把所有有关因果性的问题都交给自然科学和人文科学，现象学只是以不同的方式对待它们。假如现象学能够把这一区别说清楚，原则上就不会存在任何超出其能力范围之外的自然问题。现象学家能够赋予那些涉及理论或实践意义的问题以优先权，但又并不必须忽略一切涉及因果关联的现象。

对现象学哲学和自然生活之关系的沉思给我们带来了更多的疑问而非答案。除了是循环或辩证的之外，它们的关系现在看起来也是模糊甚至矛盾的。一方面，现象学要继续自然生活和科学的追问；另一方面，它对这些问题的处理又必然彻底不同。至少，我们现在更好地理解了，为何现象学还原的本质是且一直会是现象学家不断探讨的问题。当现象学和自然生活或科学之间的关系不断变化时，就更是如此。自然生活和它的追问、科学研究的设定、文化生活甚至哲学思考随时间的推移而变化，且仍不断变化着。

3. 现象学还原作为拆解活动以及现象学家作为担负巨大责任的永远的初学者

让我们总结一下。一方面，现象学哲学建立在三重断裂上：

提问的自然生活之持续进程的中断，现象学与自然生活处理这些问题的方式的不同，以及现象学与科学提供给自然生活之问题的答案的差距。另一方面，毫无疑问，在自然生活、科学和现象学之间存在着一种连贯和拓展的关系。因此，现象学还原对一切自然确定性的消解这一**消极**任务与其**积极**任务——构建对于自然生活和科学的更好理解——是密不可分的。现象学批评自然生活和科学的预设并意图产生一种革新和改变。现象学一方面从自然生活和科学中拿走的，另一方面又以新的形式归还给了它们。现象学家的工作从不只是有益于现象学哲学。

那么，现象学还原从源自自然生活的问题中拿走了什么，又添加了什么？第一位现象学家会说，现象学还原悬搁了对世界之存在的自然信念，它把世界中的事物和世界本身转变为意识现象，它把这些现象的意义展现为构成的结果，由一个在先涤除了一切经验统握的先验意识所构成。另一位现象学家会说，现象学还原立足于对自身生存意义的关心以及在世界中扎根这一视角，把人类带离了与世俗事物及他人的日常交道并且让他们审视自己的存在样式。

在澄清现象学还原所开创的问题形态之前，我们无法谈论这些答案的价值。现象学的追问与自然生活的追问首先在其系统和方法特性上有所不同。在自然生活中，当其常态进程受到干扰时，问题马上会出现，而现象学家的追问则是永恒的。第二个区别与下述事实相关，即自然生活中的追问包含了期待，期待能够获得答案来恢复所失去的连续性。现象学哲学家的追问则并不怀有这样的希望。与其寻求复原被打扰的生活进程并且克服意义的缺失，现象学家不断提出新的问题。她的问题同样关系到自然生活的整体以及一切科学的前提。现象学哲学家摧毁了自然偏见和信念，但却无意重建它们。

诚然，在现象学还原的活动中所涉及的拆解具有积极的后果并让新的现象显现。但完成现象学还原依然是一项非自然和困难的任务。一遍遍不断重新追问，使得现象学家的努力没有真正的连贯性。这一重复——并无在先奠基的或随后而来的同一性——也是一切生命形式的对立面。即便把自己展现为一种生活哲学的现象学也并不提供给现象学家一种持续的生活模式。在每一个瞬间都需要重新完成现象学还原行为的现象学家，正如胡塞尔所说，是一个永远的初学者。人们能够说在她的生活中所缺乏的这一连续性被其哲学思考的连续性所补偿吗？是否可能有一种思想的渐进发展，在其中初始的探寻式思考的姿态在每一瞬间都需要被重新完成？胡塞尔非常清楚这一困境，他的现象学之为严格科学的概念是克服这一困境的尝试。现象学科学因而会使现象学思考免于这样一种危险，也即在现象学还原这一开创性的行为的无穷重复中分崩离析。

胡塞尔有关**现象学科学**的观念成功地把一切影响现象学思考模式上的不可能性都转变成可操控的可能性了吗？在决断之前我们需要了解更多有关这一现象学科学之本性的事情。然而，我们已然看到，这一科学不可能缓解内在于现象学还原之施行中的**困境**。一再重新开始，这始终是困难的，并且需要勇气。每一个现象学家都需要单独并且在绝对的孤独中完成这一切——尽管现象学还原这一孤独的行为关涉了对全人类的**责任**。现象学家能够分享还原的结果，但却无法分享它的实施。现象学还原是绝对个人自由的行为，是从我们日常的自然和社会生活中的限制和偏见中获得解放的行为。随这一绝对自由而来的个人责任也是同样绝对的。比起随之而来的责任，我们都更偏爱自由，而且人们完全能够理解，现象学家经常寻求减轻他们个人责任的千钧重量。不幸的是，作为严格科学的现象学对此毫无助益。没有人比胡塞尔更了解这一点，带着令人尊敬的勇气和偶尔的绝望，他承担着现象学哲学家对于人类的绝对责任。

当某人并没有那么多勇气或者并不愿意成为费希特式的现象学家时，他可以转向何处？显然，为了避免无限的责任，人们需要重新思考现象学还原作为绝对个人自由的行为之本质。人们可以通过探究现象学还原所依赖的自由行为的动机来试着这么做。不幸的是，我们迄今还无法发现现象学还原之成就的真正外在的动机。恰恰相反！我们已经确信，自然生活的问题至多提供了现象学还原活动的一种**契机**，而永远无法作为强迫性的动机。这样一种动机会与我们对现象学还原之为一种彻底割裂的行为之理解相矛盾。出于同样的理由，人们也不能断言，现象学还原的行为能够充分被一种先在的、相似的行为所激发。由于每一个现象学还原的行为都是全新的、不同的和原发的，它不可能是一个先在的还原行为的结果或延续。

然而，还剩一种可能是把现象学还原行为的自由以及接踵而至的现象学家的责任看作**对于一个持久的外在诉求的回应**。那么这一持久的诉求来自何处？它是否来自其他更为进步的现象学家？但他们的诉求所具有的合法性不就是现象本身所提供的合法性？然而，这些只可能是现象学的现象，即现象学还原的行为所允诺呈现出来的现象。这难道不意味着，进行现象学还原的诉求预设了它的已然发生？并不必然如此！由现象学还原所揭示的现象可以在它们实际被给予之前就宣告自身。人们必须试着理解，现象学现象如何能够在它们在场之前以及在人们知道如何接近它们之前就被听到。现象学还原行为的诉求因而会以对未来的一个符号、标记或允诺的形式显现自身。换言之，一种对其将来结果的形式指引必然先于现象学还原的活动。在这两种表述方式中，现象学还原成了回应行为，在其中现象学家倾听来自她被邀或呼唤之所的诉求。这两种表述方式都让我们想到了海德格尔以及他对于思维之循环道路的不同寻常的敏锐。循环是海德格尔对黑格尔式辩证法的另解。与我们在自然生活和现象学思考的关系中所遭遇的循环不同，这一新的循环把我们带入一切哲学努力的核心。它关涉的并不是在哲学思考之前而是在其之上有什么。现象学还原的自由活动以及接踵而来的现象学家的责任不可能是彻底的，这是由于它们依赖于一个并非作为地基而是作为深渊的可能性条件。

4. 现象学还原之为建构活动：经验的、本质的、先验的和生存现象学

我们的反思引导我们把现象学还原理解为个人自由的行为以及与自然生活割裂的回应式责任。这一彻底割裂的后果是消极的同时也是积极的。一方面，现象学质问一切支撑自然生活的信念——甚至在其探问活动中的那些信念。它在每一时刻都以不同的方式重新提出疑问。另一方面，现象学还原使得自然生活中的一切都看起来不同了。它并不是一下子就做到这一点，而是一步步地、循序渐进。在完成现象学还原行为中的非连续性，并不会妨碍现象学家在

对新现象之本质的探索中取得进展，现象学还原让这些新现象如其所是地展现。他也在对特定现象学现象以及使得它们成为可能之物的理解上取得进展。最后，他在形成新的与不同现象学现象及其可能性条件相匹配的概念方面取得进展。就此，他实践并且探究了一种新的、与新的现象相应的体验类型。自然生活对于这一体验类型以及这些现象学现象一无所知。

这是否足以肯定，正如一些现象学家所做的那样，现象学试图思考的无非是在自然生活之内尚未被思考的事物？这一观点似乎与我们所说的现象学还原与自然生活彻底决裂的观点相悖。它似乎也混淆了自然和现象学现象以及它们各自的可能性条件。现象学哲学不能被限定在澄清自然生活内隐的可能性条件这一任务上。它的志向超越了对自然生活的澄清。现象学哲学引入了一种对于新的现象类型之新体验模式，一种新的对其可能性条件的思考模式。对现象学还原的消极和积极方面的展现必须注意到这一点。

消极地看来，现象学还原提出问题，并且在提问中悬搁了一切自然生活之基础的有效性。对于胡塞尔来说，自然生活预设了我们生存其中的世界的自在存在，独立于任何个人的体验。自然生活也倾向于把我们对世界中事物的经验理解为世界内的事件或自然引起的事实。自然生活是否借助意识的心理事实来理解这一体验，这一点并不那么重要。自然生活在海德格尔那里并不是通过信念、表象或其他心理事件获得理解，而是被视作对日常任务的忙碌操心。在他看来，现象学还原所解构的东西在于自然生活理解事物的方式以及人类在忙碌操心的基础上与它们的交道。自然生活的预设总是已经被各种各样的理论所决定，而现象学还原的解构性工作也适用于这些素朴的理论。

从**积极**的方面看来，什么是现象学还原的结果？胡塞尔断言，在现象学还原中我们没有失去任何东西，一切都保留了下来——但是却完全不同，它们产生了“符号的变化”，获得了新的意义。现象学还原为所有**事物**剥离了我们偏见的外衣，并且让它们如其真实所是地显现出来。它也让它们向**我们**显现，而并不让这一“我们”承载俗世的、心理学的或自然主义的理解的重量。对于胡塞尔来说，这意味着一切都变成了对于一个纯粹意识的纯粹现象。纯粹意识是意向意识，现象学家把它还原为关联纯粹现象并且如这些现象自在所是地看待它们（而并不添加任何东西）的能力。即便比起对纯粹意向行为及其纯粹意向现象（noematic phenomena）间静态关系的描述，现象学科学和哲学有着更大的雄心，但前者始终是它们建立于其上的基础。海德格尔反驳道，胡塞尔的这一纯粹意识概念奇特地使得它的存在论地位及所属者被过少或者说过分地规定了。但早期海德格尔忠实于胡塞尔的下述观念，即体验的样式与所体验到现象的被给予样式之间存在本质相关。事物如何呈现或显示自身，这本质上取决于我们如何接近并对待它们。胡塞尔和海德格尔只是在转向现象学哲学的建构性方面时才分道扬镳。

对于胡塞尔来说，现象学家必须抓住现象及其意向意识的本质且必然的成分。基于现象学还原之**本质还原**的任务在于，把所有有关意向关联的不同的、瞬时的体验还原为其特定的类型。在现象学家的描述中，这一本质还原取消了一切偶然的环节，后者关系到个别的纯粹现象如何在特定的瞬时意向行为中被给予。但本质还原并不取消对下述问题的考量，即某个纯粹现象如何能够普遍吸引随后主动转向它的纯粹意识的注意。本质现象学也分析纯粹意识的行为如何逐渐熟悉对特定类型的纯粹现象的特定接近样式。对于意向行为之觉醒的过程，其认知习性之积淀或是对体制、体验样式的研究依然属于本质现象学的研究范围。现象学家始终关注纯粹意识的**被动性**以及意向关联的发生。本质现象学可以成为**发生**现象学。胡塞尔有关形式逻辑的（先验）现象学基础的理论在很大程度上归功于这一发生现象学。但发生现象学的领域超出了对形式逻辑的奠基。它包括研究意向行为之觉醒的法则、意向行为及其视域之间的动态交织、驱力和兴趣对认知行为的影响、已获得的知识的积淀以及习性统握的形成等。发生现象学亦研究复杂的心理系统与世界的开放复杂性之间的相互作用。

尽管如此，原则上没有什么迫使现象学家从现象学还原转向本质还原，从本质还原转向先验还原。胡塞尔明确承认了这一点。他（已发表，尤其是未发表）的大部分著作都处在非先验的本质现象学心理学或者被他毫不含糊地称作非本质的经验现象学的领域中。如果没有什么迫使现象学家对意向关联的纯粹现象进行本质和先验还原，那么什么会指引他这么做呢？对于本质现象学来说，最主要的动机似乎是现象学作为科学这一特定观念。对于先验还原来说，主要的动机则似乎在于现象学作为哲学这一特定观念。

作为一门**科学**——它能够形成必然适用于一切或一些类型的纯粹现象的法则——现象学必须面对意向意识及其意向相关物的本质。**本质**现象学因此是这样一门科学，它的目标在于形成必要的普遍法则，它研究必然的成分、时间性的生成和消逝，以及在意向行为及其所意指对象之间关联的不同层面。胡塞尔把大部分的注意力都放在有关心灵的本质现象学上。但除了这一纯粹的现象学心理学，他也完成了一门自然现象学的纲要及开头，以及一门关于伦理和宗教生活的实践现象学。

作为一门**哲学**，**先验**现象学的目标在于为纯粹意识与其意向对象间不同样式的意向关联提供一个认识论和存在论的基础。问题不再是决断，在由本质现象学所描述的普遍法则的基础上，特定类型的意向关联是否有意义。在先验现象学中，焦点转向了*真*的意向关联的条件。先验现象学把有关意向行为的内容或意义的问题转为有关行为与其意向相关项之为真的问题。意向意义因而成了存在意义（用胡塞尔的术语来说，Seinssinn）–“存在”意味着行为对于现实、想象或观念对象的真实存在的设定为真。先验现象学的主要任务在于探究这一为真以及真的存在如何能够被获得。对胡塞尔来说，唯一可能的使真者（truth-makers）是先验自我的意向体验。在这一直观的意向行为中，先验自我“构成”了一切类型对象之存在的真意义。通过各种直观的意向行为或者其纯粹主体性的现象，先验自我构成了同一对象或统一对象性现象的存在意义。此外，虽然为真的意义对于一切意向对象而言取决于先验地构成的意识，为真的意义对于这一先验意识而言却只取决于它自己。因此，只有先验自我的行为能够具有绝对的存在意义。一切其他事物的为真相对于一个缔造真值的先验意识的绝对存在而言都是相对的，这一论断是胡塞尔现象学唯心论的核心。

通过把纯粹意向意识转变为构成了一切现象——物、世界、观念对象，甚至是先验意识本身——之存在意义的先验意识，现象学因而成了先验哲学。通过分析在绝对和相对的现象学现象之间的意向关联，先验现象学探究一切现象学之为真的可能性条件。一些现象构成了另一些现象的存在意义。对象性现象的真实存在的可能性条件是由另一些、主体性的体验现象提供的。胡塞尔与康德不同，在他看来，先验哲学永远不会超出（不同类型的）现象的范围。在他的先验现象学中，胡塞尔也为一个经由**被动综合**而构成其意向对象之存在意义的绝对意识提供了空间。这使得胡塞尔的先验唯心论是独特的。胡塞尔的唯心论由发生现象学的结果所充实，它包含了下述洞见，先验地构成着的意识体验对于另一些使它们成为可能的体验来说同时可以是绝对和相对的。发生现象学把胡塞尔的先验唯心论转变为一种非基础主义（non-foundational）的唯心论样式。此外，唯有发生的先验现象学才充分准备好应对历史哲学的问题及其先验地具有意义的事实。

有关**世界**之存在意义的问题只是当胡塞尔转向先验哲学时才显现出来，这一点并非偶然。只有对世界作为现象（而不是作为被预设的现实）进行了考察，对于先验关联的现象学分析才发挥其全部的潜能。一切对象性现象的存在意义纵向依赖于一个构成着的主体的先验意识，对此的思考在下述考察中得到补充，也即，它们横向地依赖于世界现象——这一现象既非纯粹对象性的也非纯粹主体性的。胡塞尔相当迟缓地发现，生活世界之意义的在先被给予在多大程度上共同确定了一切对象性现象的意义。在发生的先验现象学的领域内，此前有关世界之“湮灭”的思想实验也变得完全不可行和无关了。相反，一种新的假设产生了：由先验主体的共同体所分享的世界可能在构成对象性的现象学现象之意义上有其作用。在这一观点之下，世界获得了一种先验的意义，而先验意识也紧密地与世界联系在一起。一种先前被胡塞尔强烈拒斥的观点随后成了他最为深刻和最具原创性的思考的论题，这一点倒也并非毫无先例。

5. 反对现象学还原的平庸化：看见并思考现象学现象

我们已经说过，没有什么迫使现象学家超越由现象学还原所揭示的纯粹现象，并在本质现象学科学或先验现象学哲学的盛名下思考它们。在现象学运动的历史上，人们能够发现许多这样的例子，现象学家提倡一门本质科学并且拒斥**先验现象学**，尤其是**先验现象学唯心论**。也有现象学家认同先验现象学而拒斥纯粹意识**构成**意义的概念。总的说来，在现象学还原的本质中，没有什么足以排除纯粹的本质现象学或经验的先验现象学的可能。

这是否意味着，有多少现象学现象，就有多少现象学；有多少类现象学还原，就有多少现象学现象；有多少种现象学家，就有多少现象学还原？如此，任何彻底质疑自然生活的信念和确定性并在这一悬搁的基础上让新现象显现的人都将会成为现象学家。只是因为弗朗西斯－培根摧毁了自然感知的陈词滥调并在他的绘画中让暴露在外部强力之下的身体感知变得可见，我们就可以把他称作现象学家吗？由于康定斯基的绘画利用不同颜色间及颜色和抽象的动态线条间的似音乐状的对应而揭示出不可见的触动或情感，它们也是现象学的吗？由于悬搁了可识别的形状并且绘出山的现象如何从叠加的色块中升起，塞尚也成了一名（发生）现象学家吗？一些现象学家已经毫不犹豫地对此表示赞同。

人们似乎必须小心避免两种危险：或者把现象学还原的结果

平庸化，或者夸大它。一方面，并不是每一个对自然生活进程的悬搁都代表着一种现象学还原的行为，即便它是完全的和系统性的。这将等同于把现象学还原的能力**平庸化**（trivialization）。我们已经看到，在现象学还原中，悬搁或解构自然生活的运动，关系到对于新的现象学现象，以及对新的哲学思考模式的期待。它使得现象学还原的工作是循环的。此外，由现象学还原所揭示的现象学现象不仅要被**看见**，它们也以概念的形式得到现象学家的*思考*。而另一方面，现象学还原所揭示的现象学现象并不预先规定或在自身中包含它们必须如何在哲学上被思考。这是对现象学还原之能力的**高估**。相反，我们已经得出这样的结论，现象学还原的操作开启了许多不同的哲学思考途径和方式。在想要如何思考由现象学还原所产生的纯粹现象这一点上，现象学家在很大程度上是自由的。很大程度上是如此，但并不完全自由。同样，现象学还原中的自由和责任与现象学思考所具有的自由和责任并不完全相同。即便两者皆非绝对，在现象学还原活动中的自由比思考现象学现象的自由更大。在每一情形下，现象学家的责任都是沉重的，但却是不同的。当完成现象学还原时，现象学家面对自然生活中的人类而负有责任，而在进行哲学思考时，现象学家则面对现象学现象及其他现象学家负有责任。在这两种情形下，责任都有着一种回应的特性，但在后一种情形下，回应把自己交付给忠于现象这一进一步的义务。

我们已经表明，哲学地思考现象学现象并不意味着现象学哲学家澄清自然生活中现象的内在逻辑。当然这并不是否认自然现象具有其自身的意义且现象学家必须保持对这一意义的关注。我们只是想要强调，现象学哲学家的主要工作，在于赋予现象以新的意义并且在概念上表达出这一新的意义。哲学的思考必须也是真的，并且对于现象学思考而言，概念上的真取决于现象的明见体验。什么样的真理和明见呢？思考的真在于忠实于现象本质之明见的被给予性吗——就像由本质现象学所指出的那样？在于富有创造性的哲学思考提供了现象学现象以新的深层维度——就像胡塞尔的先验现象学所宣称的那样？在于把现象的过于显见的存在者层次上的意义转变为存在论的意义——就像早期海德格尔展示的那样？这些疑问及其在现象学历史中所获答案的多样性很好地表明了如下这一点，即现象学的明见概念的含义是含混的。出于明见而做出论断可以意味着，现象学家忠于现象学现象以及它们如何为其自身而展现自身。它也可以意味着，现象学家让这些现象在新的光亮以及与此前不可见的现象的关联中显现。现象学家可以思索他们**已经视见的**现象，并且为了使得新的意义和现象显现、为了**使得它们被看见**而思考它们。现象的意义越是丰富和含混，现象学的真理就越需要依赖于一种创造性的明见模式，因而就越没有理由把它限制在一种纯粹的描述性的明见模式上。

6. 结论：现象学还原对自然生活的解放

人们如何理解现象学哲学家的任务，这一点会对人们如何看待她对**自然生活**的贡献产生影响。如果现象学家通过现象学还原的行为从自然生活中跳离，那么她从哲学思考向自然生活的回归也必须是一种跳跃。在自然生活和现象学哲学之间的断裂是不可还原的，而且它是双向的。现象学的思考不能被还原为澄清自然生活的隐藏意义的任务，它也不能直接地改变自然生活的条件。进行着哲学思考的现象学家提出的问题与在自然生活的正常进程中面对意义之匮乏或丧失体验时提出的问题并不相同。它们的答案也不同，而由哲学家所提供的答案永远无法直接解决自然生活中的问题。因此，现象学的思考无法提供一种“世界观”，来告诉那些困惑于世界之混乱及同胞之非人行为的人们，如何能够赋予他们的生活以新的意义。**胡塞尔**认为，变成一种世界观会令现象学依赖于特定的经验情形，并且从而危及它成为彻底和严格的*本质*科学的可能性。而**我们**有理由相信，成为一种世界观会与现象学作为**哲学思考**的形态这一本性相悖。

现象学与自然科学之间的断裂和它与**自然生活**的断裂一样彻底。如果“现象学自然化”这一计划意味着改变其思考样式，使得它能够有用地并且直接被整合入科学思考和实验中，那么这和把现象学变成世界观一样是错误的。这两种应用现象学的计划也背离了现象学作为哲学思考的本性。尽管对自然生活以及科学理论产生影响是现象学哲学的使命，但它必须保持其真实所是。现象学不可能通过放弃一切先验思考或对存在意义的关切而对自然生活和科学的改变做出有成效的贡献。为了能够产生一种有成效的改变，哲学还必须尊重隶属于自然生活和科学实践的内在限制，也即它无法改变它们的东西。哲学的使命不在于成为自然生活的奴仆或国王。一旦人们从哲学对自然生活和科学的影响转向它对于**政治**的特定影响，这一点就变得尤为清楚。在此我们无需重述哲学家在政治上的自大和盲目这一漫长历史——自柏拉图至海德格尔以及此后，它一直为哲学思考投下暗影。

那么现象学哲学何以能够忠于它改变自然生活、科学及政治的使命，而又不过分自谦或自傲，不违背它自己的本性？哲学思考的自由何以能够被传递到且贡献于自然生活和科学的自由？如果哲学思考是并且始终是与自然生活和科学思考不同的，那么它只能够在**对比**中而非在适应或同化中改变它们。恰恰由于现象学现象的可能性条件有别于自然现象的可能性条件，现象学能够让自然生活在新的光亮中显现。现象学改变了事物在自然生活中对我们而言的样子，改变了它们的意义。而它主要通过在自然生活内部开启新的**可能性**领域而做到这一点。现象学提供给自然生活的这些新的可能性来自哲学思考，并关系到**自然生活如何思考自身**。换种方式思考会在人如何经历自然生活这一点上产生巨大改变，但它并不会把自然生活变成哲学生活。现象学家能够传授给自然生活的东西，在于借助**纯粹的可能性**来思考那些已被确认的事实和限制。这给予了自然生活以新的自由来**批判**当下或先前的生活方式，并且**想象**安置生活——个人的和社会的——的其他方式。通过在自然生活的习惯性进程以及在其既定的程式化理解和陈词滥调中引入新的可能性，哲学的想象把自然生活从客观主义、自然主义以及经验事实表面的必然性的枷锁中解放出来。与简单的世界观不同，现象学哲学以一种非灌输或规范的方式来改变自然生活。这一改变来自对自然生活中富于想象和创造性的思考样式这一潜在资源的唤起。现象学哲学并不垄断这种对于自然生活的解放。艺术，尤其是文学也能够做到这一点并且往往做得更好。但唯有哲学能够独独凭借创造性的概念思考来改变自然生活。

文章来源

《导言：鲁道夫 · 贝耐特访谈》未刊稿

一、《导论：埃德蒙德 · 胡塞尔》：“Edmund Husserl”. In *Histoire de la philosophie* (J.- F. Pradeau, Paris : Seuil, 2009), pp. 534-546.

二、《胡塞尔符号理论之再思考》：“Husserl's Theory of Signs Revisited”. In *Edmund Husserl and the Phenomenological Tradition*, （Ed. by R. Sokolowski, Washington D. C.: The Catholic University of America Press,1988）

三、《意义与意向性意识：胡塞尔的意义现象概念》：“Bedeutung und intentionales Bewußtsein. Husserls Begriff des Bedeutungsphänomens”. In *Phänomenologische Forschungen Vol. 8*, 1979, pp. 31-64.

四、《胡塞尔真理学说中的逻辑学与现象学》：“Logik und Phänomenologie in Husserls Lehre von der Wahrheit”. In *Tijdschrift voor Filosofie Vol. 43, Nr. 1*, 1981, pp. 35-89.

五、《胡塞尔感知现象学中的有限与无限》：“Endlichkeit und Unendlichkeit in Husserls Phänomenologie der Wahrnehmung”. In *Tijdschrift voor Filosofie Vol. 40, Nr. 2*, 1978, pp. 251-269.

六、《非当下的当下：胡塞尔的时间意识分析中的在场与不在场》：“Die ungegenwärtige Gegenwart. Anwesenheit und Abswesenheit in Husserls Analyse des Zeitbewußtseins”. In *Phänomenologische Forschungen Vol. 14*, 1983, pp. 16-57.

七、《图像或虚构对象与当下化意识》：“Les Images ou les objets fictifs et la conscience présentifiante”. In Rudolf Bernet's *Conscience et existence: Perspectives phénoménologiques* (Paris : PUF, 2004), pp. 75-117.

八、《胡塞尔论肉身与冲动主体的快感》：“Husserl sur les plaisirs d'un sujet charnel et pulsionnel”. In Rudolf Bernet's *Force-Pulsion-Désir : Une autre philosophie de la psychanalyse* (Paris : Vrin, 2013), pp. 299-331.

九、《既无主体也无对象的意向性生命?》:“Une vie intentionnelle sans sujet ni objet?”. In Rudolf Bernet's *La Vie du sujet: Recherches sur l'interpretation de Husserl dans la phénoménologie* (Paris : PUF, 1994), pp. 297-327.

十、《胡塞尔的唯心论:可能或实在对象与先验意识》:“L'Idéalisme Husserlien: Les objets possible ou reels et la conscience transcendantale”. In Rudolf Bernet's *Conscience et existence: Perspectives phénoménologiques* (Paris : PUF, 2004), pp. 143-168.

十一、《现象学还原:从自然生活到哲学思考》:“The Phenomenological Reduction: From natural life to philosophical thought”. In *Metodo Vol 4*, n. 2, 2016, pp.311-333.

法语译名对照表

A

affectif 感受性的

affection 触发

affectivité 感受性 / 情感

affinité 亲缘性

agréable 舒适

agrément 满意

altérité 他异性

âme 心灵

analogie 类比

analogique 类比的

analogon 类比物

angoisse 焦虑

angoissante 畏

animer 激活

annihilation du monde 世界之消除

antéprédicative 前述谓的

aperception 统握

apodictique 绝对必然

apophantique formelle 形式语义学

apparition 显现

appréciation 欣赏

appréhension 立义

apprésentation 共现

apprésente 共现

association 联想

assomption 假设

auto-affection 自我触发

auto-manifestation 自身显现

C

chair 肉身

charnel 肉身的

chose 躯体

circonstance 境况

compatibilité 相容性

conditionnalité 条件

conscience de soi 自我意识

conscience imaginaire 想象意识

conscience interne du temps 内时间意识

conscience présentante 当下意识

conscience présentifiante 当下化意识

constituer 构造、构成

construire construction 构建

contenus de appréhension 立义内容

co-présente 同现

corps vivant 活的身体

corps-chose 身体躯体

D

data 材料

décharge 释放

dédoublement reproductif 再生之两重化

déplaisir 不适

déploiement 展开

désagréable 不悦

déshumanisation 非人化

désir 欲求

disposition 倾向

donation 给予

donnée 所予

E

égologique 自我的

élan 冲力

émotion 感情 / 触动

empathie 同感

en chair et en os 亲身

enthousiasme 热情 / 激情

epochè 悬搁

esprit 精神

esquisse 侧显

esthésiologique 感性论的

étant 存在者

être 存在

évidence 明见性

excitation 激发

existant 实存

existence 生存

existence impropre/propre 非本真 / 本真生存

existentiale 存在论的

existentielle 生存论的

expressif 表达的 / 表达性

expression 表达

extension 广延

extériorisation-intériorisation 外化 – 内化

extériorité 外在性

extimité 内外交融

F

facticité 实际性

fantasme 想象材料

fiction idéalisante 理念化的虚构

fiction 虚构

foi perceptive 感知信念

foi 信念

G

généalogie 生成论

genèse 发生、发生性

H

hallucination 幻觉

historicité 历史性

horizon 界域

humeur 情绪

hylé 质料

hylétique 质料的

I

ideale 理念的

idéalism 唯心论

idéalisme transcendantal 先验唯心论

idéation 理念化

illusion 错觉

illusoire 错觉的

illustration 示例

image 图像

image-chose 图像－事物

image-objet 图像－对象

image-sujet 图像－主题

imaginaire 想象物 / 想象的

imagination 想象

imbrication intentionnelle 意向嵌套

immanent 内在

implication intentionnelle 意向牵连

impression originaire 原印象

impulsion 驱动力

inconscient 无意识的

individuation 个体化

inexistant 非实存的

inhibition 抑制

institution 建制

intentionnalité impressionnelle 印象意向性

intentionnalité longitudinale 纵意向性

intentionnalité originaire 本原意向性

intentionnalité transversale 横意向性

intérêt 兴趣

intériorisation 内在化

interne 内

intime extériorité 内在的外在性

intropathie 同感

ipséité 自我性

irréalisation 去实在化

irréel 非实在的

J

joie 愉悦

jouissance 享乐 / 享受

K

kinesthésique 动觉的

L

libidinal 性欲的

M

modalité doxique 信念模式

modification 变更

modification d'évidement 空的变更

modification doxique 信念变更

monade 单子

mondanéisation 世界化

monde de la vie 生活世界

monde fictive 虚构世界

motiver 引发

N

noème 意向相关项

noèse 意向行为

non-égologique 非 - 自我的

O

objectivisme représentationaliste 表征论的客观主义

objectivité 客观性

omniprésence 普遍在场

ontologie 本体论

opérateur 操控的

orientation 方向

originaire 本原的

origine 本原

P

passivité des habitualités 惯习的被动性

perception 感知

personne 个人

phantasia （纯粹）想象

phantasia imaginante 虚构想象

phantasia pure 纯粹想象

phantasia perceptive 感知想象

phase 时段

phénoménalité 现象性

plaisir 快感

plaisir sensible 感性快感

position 设定

possibilité idéale 理念可能性

possibilité réelle 实在可能性

prédicative 述谓的

pré-donation 在先被给予

prendre position （进行）设定

présence 显现

présent 当下显现

présentation 当下

présentification 当下化

prétention 前摄

psychologie pure 纯粹心理学

pulsion 冲动

pulsionnel 冲动的

Q

qualité 质性

quasi- 准 –

quasi-perception 准 – 感知

R

ravissement 陶醉
réalité 实在
réceptivité 接受性
réciprocité 交互性
réduction eidétique 本质还原
réduction transcendantale 先验还原
refoulement 压抑
régulateur 调控的
remplissement 充实
renoncement 放弃
repousser 压制
représentatant intuitif 直观表征物
représentation signitive 表义性表征
représentation imaginative 想象性表征
représentation impropre 非本真表征
représentative 呈现的
représenter 表征
reproduction productive 生产性再生
reproduction 再生
résistance 抵制
ressouvenir 回忆
rétention 延留
rythme 节律

S

schéma 图示
science eidétique 本质科学
se réjouir 愉悦
sensation 感觉
sentir 感觉
sensation affective 感受性感觉
sensation 感觉材料
sensibilité 感受性
sensuel 感官的
sentance 感触
sentiment 情感
sentimental 情感的
signification 意义
significatif 意指的
signitive 表义的
sollicitation 请求
somatologique 身体论的
souhait 愿望
souvenir 回忆
spatialité-lieu 空间 - 位置
spectateur 旁观者
stimulation 刺激
subjectivisme égologique 自我论的主体主义
substance hétérogène 异质实体
sujet corporel 身体主体
supposition 假定
synthèse passive 被动综合

T

tendance 趋向
touché 被触摸

toucher 触摸

transcendantal 先验

U

Urdoxa 本原信念

V

validité 有效性

vécu sensuel 感官体验

volition 意志 / 意志力

volontaire 意愿的

volonté 意愿

vouloir 意愿

德语译名对照表

A

Abbild 映像

Abschattung/ Abschattungen 侧显

Abwesenheit 不在场

Adäquat 相合的

Adäquation 相合（性）

Akt 行为

Allgegenwart 普遍在场

an sich 自在

an und für sich 自在自为

Annahme 假设

Anschaulichkeit 直观性

Antizipation/Antizipiert 预期

Anwesend 在场的

Anwesenheit 在场

Apophantik 纯粹语义学

apophantisch 纯粹语义的

Apperzeption 统握

apperzeptiv 统握的

apperzipieren 统握

äquivalent 等值性

Auffassung 立义，把握，理解

Auffassungsinhalt 立义内容

Aufhebung 消除

Augenblick 瞬间

Ausbreitung 展开

Ausdehung 广延

Aussage 语句，陈述

Aussagebehauptung 断言

Ausschaltung 悬置

ausweisen/ausweisend/ausgewiesen 证明，明示

B

Bedeutung 含义，意义

Bedeutungsintention 意义意向

bedeutungsverleihend 赋义的

Bedeutungswesen 意义本质

Begehren 欲求

Begrenzung 限定

Bemeistern 掌控

berührt 被触摸

bestimmen 规定

Bewusstsein 意识

bezeichnen 意指，标明

Bild 图像

Bildding 图像－事物

Bildertheorie 图像理论

Bildobjekt 图像－对象

Bildsujet 图像－主题

D

darstellend 呈现的

Datum 材料

deiktisch 指示的

Dekonstruktion 解构

Destruktion 拆解

Differenz 差别

Ding-an-sich 自在之物

doxisch 信念的

E

eidetisch 本质的

eidetische Variation 本质变更

eigentlich 本真的，恰当的

Einfühlung 同感

Einstellung 态度

Empfindnisse 感触

Empfindung 感觉

Empfindungsdaten 感觉材料

Empfindungskomplex 感觉复合体

Entladung 释放

Entleerung 清空

Entsagen 放弃

enttäuschen 除罔

Erfahrung 经验

Erfassung 把握

Erfüllung 充实

Erfüllungssynthese 充实综合

erscheinen/ Erscheinung/ Erscheinungen 显现

Erwartung 期待

Explikation 阐明，澄清

F

fundieren/Fundierung 奠基

G

Gattungswesen 类本质

Gefallen 欣赏

Gegebenheit 被给予，被给予性，所予

Gegebenheitsweise 被给予方式，所予方式

Gegebensein 被给予

Gegenbenheit 所予

Gegenstand 对象

Gegenständlichkeit 对象性

Gegenwart 当下

gegenwärtige Gegenwart 当下之当下

gegenwärtigend 当下意识

Gehalt 内容
Geltung 有效性
Genuß 享乐 / 享受
Grenze 界限
gültig 有效的，正确的

H

Heimwelten 故乡
Hemmung 抑制
Horizont 界域

I

Ideal 理念
Idealgesetz 理念性法则
Idealiät 理念性
Ideation 理念化
Idee 观念，理念
Identifikation 识别，鉴别
immanent 内在的
impressional 印象的
individuell 个体的
Inhalt 内容
innere Zeitlichkeit 内时间性
Intention 意向
intentional 意向的
Intentionalität 意向性
Interesse 兴趣
intuitiv 直观的
intuitus originarius 本原直观

J

Jetzt 现在
jetztige Gegenwart 现在的当下
Jetztpunkt 现在点

K

kategorial 范畴的
kinästhetisch 运动感的
Komplex 复合体
Konsequenzlogik 演绎逻辑
Konstitution 构造，构成
Konstruktion 建构
Kontiguität 临近性
Kontinuum 连续统
Körper 躯体

L

Längsintentionalität 纵意向性
Lebenswelt 生活世界
leer 空的
Leermodifikation 空的变更
Leib 活的身体
leibhaft 亲身的
Leibkörper 身体躯体

M

Mannigfaltigkeitslehre 流形论
Materie 题材
Mengenlehre 集合论

Metaphysik 形而上学
Metaphysik der Anwesenheit 在场形而上学
Metaphysik der Präsenz 在场形而上学
Mitsein 共在
Modifikation 变更
Möglichkeit 理念的可能性

N

Näherbestimmung 进一步规定
Noetik 意向行为学
Noumenon 本体物

O

okkasionell 语境性的
optimal 最优的
Orientierung 导向

P

Perspektive 视角
perzeptiv 感知的
Phämonenologie 现象学
phämonenologische Reduktion 现象学还原
Phänomen 现象
Phänomenalität 现象性
Phantasie 想象
Phantasie-Ich 想象－我
Phantasma 想象材料
Potenz 潜能
prädikativ 述谓的
Präsenz 在场
prätendieren 宣称
Prätention 宣称，诉求
Protention 前摄

Q

Qualität 质性
Querintentionalität 横意向性

R

real 实在的
reale Möglichkeit 实在的可能性
Real-Ich 实在－我
Rechtfertigung 辩护，证明
Reduktion 还原
reell 实项的
Referenz 指涉
Referenzgegenstand 指涉对象
Referenzkontext 指涉语境
Referenzstruktur 指涉结构
Regel 规则
regulativ 范导性的
Repräsentanten 直观表征物
Repräsentation 表征
Residuum 剩余
Retention 延留

S

Sache 实事

sachhaltig 实事性

Schein 假象

Seele 灵魂

Sein 存在

Seinsweise 存在样式

Selbstbewusstsein 自我意识

selbstgegeben 自身被给予的

Selbstverantwortung 自我负责

sich decken 叠合

singulär 单称的（单一的）

Sinn 意义

Sinnlichkeit 感性

Spezies 种类

Sprechen 言说

Spur 痕迹

ständig 恒常的

Stellungnahme （进行）设定

Stmmungn 情绪

strömen 流动

Subjekt 主体，主词

syntaktisch 句法的

Synthesis 综合

T

teleologisch 目的论的

Telos 目的

transzendent 超越的

transzendental 先验的

transzendentale Reduktion 先验还原

U

überschreiten 超出

Umkehrung 颠倒

uneigentlich 非本真的，不恰当的

Ungedachtes 未思之物

Unterschied 延异

Urbewusstsein 原意识

Urimpression 原印象

V

Variabel 变量

Variation 变更

Veranschaulichung 直观化

Vereinbarkeit 一致性

Vereinzelung 个体化，单称化

vergegenwärtigen 当下化

vergegenwärtigend 当下化意识

Vergegenwärtigung 当下化

verleihen 赋予

vermeinen 意指

verschieben/aufschieben 延异

Verschiebung 转移

Verträglichkeit 相容性

Vorgegebenheit 在先被给予

vorhanden 现成的

Vorstellung 表象

W

Wahrnehmung 感知

Weltvernichtung 世界之消除

Wertnehmung 价值统握

Wesen 本质

Wesensallgemeinheit 本质普遍性

Wesensgesetz 本质法则

Wesensstruktur 本质结构

Widerstand 抵制

Wiedererinnerung 回忆

Wirklichkeit 现实性

Wirkungsgeschichte 效果史

Wohlgefallen 满意

Wünschen 愿望

Z

Zeichen 符号

Zeit 时间

Zeitlichkeit 时间性

zentriert 中心的

zurückdrängen 压制

索　引

C

D

N

P

Q

R

S

T

Z

后　记

鲁道夫·贝耐特先生是蜚声世界的胡塞尔研究者和当代著名现象学家，曾长期担任比利时鲁汶大学胡塞尔现象学档案馆馆长。他的主要研究领域广泛涉及现象学、精神分析理论以及近代早期哲学传统。正如本文集所呈现的那样，贝耐特先生的现象学研究具有以下三点鲜明特征：开放的而非封闭的，鲜活的而非僵死的，反思的而非独断的。虽然他的研究往往从胡塞尔的文本和理论出发，但他从未把任何既有的理论结论作为哲学教条来加以坚持。一方面，他对胡塞尔理论的阐释往往返回其不同时期的相关手稿中，从而清晰和准确地揭示该理论复杂的问题历史视域、微妙的理论视角选择以及困难的理论形态生成。另一方面，他的研究往往把胡塞尔的现象学理论放置在与现象学运动以及更大的哲学史传统的对话中。以此方式，他尝试解释现象学含义的现象自身所具有的多重层次以及丰富意涵。中文世界很早就高扬现象学的口号“回到事物本身”。贝耐特先生的现象学研究正是对这一口号最出色的诠释。

笔者与贝耐特先生已经相识 20 多年，既有师生之情又有朋友之谊。在比利时鲁汶大学高等哲学研究所从事主体性问题研究伊始，笔者就一直追随贝耐特先生深入学习和研究现象学。虽然很遗憾，我的博士论文并未直接讨论（胡塞尔的）现象学文本，但在鲁汶学习的日子里我总会选修或旁听他的现象学课程。在后来的研究中，我几乎逐篇阅读了贝耐特先生在现象学领域出版的全部德文、法文和英文论文与著作。他对笔者的主体性研究始终给予鼓励和帮助。2015年，笔者终于有机会说服贝耐特先生并邀请他来北京大学外国哲学研究所和哲学系访问同时开设胡塞尔现象学课程。正是在这次课程中，我萌生了编译这本文集的想法并得到他本人的认可和支持。贝耐特先生不仅对我最初所选的文章篇目给出了细微的调整建议，而且还热心帮助联系授予论文版权事宜并为本文集拟定标题《语言、经验与哲学：埃德蒙德·胡塞尔研究文集》。离开他的支持和帮助，这本文集是很难与中文读者见面的。在此，笔者对贝耐特先生长期以来所给予的无私帮助和支持表示由衷的感谢！

本文集文章的编选一方面以胡塞尔自己的理论脉络为横轴，既涵盖胡塞尔现象学方法及其知识论理论性质，也广泛涉及胡塞尔所分析的不同类型现象以及意向性经验构成。另一方面，本文集也把贝耐特先生对胡塞尔现象学的研究作为纵轴，尝试整体性和系统性展示他的研究特征和理论发展。因此，这本文集几乎跨越了贝耐特先生大半生的研究进程，其中最早的篇目可以回溯到1978年，而最晚的篇目要到2016年才出版。另外，作为代序而收录的一篇访谈文章则是首次发表。在这篇访谈中，贝耐特先生不仅生动解释了他与胡塞尔现象学的姻缘，也细致阐述了他对现象学研究的根本理解。除了个别篇目以外，本文集绝大多数文章最初都以德文或法文出版。其中只有少数文章已有英文译本。除了语言带来的理解障碍，很多文章篇目因出版已久现今并不容易觅取。因此，笔者编选这本文集，希望中文读者不仅能够从中管窥胡塞尔现象学问题域的丰富性和开放性，而且有机会领略世界顶级现象学研究的风范和神韵。

通过与贝耐特先生的交流合作，文集文章的编选以及版权事宜于 2016 年就确定下来。随后笔者邀请三位青年现象学家参与文集的翻译工作。这三位学者都曾以不同方式当面受教于贝耐特先生。其中，华东师范大学黄笛博士承担德文文本（本文集的第 3—6 篇文章）以及英文访谈导言和第 2 篇的翻译，北京邮电大学温雪博士承担法文文本（本文集的导论以及第 7—10 篇文章）的翻译，上海交通大学蔡文菁博士承担第 11 篇英文文章的翻译。作为文集主编，笔者对照原文通读并逐行审校了所有译文，在必要之处提出翻译修改建议。文集中所涉及的现象学术语均经由我们共同商讨确定。因为中文学界的现象学翻译已经积累很久，我们的术语翻译遵循非必要不创新的原则。但在一些明显需要更正或改进之处，我们提供了自己全新的术语翻译。对此，读者可以从文集译名对照表中有所了解。毫无疑问，本文集的翻译出版离不开三位青年现象学家的共同努力。他们对胡塞尔理论的精湛把握、对现象学研究的极大热忱、对翻译工作的一丝不苟、对中文表述的斟酌考究，这些无疑都是这本文集上乘翻译品质的根本保障。在此，笔者对他们为本文集翻译所付出的耐心和努力深表感谢！

历史经验告诉我们，真正的翻译永远无法脱离坚实的研究基础而完成。这本文集也不例外。本文集的编译先后受到 2019 年文化名家暨“四个一批”人才自主选题项目（“生成性的主体结构”）资助以及教育部人文社会科学研究青年基金项目“胡塞尔与萨特想象理论比较研究”（19YJC720033）项目资助。另外，北京大学博士候选人吴娱为本文集制作了译名对照表以及术语索引。北京大学出版社的田炜编辑一如既往提供了十分专业的审读和编辑建议。这些都是本文集最终成功出版不可或缺的条件。在此，笔者一并感谢。

当然，所有翻译都难免瑕疵和纰漏之处。尽管我们做了最大的努力，但我们相信这本文集的翻译或许仍有需要修改之处。笔者恳请读者不吝赐教，让我们未来能有机会使这本文集更加完善。

刘　哲

北京大学外国哲学研究所

北京大学哲学系

2023 年 3 月